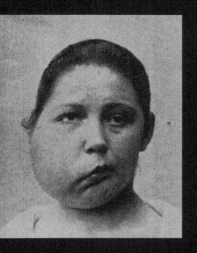

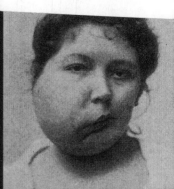
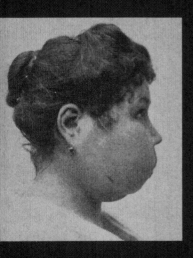

Redbook

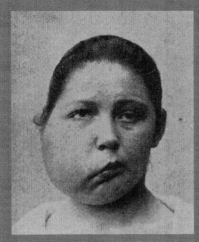
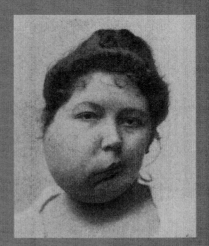

Mario Marqués

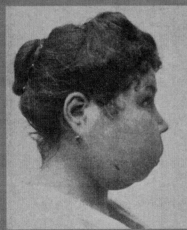

BIZARRO
LA PARADA DE LOS MONSTRUOS

© 2023, Mario Marqués
© 2023, Redbook ediciones
Diseño de interior: BarbaInk
Diseño de cubierta: Daniel Domínguez
Ilustraciones: Wikimedia Commons
ISBN: 978-84-9917-706-9
Depósito legal: B-10.159-2023

Impreso por Reprográficas Malpe – Pol. Ind. Los Olivos
Calle de la Calidad, 34, Bloque 2 Nave 7. 28906 Getafe, Madrid
Impreso en España - *Printed in Spain*

«*Los monstruos son reales,
y los fantasmas también:
viven dentro de nosotros y,
a veces, ellos ganan.*»

Stephen King

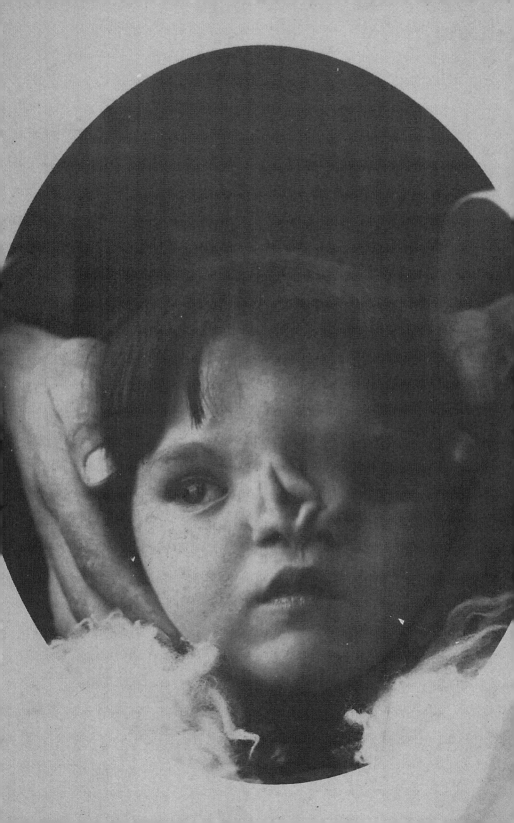

INTRODUCCIÓN

Cada parto es un milagro, cada nueva vida que llega al mundo es un prodigio. Y sin embargo, la naturaleza es juguetona y traviesa, y puede en ocasiones resultar muy cruel. Estadística obliga, y alcanzado un número lo suficientemente elevado de nacimientos, la biología sorprende con caprichos insospechados, alumbrando extrañas criaturas que lucen desde pequeñas particularidades hasta malformaciones y anomalías lo suficientemente aberrantes como para lograr que seres nacidos de hombre y mujer apenas parezcan humanos.

Freaks, prodigios, fenómenos; tanto da como elijamos llamarlos. Son, en cualquiera de los casos, personas muy especiales, individuos que rompen el canon y que nos hacen replantearnos nuestra propia humanidad y nuestras propias vidas.

El hecho de que los propios términos de *prodigio* o *fenómeno* puedan tener connotaciones positivas sienta constancia de que las anomalías biológicas no tienen por qué ser necesariamente una desgracia. Es cierto que, frente a la tesitura de elegir, nadie o casi nadie escogería ser un freak, tener a un freak en su linaje. Y no es menos cierto tampoco que muchas de las historias que siguen a continuación son historias de ostracismo, de explotación, de marginación, de condena.

Sin embargo, a lo largo del presente libro tendremos ocasión de comprobar también que, en ocasiones, la anomalía puede convertirse en un as en la manga con el que escapar del anonimato y de la indigencia, con el que amasar grandes fortunas y adquirir fama universal.

Veremos así pues cómo para los nacidos en el seno de familias con la pobreza por todo patrimonio, en épocas sin oportunidades ni futuro, las anomalías pueden ser una oportunidad y hasta una bendición para dar el gran salto, para despuntar. La condición de freak, íntimamente vinculada al mundo del espectáculo, brinda además oportunidad a los individuos de cultivar su potencial artístico. Hombres y mujeres que de otro modo quedaban predestinados a labrar el campo, a trabajar en las fábricas, a mendigar por las calles, desarrollan –sí, gracias a los caprichos de la naturaleza– carreras como comediantes, como bailarines, como actores, como músicos. Y emprenden giras alrededor del mundo disfrutando de unas experiencias vitales que sus coetáneos no osarían ni soñar.

¿Seres bendecidos o seres malditos?

Si prestamos atención a los restos arqueológicos de prácticamente cualquier era, de cualquier cultura, comprobaremos que el arte pocas veces trata de plasmar la perfección de un cuerpo ejemplar, de unas proporciones óptimas. La particularidad, la singularidad, el detalle distintivo, es lo que consigue que el modelo resulte interesante, que la obra adquiera un sentido.

Esto resulta particularmente patente en las primeras pinturas rupestres, en las primeras estatuillas de cerámica que amasaron las manos de nuestros antepasados lejanos y que la casualidad ha querido que sobrevivan miles de años hasta llegar a las nuestras. En esas primeras pinturas rupestres, en esas primeras estatuillas, son de hecho habituales ya las proporciones imposibles, las deformaciones físicas. Pechos desmesurados, cabezas diminutas, piernas atrofiadas. Aunque se trate de sublimaciones, aunque exista una intención artística, las culturas más antiguas entendían ya el poder de lo diferente, sentían instintivamente una atracción por lo anómalo.

Los freaks son tan antiguos como la propia especie humana, y estudios arqueológicos y antropológicos de todo tipo dan fe de

la presencia de prodigios entre nosotros desde siempre, de su poder para fascinar. En muchas culturas primitivas no es extraño que los chamanes y sacerdotes de la tribu queden personificados por la figura del freak.

Efectivamente, un recién nacido con malformaciones era frecuentemente visto como una criatura enviada por los dioses, como una señal, como una bendición. Se les creía dotados de conexiones con el más allá, de poderes sobrenaturales, de capacidades para invocar fuerzas desconocidas y curar a los enfermos, o desencadenar la lluvia.

No todas las culturas, naturalmente, les profesaban esta devoción y admiración. No todos los freaks tuvieron tanta suerte. Si seguimos repasando tratados antropológicos, comprobaremos que, en ocasiones, las criaturas con anomalías eran sistemáticamente asesinadas en la mismísima cuna, atajando de raíz todo su potencial.

Lo que de nuevo nos conduce a la cuestión: ¿bendición o maldición? ¿Oportunidad o catástrofe? Como tendremos ocasión de ver, se hace preciso atender a cada caso en particular antes de pronunciarse sobre el conjunto. Y aun así no es fácil establecer unas conclusiones generales. No obstante, más allá de nuestras posibles hipótesis y teorías, queda diáfanamente claro que el periplo vital de la persona anómala tiende en sí mismo a la anomalía, a la excentricidad, a la aberración. Y que a pesar de todo ello, o precisamente por eso, no es tan distinto de nuestras vidas. El circo freak nos entretiene y nos fascina, sí, pero en parte porque nos vemos reflejados en él.

Nuestro circo freak, nuestro espectáculo bizarro

Los prodigios, decimos, son tan antiguos como la mismísima humanidad, y si de algo no cabe duda es que todos, desde el primer hasta el último freak que ha nacido de hombre y mujer, han creado expectación, han dado espectáculo. Hay freaks cuyo periplo se remonta a tiempos prebíblicos, como es el caso de Goliath o comoquiera que se llamara en realidad aquel mítico gigante cuyas andanzas recogen las páginas del Nuevo Testamento. Hay, por otra parte, freaks tan contemporáneos como Ronnie y Donnie Galyon, dos hermanos siameses nacidos en el estado de Ohio que, anexados durante toda una vida, no murieron hasta 2020. No resulta por ello sencillo resolver dónde poner el foco a la hora de realizar un cásting para nuestro circo particular, decidir quién queda dentro y quién se sienta en el banquillo.

Existe, no obstante, un período que fácilmente podemos señalar como la edad de oro del circo freak. Dicho período se sitúa en torno a la figura del más famoso impulsor del espectáculo bizarro de los siglos recientes: el empresario P. T. Barnum (1810-1891). Como tendremos ocasión de ver, Barnum, creador del celebérrimo Barnum & Bailey Circus, dio fama a los más insólitos y sugestivos fenómenos

Ferias de freaks humanos en Estados Unidos (1941).

del mundo, reuniéndolos bajo un mismo techo, organizándoles giras por todo el mundo.

Él es en buena medida responsable de que las vidas de los que a día de hoy son los freaks más emblemáticos de todos los tiempos hayan llegado a nuestros oídos. Así pues, esta es la época en la que nos hemos centrado a la hora de seleccionar a buena parte nuestros prodigios, muchos de ellos convertidos en mitos de nuestro tiempo.

Veremos también, hacia el final del libro, cómo la labor de P. T. Barnum se solapa con la de otro entusiasta del circo freak, que a su vez actuó en varios de ellos durante su juventud. Nos referimos, cómo no, al cineasta Tod Browning (1880-1962), que para su filme *Freaks* reclutó como actores a algunos de los más extravagantes seres de cuantos se exhiben en las presentes páginas.

Sin embargo, antes de internarnos en el siglo XIX, arrancaremos con un acercamiento a lo que podríamos denominar la prehistoria del fenómeno freak. Hacia el final de este libro, cuando abordemos las modificaciones corporales extremas, nos aproximaremos también a las más destacadas encarnaciones del freak contemporáneo, y trataremos de atisbar en su futuro.

Por el presente volumen desfilarán gigantes y enanos, hombres perro y hombres lobo; individuos sin extremidades, mujeres barbudas, hermanos anexionados entre sí y muchas, muchísimas más anomalías. La tentación de establecer categorías y ocuparnos de ellos clasificándolos por capítulos era grande. Sin embargo, del mismo modo un circo freak exclusivamente integrado por gigantes forzudos o una feria donde solo encontráramos enanos resultaría un tanto aburrido y monocorde, hemos preferido alternar prodigios de todo tipo con el objeto de imprimir variedad y color a nuestra selección particular. A ello se suma el hecho de que, como veremos, algunos de los especímenes de los que nos ocuparemos son tan singulares que constituyen una categoría en sí mismos. No obstante, nos ha parecido conveniente disponer en un mismo capítulo a los hermanos siameses, puesto que su misma naturaleza parece pedir que no los separemos. Otro tanto hemos hecho con las mujeres barbudas, por considerar que constituyen una categoría muy particular de fenómeno, como particulares son también las vidas de Josephine Clofullia, Clémentine Delait, Annie Jones, Jane Barnell, Julia Pastrana y las demás damas hirsutas que transitan por el presente ensayo. Finalmente, los tatuados y los entusiastas de las modificaciones corporales extremas han sido también reunidos bajo un mismo techo, puesto que constituyen otra tribu singular y única: la del freak enteramente voluntario y vocacional.

No quisiéramos que nadie se llevara una impresión equivocada: algunas de las historias que se recopilan en el presente volumen son extremadamente crudas y descarnadas. Algunas de las tragedias que aquí se relatan son tan oscuras que es difícil distinguir en ellas el más ligero atisbo de luz. Vidas enteras arrasadas por la explotación, por la fiebre de lucro, por la codicia.

Sin embargo, repetimos: en los albores de la humanidad el freak fue apreciado y valorado, y a través de estas páginas constataremos también que travesuras de la naturaleza que inicialmente se perciben como desgracia, terminan a la larga brindado ingentes cantidades de notoriedad y de dinero a individuos que, de otro modo, habrían transitado por la historia sin la más mínima oportunidad. Sin más dilación y como suele decirse: pasen y vean.

CAPÍTULO 1
FREAKS ENTRE NOSOTROS

Los freaks han estado entre nosotros desde el principio de los tiempos. Ocultos en un altillo, escondidos por las propias familias por el miedo al qué dirán. Más pronto que tarde, alguien se percata finalmente de que, además del rechazo que genera, el freak resulta cautivador, fascinante.

Tanto es así que, en determinadas épocas, la llegada de freaks al mundo no ha sido lo suficientemente cuantiosa como para satisfacer la demanda y, por demencial que pueda sonar, ha sido preciso modelar a personas normales para que no lo fueran. No es tan raro como pudiera parecer, por otra parte, que individuos nacidos sin ninguna particularidad se pretendan freaks para sortear la miseria. En el presente capítulo veremos algunos ejemplos de todo esto.

No obstante, asomémonos antes a las cortes reales de otros tiempos y analicemos el papel que en ellas desempeñaba el freak, para pasar, acto seguido, a ocuparnos de la feria freak más longeva de la que se tiene noticia: La feria de San Bartolomé.

Enanos, jorobados y otros freaks en la corte real

Apuntábamos en nuestro prólogo que es perfectamente demostrable a nivel antropológico que muchas culturas y civilizaciones antiguas vieron al freak como un ser tocado por la mano de dios, como una criatura de origen divino. A menudo se le nombraba brujo o chamán, se le presuponían unos poderes de los que carecían el resto de los mortales.

Si el freak fue en las culturas más primitivas una figura singular, temida e idolatrada, en las cortes medievales tuvo también un papel destacado. Enanos, jorobados y contrahechos son destacados protagonistas de prácticamente cualquier ensayo que hable de esta época, cualquier pieza de ficción que pretenda retratarla con fidelidad.

La figura del bufón, encarnada por individuos aquejados de acondroplasia, cretinismo, raquitismo y dolencias similares, se volcaba en lograr la diversión de reyes y nobles. Y sin embargo, a pesar de la aparente insignificancia de aquellos seres, el enanismo, la joroba o las malformaciones físicas les dotaban de poder. Por una parte, les conferían el privilegio de habitar los castillos y los palacios de la realeza y la nobleza en unos tiempos en los que, muy a menudo, todo eran miseria y privaciones. Por otra parte, una vez más el freak se desgajaba del resto de los mortales: al bufón se le consentía lo que de ningún modo se le permitía a ningún otro humano perfectamente proporcionado de la corte. Así, el freak era el único legitimado para bromear repetidamente en presencia de reyes, marqueses y condes, el único que podía burlarse a costa de reyes, marqueses y condes en su presencia. El freak lograba que la realeza se sumara a

Gente pequeña en las cortes españolas del siglo XVI.

la broma y a las risas señalando lo que a cualquier otro le hubiera costado un juicio sumarísimo y perder literalmente la cabeza.

Se consideraba, de hecho, que alojar en la corte a enanos, jorobados y contrahechos era fuente de dicha y de fortuna, hasta el punto de que todavía a día de hoy pervive la superstición de que tocar una joroba trae suerte.

El freak divertía, el freak entretenía. Monarcas y nobles cuidaban de sus freaks. El propio rey Enrique I de Inglaterra (1068-1135) se ocupó durante su reinado de que la Feria de San Bartolomé, uno de los circos freaks más famosos que se conocen, floreciera hasta su máximo esplendor. La reina Victoria de Inglaterra (1819- 1901), por su parte, celebró en su corte la llegada de gigantes como Martin Van Buren Bates y Anna Haining, de enanos como Tom Thumb, de aberraciones como el hombre elefante. Lázaro Colloredo, de cuyo Tórax colgaba la mitad superior del cuerpo de su hermano Juan Bautista Colloredo, actuó frente al mismísimo rey Carlos I de Inglaterra (1600-1649). Y así sucesivamente podríamos seguir citando casos.

Los bufones de la corte fueron reflejados en las obras de pintores como Velázquez.

Sí, podríamos seguir indefinidamente sumando anécdotas a la lista, pero no será preciso, puesto que el presente libro deja sobrada constancia de ello. La historia demuestra que, superado el shock inicial, liberados de la vergüenza y del encierro, los freaks son populares y rentables. Repudiado por la familia, despreciado por quienes le rodean, el prodigio es de pronto la estrella, el ganador, el que asciende en el escalafón social y se codea con la alta sociedad y ve mundo mientras quienes nacieron sin particularidades se pierden en la niebla gris del tiempo.

Llegados los siglos XVIII y XIX, Estados Unidos se convertirá en algo así como la meca de los freaks bajo la batuta de P. T. Barnum. Sin embargo, a lo largo de los siglos precedentes, si hubo un lugar que concentró más freaks que ningún otro, ese lugar fue sin duda la Feria de San Bartolomé.

La feria de San Bartolomé, la encarnación más longeva del zoológico humano

Durante la Edad Media, como apuntábamos en nuestro apartado anterior, bastaba con acudir a las cortes reales y a los palacios de la nobleza para encontrar freaks. No obstante, es difícil imaginar un tiempo y un espacio donde los fenómenos tuvieran más protagonismo que en la feria de San Bartolomé, que además puede presumir de hospedar el circo freak más longevo de la historia.

La feria abría cada 24 de agosto en los recintos West Smithfield, en las afueras de la ciudad y fue una de las ferias estivales más importantes de Londres. Se prolongó desde 1133 hasta 1855, aunque a lo largo de los siglos su duración fue oscilando: originalmente duraba tres jornadas. Luego, a lo largo del siglo XVII, se prolongó hasta dos semanas completas, y en su etapa final, a partir de 1691, volvió a acortarse hasta los cuatro días.

En sus principios, la feria de San Bartolomé fue una feria de compra y venta de materiales textiles, y de hecho pronto se convirtió en el mercado más importante de Inglaterra en lo que a telas se refiere. No obstante, pronto empezaría a incorporar espectáculos y jolgorio, y a compatibilizar el comercio con diversiones que atraerían público desde todos los rincones de Inglaterra: saltimbanquis, magos, músicos, boxeadores, acróbatas, marionetas y animales exóticos hacían gala de sus habilidades y de su poder para fascinar no solamente a las clases populares, sino también a las privilegiadas. Por supuesto, en un contexto así, no podían faltar los freaks.

Las alusiones más ancestrales a la feria parecen apuntar a que, en sus inicios, tenía además una orientación religiosa, y que en ella se ofrendaban sacrificios a los dioses paganos. Durante la Edad Media, pervivió el vínculo entre la feria y lo extraterrenal y lo religioso, aunque con una orientación muy particular: la feria de San Bartolomé no solamente era prácticamente el único lugar público en el que estaba permitido que los hombres se vistieran de mujeres y viceversa, en los que los asistentes se disfrazaban de monstruos y animales, sino

La feria de San Bartolomé fue el primer lugar
en el que se explotó el fenómeno freak.

que incluso los propios sacerdotes de la Iglesia quedaban legitimados para hacer lo que les viniera en gana.

Así, documentos de la época dejan constancia de que curas y obispos utilizaban los altares con fines cómicos, y se agarraban tremendas borracheras en misas de cuchufleta. La elección del Rey de los Locos era uno de los momentos álgidos de cada feria de San Bartolomé. Cada año optaban al título decenas y centenares de freaks, y el título recaía en el más feo, en el más anómalo. Deja constancia de todo esto, entre muchos otros escritos de ficción y de no ficción, la obra de Victor Hugo, en la que encontramos al que probablemente sea uno de los seres más célebres salidos de la feria: Quasimodo, el jorobado de Notre Dame.

Jugó un papel destacado en la conversión de la feria en circo freak un individuo llamado Rayer, al que determinados escritos aluden como Rahere a partir de su nombre en latín, Raherus. Rayer fue un bufón de Enrique I de Inglaterra muy famoso y bien considerado en la corte que, un buen día y para sorpresa de todos, anunció que abandonaba su rol en palacio y se unía a la Iglesia. Efectivamente Rayer se hizo investir sacerdote, pero era un movimiento calculado: como apuntábamos, la feria tuvo siempre un vínculo estrecho con la religión y únicamente un sacerdote podía ejercer la jefatura de la feria.

Rayer logró así convencer a Enrique I de Inglaterra de que, si le ponía al cargo de la misma, le daría un empujón y lograría exprimirle mucho más dinero en forma de tasas.

El rey accedió a la petición de su antiguo bufón, y no se arrepintió, puesto que Rayer cumplió su palabra. Rayer tenía visión de negocio, y como era de esperar su impulso consistió en potenciar la faceta más freak de la feria, en organi-

Rayer, el bufón que se convirtió en sacerdote y que llevó a la feria de San Bartolomé a sus cotas más altas de popularidad.

zar en ella espectáculos de «milagros», como los llamaban entonces: amputaciones, deformidades y toda clase de aberraciones biológicas lograron verdaderamente propulsar la feria de San Bartolomé hasta cotas de popularidad nunca vistas, atraer más público aún si cabe. Y así fue cómo, a partir del reinado de Enrique I de Inglaterra (1068-1135), la feria se convirtió en parte en un circo freak genuino, fuente de diversión para el pueblo llano pero también para nobles y reyes.

Siglos más tarde, durante el reinado de Carlos II de Inglaterra (1630- 1685), la feria de San Bartolomé seguía siendo uno de los enclaves más fenomenales sobre la faz de la Tierra. Los textos de la época dejan constancia de que el propio Carlos II era un entusiasta del circo freak que por ella se desplegaba. El monarca, cuentan, sentía una particular devoción por un gigante escocés que en ella se exhibía.

Fueron muy famosas también y publicitadas por todo el país las así llamadas mujeres cerdo, extrañas criaturas envueltas en largos vestidos que exhibían sus monstruosas facciones al público: rostros mongoloides, narices hundidas, fosas nasales porcinas. Las mujeres cerdo parecían además padecer trastornos mentales severos, puesto

LOS OTROS FREAKS (I): ASESINOS EN SERIE

Freak es un término muy polisémico que puede aplicarse a todo aquel que, a su manera, sea radicalmente distinto al resto. Y aunque a estas alturas quede diáfanamente claro que hemos decidido centrar el presente ensayo en individuos con anomalías físicas, qué duda cabe de que la palabra se aplica también a las personalidades más extravagantes y a quienes padecen problemas mentales severos. Así, no es infrecuente que se nos refiramos como freaks a los desequilibrados, y pocas circunstancias dejan mayor constancia de desequilibrios que el asesinato repetido, gratuito y aleatorio, que en los Estados Unidos tiene una larga tradición.

Entrarían así en esta categoría de freaks los diversos miembros de la famosa familia Manson, que entre 1967 y 1969 asesinaron a siete personas en nombre de una guerra racial y unas ideas paranoides que, por supuesto, únicamente

Charles Manson entrando al tribunal que lo declaró culpable de asesinato en primer grado en 1971.

existieron en la cabeza de Charles Manson y sus acólitos. Charles Manson era, por cierto, guitarrista y cantante, y su sueño fue siempre convertirse en una estrella del rock, y he ahí otra conexión con lo freak.

Particularmente conocido y siniestro es también el caso de John Wayne Gacy, que entre 1972 y 1978 asesinó a más de treinta jóvenes, veintiséis de los cuales aparecieron enterrados en el sótano de su casa en Chicago. Existe en este caso también una conexión con el mundo del espectáculo. Gacy a menudo se prestaba a entretener y divertir a niños en eventos sociales, para lo que empleaba un disfraz de payaso que él mismo había diseñado y confeccionado. De ahí que se ganara el nombre de «El Payaso Asesino».

Entre los asesinos desequilibrados más famosos de todos los tiempos se cuenta también Ted Bundy, que inicialmente se declaró culpable de treinta homicidios. En posteriores declaraciones fueron ascendiendo hasta totalizar más de cien, aunque se sospecha que a estas alturas la locura de Bundy le llevaba a atribuirse muertes en las que no había participado con la pretensión de complacer a la policía.

Un listado de los más famosos psicópatas freaks de todos los tiempos no estaría completo sin Richard Ramírez, con sus trece asesinatos y su entrega al heavy metal, ni sin Ed Gein y su coleccionismo de piel humana. Sin embargo, si elegimos el número de muertes como criterio para establecer quién es más freak, no nos queda otra que abandonar los Estados Unidos y descender a Colombia, donde encontramos a figuras tan inquietantes como Luis «La Bestia« Garavito (1957), que confesó haber violado, torturado, mutilado y dado muerte a casi ciento cincuenta niños y adolescentes, o Pedro Alonso «El Monstruo de los Andes» López (1948), otro violador de niños y asesino en serie colombiano que tiene en su haber más de ciento diez víctimas.

que gruñían en vez de hablar, y se mostraban muy agresivas. Personas de todas las edades y clases sociales acudían a verlas desde todos los rincones del país, en ocasiones llegaban a cruzar el canal para no perderse el espectáculo. No sería hasta más adelante que el truco de los feriantes quedaría al descubierto: las celebérrimas mujeres cerdo no eran en realidad más que osos afeitados, vestidos de mujeres y atados en corto para evitar que agredieran al público.

Durante esta etapa de la feria, además del habitual elenco de prodigios y anomalías, se exhibían cabezas de criminales famosos. Tal es el caso de la cabeza de William Corder, célebre a todo lo ancho y a lo largo del país por perpetrar «el asesinato del granero rojo» en la aldea de Polstead, en 1827, matando a su amante Maria Marten. Tras cometer el crimen, Corder huyó de la escena del crimen y envió cartas a la familia de la mujer que había matado, afirmando que estaba con él, que se encontraba perfectamente. Sin embargo, posteriormente, el cadáver de Maria Marten fue descubierto en el granero, después de que su madrastra dijera haber soñado con el crimen y haber visto cómo enterraban a Maria. Corder fue localizado en Londres, donde

Retratos de William Corder y Maria Marten, los protagonistas del llamado asesinato del granero rojo.

se había casado y empezado una nueva vida, y fue ajusticiado. Y así fue cómo su cabeza, decimos, se convirtió en una atracción.

Hemos apuntado ya que los fenómenos han sido siempre adorados en los círculos de la alta sociedad, y numerosos nobles encontraban en la feria de San Bartolomé fenómenos que adoptar y llevarse a su palacio o castillo, freaks que exhibir frente a sus amistades.

Particularmente célebre es la historia de Sarah Biffen, una inglesa nacida en 1784 que durante años se erigió en una de las atracciones más emblemáticas del recinto que nos ocupa. Un tal Emmanuel Dukes la llevaba por las principales ferias del mundo, y un prodigio así no podía por supuesto faltar en la feria de San Bartolomé.

Biffen, que dependiendo de las referencias figura también como Biffin o como Beffin, era lo que se conoce un torso humano, puesto que había nacido sin brazos y sin piernas. No sólo eso, sino que, atrapándolo entre los dientes, manejaba el pincel con soltura, y era capaz de plasmar en el lienzo obras verdaderamente asombrosas, o eso decían por lo menos quienes la habían visto actuar.

Las noticias sobre las proezas de la fenomenal pintora llegaron a oídos del Conde de Morton, quien decidió visitar la feria y comprobar por sí mismo si los rumores eran ciertos. No exageraban. El Conde de Morton quedó inmediatamente cautivado por Sarah Biffen, se convirtió en su mecenas, y le consiguió una clientela entre la que se encontraban duques, marqueses y destacadas figuras de la alta sociedad y de la realeza. De hecho, la propia Familia Real británica encargó a Biffen una serie de retratos en miniatura.

Sarah Biffen mejoró aún más sus técnicas pictóricas tras recibir lecciones

Sarah Biffen, la célebre pintora que no tenía brazos.

del pintor William Craig, de la Royal Academy of Arts, institución que por otra parte le concedió una medalla en 1821 señalando los méritos de una miniatura que había pintado. Sarah Biffen era cada vez más popular, las cosas iban en viento en popa para ella. Durante su casamiento, su marido le puso un collar del que colgaba el anillo de boda. No obstante, cuando el marido murió y el Conde de Morton falleció a su vez, Biffen se quedó sin protectores, su popularidad decayó y volvió a las ferias de freaks, donde estuvo exhibiéndose al público y pintando frente a las multitudes hasta que su avanzada edad la obligó a retirarse. Para entonces había cosechado los suficientes fans como para que le concedieran una mensualidad y le organizaran una jubilación digna.

Sarah Biffen murió en 1850. Cinco años después, en 1855, la feria de San Bartolomé fue clausurada por las autoridades bajo la acusación de fomentar el libertinaje, la anarquía y los desórdenes públicos. Era el fin de una época.

No obstante, como tendremos ocasión de comprobar, faltaba todavía mucho para que los freaks dejaran de ser criaturas adoradas por los nobles y por el pueblo y desaparecieran de la mayor parte de los escenarios. Todavía tendríamos ocasión de ver a decenas y decenas de alucinantes fenómenos desfilando por las salas de Europa y los Estados Unidos a las órdenes de P. T. Barnum.

Pero no nos adelantemos a los hechos. Los freaks eran populares, los freaks eran rentables. Y sin embargo, no nacían tantos como era deseable. Para algunos ciudadanos, las condiciones de vida eran tan horribles que llegaban incluso a envidiar a los mutilados, a los deformes. ¿Qué sucedía entonces?

Cómo forjar un fenómeno: manual para la creación de freaks

La condición de freak tiene sin duda sus desventajas, pero hemos mencionado también que en tiempos revueltos y en épocas de penuria y escasez, puede abrir también oportunidades vitales y –digámoslo así– profesionales que quedan vedadas a las personas perfectamente proporcionadas.

La predilección y la fascinación por los fenómenos entre las gentes poderosas, acaudaladas y aburridas se remonta al principio de los tiempos. Durante el Imperio Romano, se puso de moda reclutar a algunos enanos como sirvientes para dar un poco de color. Sucede que las familias privilegiadas eran lo bastante numerosas como para que se produjera una escasez de enanos.

Los reclutadores recorrían entonces campos y ciudades en busca de ellos, y los precios que estaban dispuestos a pagar podían llegar a ser muy elevados. En el caso de que no se alcanzaran acuerdos, los enanos eran secuestrados, robados, puestos a disposición de las familias pudientes. Y sin embargo, pese a la labor de estos despiadados reclutadores, a menudo tampoco así se reunían los suficientes enanos como para satisfacer las demandas del mercado. Como suele suceder en estos casos, empresarios avispados y carentes de escrúpulos buscaron modos de combatir la escasez.

El más elemental consistía en adquirir o robar bebés recién nacidos a los que se les administraba, prácticamente desde el mismo momento del parto, una dieta tan carente de nutrientes como fuera posible. Naturalmente en este proceso morían parte de ellos, pero a cambio aumentaban las garantías de que los supervivientes crecerían pequeños pero recios y fuertes.

Una vez superada la etapa más vulnerable, se les seguía alimentando de manera miserable, y se les administraban también enormes cantidades de bebidas alcohólicas. Se mantenía también a los infantes largas horas sumergidos en alcoholes de cuello para abajo, puesto que se creía que esto les hacía menguar.

Nuevamente un porcentaje de los desventurados niños caía muerto, pero quienes superaban esta segunda etapa se confirmaban como futuros enanos de la máxima calidad, irremisiblemente destinados a divertir, entretener y a aportar una nota de color a las grises vidas de los ricos y los poderosos. Se organizaban así verdaderas manufacturas de enanos en las que decenas de bebés eran sometidos a este proceso industrial, y no era extraño tampoco que las familias más desfavorecidas intentaran técnicas parecidas con alguno de sus vástagos con tal de venderlo por unas monedas y, ya de paso, buscarle un futuro mejor.

También en la antigua China clásica los enanos eran muy codiciados entre la nobleza y la gente pudiente, y también la cultura asiática encontró sus propias vías para la manufactura de enanos. La malnutrición siempre ha sido socorrida pero provocaba demasiadas bajas, y el método chino parecía ofrecer mejores resultados,

LOS OTROS FREAKS (II): CANÍBALES

Entre aquellos a los que los norteamericanos, y por ende nosotros, se refieren como freaks a causa de sus comportamientos aberrantes, los caníbales constituyen una categoría singular. Hablamos de sujetos lo suficientemente perturbados no solamente para quitar la vida a sus víctimas, sino también para ingerirlas parcial o totalmente. Ejemplificaría este tipo de freaks Jeffery Dahmer, tristemente célebre por practicar sexo con los cadáveres que fue sembrando y por comerse sus restos. Diecisiete hombres y niños cayeron entre 1978 y 1991 hasta que fue apresado e internado en prisión, donde fue asesinado no mucho después por otro preso.

También el japonés Tsutomu Miyazaki, conocido como «El Asesino Otaku» y como «Drácula» se entregó a este tipo de prácticas entre 1988 y 1989, período en el que asesinó a cuatro niñas de muy corta edad antes de abocarse al sexo y al canibalismo con ellas. Miyazaki bebía la sangre de sus víctimas, a veces dormía junto a sus cadáveres, y conservaba partes de los mismos como trofeo.

Desconcertante además de terrible resulta el caso del alemán Armin Meiwes, condenado por el asesinato en 2001 de un hombre al que conoció online y apodado «El Caníbal de Rotemburgo». Meiwes publicó a través de internet un anuncio en el que decía buscar a

Jeffrey Dahmer.

un hombre de constitución fuerte que se prestara a ser asesinado y posteriormente comido. Por demencial que pueda sonar, entre las respuestas que recibió Meiwes, estaba la de un tal Bernd Brandes, que respondió prestándose a ser su víctima. Tras reunirse con el caníbal alemán en su apartamento, Bernd Brandes le pidió que cumpliera su palabra. Con el consentimiento de Brandes, Meiwes cortó el pene de su invitado y ambos se lo comieron. Seguidamente, Armin Meiwes asesinó a su víctima, la troceó en la mesa de descuartizar y lo registró todo con su videocámara. La carne fue consumida a lo largo de los días subsiguientes.

Armin Meiwes, «El Caníbal de Rotemburgo». Debajo: la habitación donde tuvo lugar el descuartizamiento.

La lista de freaks caníbales prosigue interminable con personajes del calibre Peter Bryan, Albert Fish o Alexander Kinyua. ¿No son a fin de cuentas nuestros freaks de circo criaturas perfectamente normales si las contraponemos a estos monstruos?

En Asia se desarrollaron técnicas muy crueles para producir gente pequeña para luego explotarlos como freaks.

a pesar de resultar todavía más cruel.

Es bien conocida la técnica china para conseguir que los pies de las mujeres queden tan pequeños como sea posible, lo cual se consideraba entonces un signo de belleza. Para este fin, se los envolvía en prietos vendajes de seda desde la más tierna infancia, y se los mantenía así durante los años de desarrollo, logrando a lo largo del proceso que, alcanzada la madurez, la mujer luciera para siempre unos pies diminutos.

Con esta misma filosofía en mente, los chinos empleaban jarrones lo suficientemente grandes como para que cupieran en ellos los infantes de tal modo que solamente la cabeza quedara fuera. Tras introducirlos en ellos en la más temprana edad, los manufacturadores de freaks procedían a alimentarlos. Puesto que brazos y piernas quedaban atrapados en el interior del jarrón, los futuros enanos se veían incapacitados para hacer uso de ellos. Mes tras mes, sus cuerpos hacían lo posible por desarrollarse, lo cual apenas conseguían, puesto que topaban con los límites de las dimensiones del jarrón. Esto daba lugar a unos dolores tremendos.

Una vez más, se producían por supuesto muertes, pero eran menos cuantiosas que las que se derivaban de la malnutrición. Llegado el momento, los manufacturadores de enanos rompían el jarrón y observaban cómo se había desarrollado el fruto de su trabajo. En ocasiones, el jarrón había dado lugar a atroces deformaciones no deseadas. Otras, el futuro enano aparecía razonablemente proporcionado, un ser humano en miniatura. En cualquiera de los dos casos había un mercado para él.

Del mismo modo que los diminutos pies de las mujeres chinas las imposibilitaban para salir huyendo y también para desempeñar cualquier actividad que comportara usarlos –lo cual se consideraba una ventaja añadida–, la atroz técnica del jarrón lograba que algunos los enanos resultantes quedaran parcialmente inútiles, y de ahí se desprende otra característica del freak que tal vez ayude a explicar su éxito entre las personas normativas: acaso los fenómenos nos ayudan a

sentirnos superiores, alimentan la ficción de que nuestra valía está muy por encima de la suya. Como hemos visto ya en la figura de Sarah Biffen y como iremos viendo en capítulos posteriores, en la práctica son muchos los freaks que hacen gala de un ingenio y de unas dotes artísticas e intelectuales muy superiores a las de sus coetáneos. Hay, en definitiva, quien se crece ante la adversidad y no hay jarrón ni patología que lo contenga.

Más allá de las atrocidades para crear freaks aquí descritas, existen otros métodos más o menos truculentos para pretenderse distinto y que tienen también, como fin último, la rentabilidad. Todos hemos tenido alguna vez dudas acerca de si las desgracias que aquejan a algunos de los mendigos que se han cruzado en nuestro camino no serán, efectivamente, pretendidas.

Una ceguera convincente, una cojera bien impostada, pueden fácilmente duplicar ingresos, y como es lógico el fingimiento tiene larga tradición en la profesión. Los enfermos han sido siempre, en muchos sentidos, los diferentes, los distintos, y ya a lo largo del siglo XVIII en Francia la competencia entre mendigos era tan feroz que llegó a hacerse imprescindible sumar un poco de espectáculo al número para llamar la atención y garantizarse unas monedas.

Así, documentos de la época detallan cómo los mendigos masticaban jabón con el fin de expulsar por la boca copiosa espuma que les hiciera más merecedores de lástima que la competencia. Otra técnica muy socorrida era impregnarse todo el cuerpo de excrementos de caballo, lo cual, al parecer, confería a la piel un color amarillento que podía pasar por una virulenta ictericia. Dado que el acceso a cadáveres era relativamente sencillo, en ocasiones los pedigüeños saqueaban tumbas o compraban cuerpos a los que posteriormente seccionaban una pierna. Sentados en la calle y haciéndola asomar de entre sus harapos al tiempo que escondían la propia, pretendían tener terribles heridas o miembros en estados cercanos a la descomposición. Este método, sin embargo, entrañaba su riesgo. Está documentado en el París de principios del siglo XVIII el caso de un mendigo que, al ser descubierto haciendo pasar la pierna de un cadáver como propia, fue ahorcado allí mismo a la vista de todos.

En los casos de pobreza más desgarradores, no era infrecuente tampoco entre los pedigüeños la automutilación como solución para impulsar la economía en lo que podríamos considerar iniciativas unipersonales en el despliegue del circo freak. Tras cortarse unos dedos o incluso una mano o un pie, el pedigüeño veía aumentar notable-

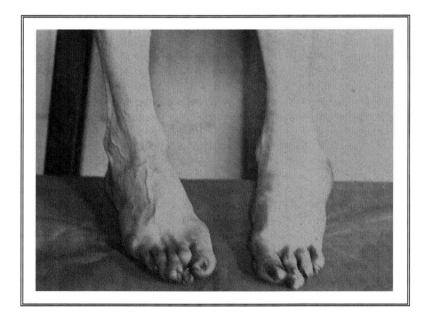

mente sus ingresos. En ocasiones, los muñones eran recubiertos de sangre de algún animal muerto para simular lepra, lo que como es natural incrementaba el rechazo pero también la compasión. En ocasiones no era preciso llegar tan lejos, y algunos mendigos de estas épocas oscuras llegaron a convertirse en verdaderos maestros en el arte de la dislocación de las propias articulaciones.

Con los hombros dislocados o las rodillas dislocadas, el aspecto de uno no es tan distinto del de quien tiene una auténtica malformación y exhibe su deformidad. Desafortunadamente, a fuerza de dislocar y recolocar, en ocasiones las articulaciones se resentían hasta el punto de que llegaban a quedar inservibles. En los casos más extremos, los problemas terminaban con la amputación de brazos o piernas. Con todo, los casos más atroces documentados alrededor de este tipo de prácticas automutilatorias hablan de individuos que llegaban a sacarse los ojos para poder exhibir sus cuencas vacías. También de hombres que se hacían rajar ambas mejillas desde los extremos de la boca hasta las orejas para poder exhibir tenebrosas sonrisas que en ocasiones se complementaban con la amputación de los labios.

Pruebas y más pruebas, en fin, de que el individuo diferente, la persona distinta, no sólo llama poderosamente la atención: en determinadas circunstancias la anomalía será la principal herramienta, acaso la única, con la que cuente para abrirse camino en la vida.

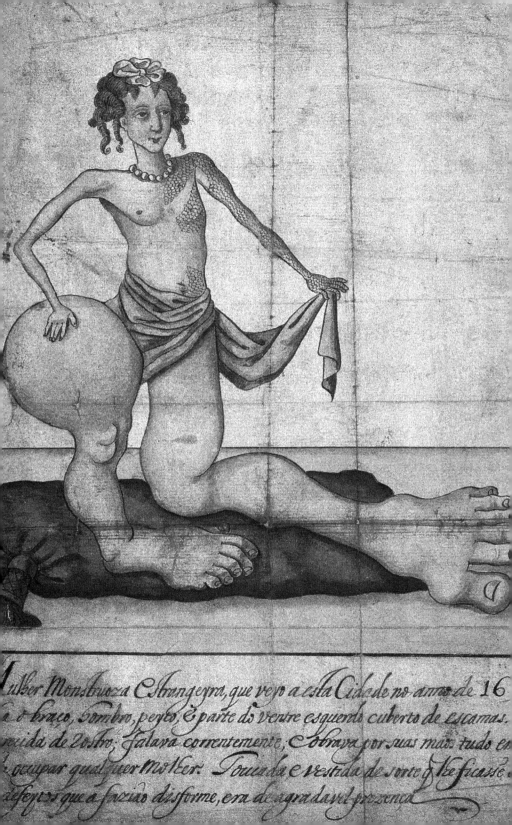

Mulher Monstruoza Estrangeyra, que veyo a esta Cidade no anno de 16

á o braço, hombro, peyto, é parte do ventre esquerdo cuberto de escamas.

ecida de rostro, falava correntemente, e obrava por suas mãos tudo en

ocupar qualquer Molher. Toucada e vestida de sorte q̃ lhe ficasse

defeitos que a fazião disforme, era de agradavel prezença

CAPÍTULO 2
FREAKS, ENTRE EL MITO Y LA LEYENDA

Un repaso pormenorizado a cualquier época deja constancia de que la realidad resulta lo suficientemente rica en freaks como para que no tengamos que buscarlos en cuentos y obras de ficción. Sin embargo, si lo que nos proponemos es ahondar en la figura del freak en los distintos contextos históricos, si queremos entender de veras cuál es su papel en la sociedad y analizar el peso que tiene en la cultura, se hace imprescindible pasar repaso a libros tan antiguos como la propia Biblia, a textos medievales y a escritos de la Roma clásica. Como no podría ser de otra manera, el freak ocupa un lugar destacado en todos ellos, es un referente recurrente.

Así, en el presente capítulo pasaremos repaso a la vida y hechos de algunos de los freaks más emblemáticos de la historia antigua para, seguidamente, prestar atención a un hecho que frecuentemente pasa desapercibido: antes de que el globo terráqueo fuera enteramente conquistado, hubo una época en la que existían razas enteras de freaks.

Maximus, el emperador romano gigante

El Imperio Romano se considera una de las épocas más gloriosas y prósperas de la historia de la humanidad –por lo menos para los afortunados que tuvieron la suerte de nacer en el seno de familias privilegiadas–, y es habitual el debate sobre cuál fue el más grande de los emperadores. ¿Fue Marco Aurelio? ¿Fue acaso Augusto? ¿Tal vez Calígula? Si de lo que se trata es de averiguar cuál fue de veras el más grande, podríamos zanjar la cuestión de un plumazo y afirmar sin miedo a equivocarnos que el título recae inevitablemente en el emperador Maximus, al que se alude también como Maximino el tracio.

Nacido en la Grecia antigua en una familia de pastores, los textos narran cómo la madre de Maximus dio a luz a un bebé asombrosamente grande. Mes tras mes, año tras año, Maximus crecía a una velocidad desmesurada. Alcanzada la madurez, hacía honor a su nombre más allá de lo imaginable. Si bien cabe computar el hecho de que la leyenda exagere un poco el dato, las fuentes de la época hablan de que Maximus medía nada más y nada menos que 2,61 metros.

Maximus,
el romano gigantesco.

Cuenta la historia que, un buen día, el joven Maximus se encontraba en la pradera y, mientras pastaba su rebaño, divisó un regimiento romano. Fascinado por la visión de escudos, lanzas, cascos marchando en perfecta formación, Maximus corrió a solicitar permiso a sus padres para que le permitieran enrolarse en el ejército. La negociación no fue fácil, pero al poco Maximus se apresuraba de vuelta a hablar con el general que capitaneaba el regimiento para ofrecer sus servicios como soldado. La simple presencia de aquel hombretón de más de dos metros y medio de altura resultaba sin duda impresionante, pero el general no lo veía claro.

Muy a menudo los individuos de estatura desmesurada son desgarbados y patosos, de modo que el general le propuso una prueba: seleccionaría a los dos hombres más fuertes y, si Maximus lograba vencerlos, valoraría seriamente incorporarlo. Los hombres del general se dispusieron para el enfrentamiento, pero antes de que pudieran decidir cuál de los

Siliqua de plata con el retrato de Magnus Maximus (383-388 A.C).

dos lucharía primero, Maximus anunció que se pelearía con los dos a la vez y se lanzó contra ellos. Instantes después, ambos eran arrojados a los pies del general, humillados y vencidos.

El general le pidió a Maximus que le diera unos minutos para terminar de considerar su oferta, montó en su corcel y fue a cabalgar por la pradera. Seguía sin tenerlas todas consigo. Estaba claro que Maximus era un titán peleando, pero ¿de qué le iba a servir eso en el campo de batalla si resultaba ser un inútil en todo lo demás? Por otra parte, ¿no era acaso un desperdicio dejar escapar la oportunidad de reclutar a tan magnífico soldado? El general cabalgaba y cabalgaba dando vueltas y más vueltas a estas cuestiones hasta que le pareció escuchar un galope a su espalda. Todas las dudas se disiparon cuando miró atrás y descubrió que Maximus, que corría tras él, le había estado siguiendo de cerca a lo largo de kilómetros y más kilómetros.

Maximus resultó ser, efectivamente, un fichaje magnífico. Ante su imponente presencia, todos los soldados enemigos se arrugaban y reculaban, y aquellos pocos lo suficientemente valientes como para plantarle cara eran sistemáticamente aplastados por su descomunal fuerza. Esta era tal que si las ruedas de un carro quedaban atrapadas en el fango tras las tormentas, los mandos hacían desenganchar a los caballos y el propio Maximus se ocupaba de sacarlo. Las victorias se sucedían, los enemigos caían como moscas, y año tras año Maximus fue ascendiendo por el escalafón militar hasta ser nombrado general.

Ilustración de un manuscrito galés del siglo XIV que se cree que pretende representar a Magnus Maximus.

Corrían tiempos difíciles para el Imperio, cuyo emperador era por aquel entonces Alejandro Severo, que contaba con solo 26 años de edad. Los germanos se encontraban por aquel entonces amenazando la frontera norte. Alejandro Severo capitaneó sus tropas, se dirigió al punto de conflicto, acampó en las cercanías de Moguntiacum. En su inexperiencia y para ganar tiempo, ordenó mandar regalos a sus enemigos para distraerlos. No calculó el hecho de que el ejército romano llevaba largo tiempo padeciendo privaciones por los recortes en gastos militares. Las raciones de comida eran exiguas, los recursos casi inexistentes, y ¿todo cuanto se le ocurría al emperador era enviar presentes a los germanos? Los hombres de Alejandro no daban crédito, estaban de veras ofendidos. La afrenta de los regalos circuló entre las tropas, que allí mismo se amotinaron, asesinando a Alejandro Severo y a su madre.

Para entonces el general Maximus era famoso en el imperio entero, y así fue como se le propuso reemplazar al emperador asesinado. Maximus, que no lo olvidemos, procedía de una familia de pastores, era esencialmente un hombre de acción al que le interesaba muy poco la política, y en un principio declinó la oferta. No obstante, la presión fue tal que finalmente no le quedó otro remedio que aceptar.

No fue una buena decisión, como quedó demostrado con el tiempo. Maximus no solamente no lograba implicarse en los asuntos políticos, sino que cuanto más presionaban a su alrededor para que se ocupara de ellos, menos le interesaban y más le desagradaban. La guerra contra los germanos proseguía, y en ella encontró Maximus la excusa perfecta para dar la espalda a los aburridos encuentros políticos, armarse hasta los dientes y sumarse una y otra vez a sus tropas y liderarlas personalmente contra el enemigo.

Los textos de la época dejan constancia de la ineficacia de Maximus en lo político, pero también de que capitaneando del ejército seguía siendo imbatible. El asesinato de Alejandro Severo había abierto paso a lo que históricamente se conoce como la crisis del siglo III, anarquía militar o crisis imperial, un período de declive. Pero incluso en este período, con Maximus al frente, los germanos eran derrotados una y otra vez, el imperio cosechó reseñables victorias, se recuperaron territorios, se ampliaron las fronteras.

Maximus, como es lógico, esperaba que su valentía y sus éxitos se vieran reconocidos. No sospechaba que su descuido de las cuestiones políticas estaba teniendo consecuencias que terminarían volviéndose contra él: en el corazón del imperio, los conspiradores tramaban ya su asesinato aprovechando su ausencia. No se les escapaba que, por razones obvias, acabar con un titán así de grande iba a ser un tanto complicado, de modo que, en lugar de unos pocos asesinos, que bastaban en la mayor parte de los casos, los conspiradores seleccionaron en esta ocasión a dos nutridas cuadrillas de soldados.

Cuando la primera de ellas trató de sorprender a Maximus, fue inmediatamente descubierta, y cuentan los escritos de la época cómo aquel gigante de dos metros y medio desenfundó su espada y, con una sola mano, liquidó a los ocho hombres que la integraban. No podía sospechar Maximus que, entretanto, la segunda cuadrilla se había deslizado en los aposentos de su hijo y lo había asesinado. Al ver el cuerpo sin vida de su vástago, Maximus se derrumbó, momento que los asesinos aprovecharon para darle fin.

LOS FREAKS EN LA LITERATURA

Lo estándar, lo común, es estéril, infecundo, ofrece muy pocas posibilidades dramáticas. Aun a riesgo de sonar exagerados podríamos afirmar que sin anomalía no hay personajes ni por lo tanto historias que contar, y que gran parte de las obras literarias que han dejado huella en la historia de las letras y en el imaginario colectivo tienen por protagonistas a freaks.

Un hombre despierta una buena mañana convertido en un insecto gigante, en una especie de cucaracha. ¿Les suena? Sin duda *La metamorfosis* (1915) de Franz Kafka ejemplifica perfectamente que, disponiendo a un fenómeno como protagonista, la literatura es capaz de alcanzar grados de profundidad y de dramatismo inabordables desde la cotidianidad. Otro tanto puede decirse de *Drácula* (1897) de Bram Stoker, un freak en toda regla tanto en lo físico como en lo espiritual.

En freak vive entre los hombres, y sin embargo los hombres no saben qué hacer con él. Los asombra y le temen, y esta definición le encaja también como un guante al *Frankenstein o el moderno Prometeo* (1818) de Mary Shelley, donde un perturbado y perturbador científico trae de entre los muertos a una criatura que es humana y monstruosa al mismo tiempo. Y debido a ello, tan infeliz como algunos de los seres que veremos desfilar por estas páginas.

En la categoría de clásicos freaks, puntúa por partida doble Victor Hugo, abanderado del romanticismo en Francia, con *Nuestra Señora de París* (1831) –donde se narran las desdichadas andanzas del jorobado Quasimodo–, y *El hombre que ríe* (1869), cuyo protagonista luce una sonrisa rajada de oreja a oreja, como más de uno de los mendigos que recorrían las calles en su época.

Incluso en muchos relatos y novelas que no protagoniza un freak, muy a menudo no falta un personaje de reparto o secundario con una particularidad física lo suficientemente llamativa o grotesca como para enriquecer el conjunto. Los ejemplos, en este sentido, se cuentan por millones. Atendiendo a la literatura contemporánea, podríamos citar sin ir más lejos al niño de *La familia de Pascual Duarte* (1942) de Camilo José Cela, donde el niño carece de orejas puesto que se las comió un cerdo. Otro buen ejemplo lo constituye Tyrion Lannister, el enano de *Juego de tronos* (1996), del escritor estadounidense George R. R. Martin, interpretado en su adaptación televisiva por el actor enano Peter Dinklage.

El monstruo de Frankenstein, creado por Mary Shelley en 1818, ilustrado por Bernie Wrightson.

Goliat, el freak estelar de la Biblia

La Biblia es frecuentemente considerada el libro más importante de la cultura occidental, y es cierto que su extensión y su complejidad son difícilmente igualables. Prácticamente cualquier historia que se haya contado con posterioridad tiene su reflejo en la Biblia, y se puede decir, por tanto, que a muchos niveles compendia la historia de la humanidad con todas sus particularidades.

No es extraño, así pues, que la Biblia contenga su propia ración de freaks, el más reseñable de los cuales es sin duda Goliat. Es cierto que la Biblia está repleta de fábulas y leyendas, y una primera intuición nos aconsejaría dar un crédito moderado a la existencia real de un personaje como el que describen los textos sagrados. Sin embargo, en inscripciones de la época que nada tienen que ver con

David y Goliat

la Biblia, se alude repetidamente a un gigante llamado Uliat. Aren Maeir, el director de la excavación que las descubrió fue el primero de muchos en sostener que el hallazgo era una clara evidencia de que el Goliat que figura en la Biblia dista mucho de ser un personaje de ficción, y que por más inexactitudes que puedan contener los textos sagrados, efectivamente existió en aquel tiempo y en aquel lugar un hombre sobrenaturalmente grande cuya fama dejó huella, independientemente de si se llamaba Uliat o Goliat.

De acuerdo con los textos sagrados, Goliat era un guerrero gigante. Todos

El pequeño David con la cabeza del gran Goliat.

hemos escuchado alguna vez la historia de cómo fue derrotado por el joven David, y la expresión *David contra Goliat* sigue empleándose habitualmente para definir enfrentamientos desiguales en los que un oponente presuntamente más débil e inofensivo logra vencer a un adversario infinitamente más grande y fuerte que él. No obstante, los pormenores biográficos de este freak bíblico resultan lo sobradamente fascinantes como para que nos ocupemos más a fondo de él.

Goliat era un refaíta, así se denominaba entonces a los habitantes originales de Canaán en la Transjordania. El hecho de que el término refaíta pueda traducirse como *gigante* sienta de por sí constancia de que los pobladores del área eran de por sí grandes. Para cuando nació Goliat, los filisteos acababan de conquistar aquellos territorios, por lo que, a efectos prácticos, nació filisteo.

Al igual que en el caso de Maximus, los textos hablan de un bebé desmesurado, un bebé de un tamaño imposible que, alcanzada la edad adulta, era un verdadero titán. Los textos hablan también de sus dos hermanos, ambos descomunalmente grandes, casi tanto como él. El hecho de que Goliat provenía de una estirpe de freaks parece quedar fuera de toda duda cuando leemos que uno de ellos tenía seis dedos en cada una de sus manos y seis dedos en cada uno de sus pies.

Hay diversas alusiones a la estatura de Goliat, y un baile de cifras considerable, pero para cuando Goliat se enroló en el ejército filisteo, se dice que medía más de tres metros de altura. Se dice también que su cota de mallas estaba integrada por más de cinco mil piezas, y que pesaba alrededor de setenta kilos, una cifra bastante espectacular si tenemos en cuenta que una cota de mallas estándar pesa alrededor de diez. Frente a este dato, el peso de su lanza, que los textos sagrados cifran en nueve kilos, puede parecer moderado, pero se dice por otra parte que su longitud se prolongaba a lo largo de metros y más metros.

Las crónicas que relatan las actuaciones de Goliat en el campo de batalla no son tan distintas de las que encontramos en las descripciones del emperador Maximus. Bastaba con que los enemigos vieran a aquel titán para que toda su valentía se esfumara. Precisamente por eso, como sabemos, Goliat se confió demasiado. Bastó con que David, que era un virtuoso con la honda, le lanzara una pedrada certera para derribarlo.

El monstruo de Rávena

Ciencia, religión y superstición ocupan hoy espacios convenientemente separados, pero cabe recordar que no siempre fue así. A lo largo de la historia, la humanidad ha dado como ciertos e indiscutibles hechos con muy poco fundamento, hechos como los que aquí nos ocupan.

Las primeras alusiones a la criatura conocida como el monstruo de Rávena hablan de un nacimiento extremadamente bizarro durante el Renacimiento tardío, a principios de 1512, cerca de la ciudad de Rávena. Este fue ampliamente reseñado y divulgado por toda Europa a través de panfletos, diarios y crónicas. En nuestro país, el sacerdote y cronista Andrés Bernáldez escribió en 1513 un texto titulado *Del monstruo que parió una monja en Rávena*, en el que cuenta lo siguiente: «En la ciudad de Rávena, en la Italia, acaeció el dicho año de 1512, antes un poco de la batalla de Rávena, que una monja parió un monstruo espantable; conviene a saber, una criatura viva, la cabeza, rostro, orejas, boca y cabellos como de un león, y en la frente tenía un cuerno hacia arriba, y en lugar de brazos tenía alas de cuero como murciélago, y en el pecho tenía una señal de una Y, y en medio del pecho letra tal X, y en el pecho izquierdo tenía una media luna y dentro una V. De lo que significaban estas letras y media luna diversas opiniones y juicios hubo entre las gentes. Tenía más debajo de los pechos dos vedijas de pelos; tenía más dos naturas, una de masculino y otra de femenina, y la de másculo era como de perro, y la de fémina era como de mujer; y la pierna derecha tenía como de hombre, y la izquierda tenía, tan luenga como la otra, toda cubierta como de escamas de pescado, y abajo por pie tenía una hechura como pie de sapo, el cual dicho monstruo nació en el mes de marzo del dicho año de 1512, como dicho es, y nació vivo y vivió tres días; y

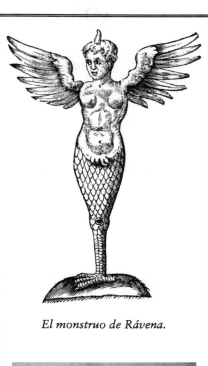

El monstruo de Rávena.

Sobre los monstruos y prodigios (De monstris et prodigiis).

fue llevado al Papa, el cual lo vio y mandó dibujarle de la manera y forma que era, y tuviéronlo en gran maravilla». Otros textos de la época, no obstante, no sientan constancia de que el monstruo muriera, y de hecho las contradicciones entre cronistas a este respecto son frecuentes.

En los libros didácticos de la época, se enseña a los escolares que en las inmediaciones de Rávena se libró una terrible batalla que terminó con la vida de innumerables soldados y que tiñó de sangre la tierra. La carnicería fue tal que el propio Dios enloqueció de rabia y, descendiendo momentáneamente entre los hombres, maldijo a una monja que, como cuenta Andrés Bernáldez, parió el célebre monstruo.

¿Qué hubo de real en el nacimiento del que se hacen eco tantísimas fuentes? ¿Qué clase de freak surgió en la ciudad italiana, que conmocionó a Europa entera?

Sea como fuere, este nacimiento freak tuvo tal arraigo que, a lo largo de los tres siglos siguientes, los estudiantes de Historia y disciplinas relacionadas se veían obligados a aprender todos los detalles sobre el monstruo de Rávena.

Los libros con los que se enseñaba a los más jóvenes lucían numerosas ilustraciones que retrataban al monstruo, que en ocasiones aparecía como un subhumano demoníaco y en otras figuraba en las galerías zoológicas junto a camellos, elefantes, leones y otros animales que la inmensa mayoría de los lectores nunca habían tenido oportunidad de ver. Y de ahí podemos extraer ya otra conclusión en la que ahondaremos en nuestro siguiente apartado: lo que no vemos, lo que no sabemos, lo que no entendemos, es siempre catalogable como freak.

Gigantes, pigmeos y otras razas inhumanas de los confines del mundo

Hay individuos que nacen con anomalías físicas que los hacen fundamentalmente diferentes a los ojos de sus coetáneos. La propia palabra freak, nos trae a la mente a un hombre, a una mujer, a alguien definitivamente singular. Gigantes como el emperador Maximus o Goliat, aberraciones como la extraña criatura nacida de una monja en Rávena, se establecen como casos únicos e insólitos, como hechos irrepetibles.

Sin embargo, cabe no olvidar que hubo un tiempo en el que la experiencia del hombre era muy limitada, un tiempo en el que no era infrecuente que muchos murieran sin conocer más pueblo que el que les vio nacer, sin saber mucho más del mundo que lo que veían y les rodeaba. Ir del campo a la ciudad era todo un desafío, no hablemos de viajar a otro país. No olvidemos tampoco que, durante las épocas más oscuras, gran parte de la esfera terráquea era un absoluto misterio. Tanto así que ni siquiera sabíamos que habitábamos un globo.

Sólo los más aventureros y aguerridos se atrevían a franquear las fronteras, a echarse a la mar, a explorar un territorio que podía terminar abruptamente en una sima que todo lo engullía, que decían las leyendas que podía conducir al mismísimo confín del mundo.

Muy pocos regresaban de sus aventuras por tierras ignotas, pero aquellos que lo lograban, volvían contando historias increíbles, hablando de seres asombrosos. En tales

Primeros contactos del hombre blanco con las tribus pigmeas africanas.

LOS FREAKS EN LOS CÓMICS Y EN LA MÚSICA POPULAR

En los cómics, los freaks tienen innumerables representantes como protagonistas, como no podría ser de otra manera en una forma de arte inseparable de la mirada del dibujante y de las exageraciones de su trazo para imprimir fuerza a las historias. Una respuesta rápida a la pregunta de cuáles serían los freaks más memorables que nos ha ofrecido el medio podría incluir fácilmente a *El Borbah* (1999) de Charles Burns, o a las tantísimas criaturas que vienen poblando los tebeos de Robert Crumb desde sus etapas más underground.

Sin embargo, si nos tomamos la molestia de abrir un poco la mente y la perspectiva y fijamos nuestra atención en el género más popular del cómic, el de superhéroes, ¿no es acaso el mismísimo Superman un completo freak? Camina entre los hombres sin ser exactamente uno de ellos, y sin embargo siente y ama como sus semejantes. Los hombres le adoran, le temen, sienten fascinación por él. ¿No nos encontramos acaso frente a una definición de manual del freak? ¿No son Superman y el gigante forzudo del circo, en muchos sentidos, el mismo hombre?

Centrémonos ahora en los X-Men. Nuevamente nos hallamos frente a personajes que son temidos y odiados a causa de los poderes con los que nacieron, hasta el punto de que ni siquiera ellos mismos están seguros de si se trata de maldiciones o de dones.

Aislados durante su juventud, tratados como monstruos, más de uno de estos presuntos héroes arrastra traumas que no termina de superar. El prodigio en los cómics del género, en fin, goza de tanto protagonismo que nos atrevemos a afirmar que prácticamente cada superhéroe es un freak. Esto se hace más patente aún en figuras como La cosa del pantano, condenado a arrastrarse perpetuamente por una ciénaga tras ser dado por muerto y arrojado a la misma, donde entra en contacto con una serie de productos químicos. O en La Cosa de Los 4 Fantásticos, a quien atormenta la falta de sensibilidad y la fealdad de su cuerpo. O en Hulk, que con su furia infantil combate la incomprensión del mundo.

El pop rock, para terminar, es otro de los ámbitos donde el espectáculo freak goza del amor incondicional del público. ¿O no transitaba acaso Bowie por las más pintorescas personalidades ataviado con los más estrafalarios ropajes? El grupo de hard rock Kiss apareció también durante décadas luciendo disfraces extravagantes, zapatos de plataforma y sus características pinturas corporales. La lista sigue y sigue, y como en tantas otras ocasiones, el punto en el que termina el glamour y empieza lo grotesco, se funden y se confunden.

El Borbah, un personaje de cómic
muy freak del autor Charles Burns.

El mito griego de Énoe y su batalla entre pigmeos y cigüeñas.

épocas, podemos hablar de poblaciones enteras de freaks: razas tan insólitas e imaginables que difícilmente podían ser etiquetadas como humanas. Hombres blancos cruzan el océano y se topan de pronto con extraños seres de piel oscura y narices achatadas que brincan en mitad de la selva. Hombres negros divisan en el horizonte navíos más grandes que las cabañas en las que se reúnen, y ven descender de ellos a extraños seres de piel pálida que únicamente pueden proceder de otro mundo.

Dado que quienes verdaderamente habían visto algo casi nunca sabían escribir, y que los cronistas tenían necesariamente que trabajar con fuentes de segunda, de tercera y de cuarta mano, la frontera entre realidad y ficción se difuminaba. En las historias sobre razas de freaks, hechos y leyendas se amalgaman hasta tal punto que resulta imposible separarlos.

En la Grecia antigua, sin ir más lejos, encontramos multitud de historiadores narrando con todo lujo de detalles las andanzas de marinos y aventureros de la época por tierras lejanas. Por ellas campaban criaturas parcialmente humanas, pero con largas barbas y afilados picos. Cíclopes y sirenas no eran para el ciudadano medio seres de ficción, sino razas prodigiosas completamente reales. Cualquiera podía comprobarlo por sí mismo si contaba con el capital y con los recursos para viajar lo suficientemente lejos.

Paradigmático en este sentido es el caso de la *Historia natural* de Plinio, una de obras más ambiciosas y extensas que han llegado completas desde el Imperio romano hasta nuestros días. En este diccionario enciclopédico, escrito en latín, su autor, Plinio el Viejo, se propuso

PLINII SECVNDI NOVECOMENSIS ORATORIS PREFATIO INCIPIT IN LIBROS NATVRALIS HISTORIE AD TITVM VESPASIANI FILIVM IMPERATOREM :• ✤ • :.

IBROS NATVRALIS HISTO
RIE NOVITIVM CAMENIS QVIRI
tium. tuorum opus natum apud me proxi
ma fetura. licentiori epistola narrare consti
tui tibi iocundissime imperator. Sit enim hec
tui prefatio uerissima. dum maxime consene
scit in patre. Namq, tu solebas putare aliquid
esse meas nugas: ut obicere moliar: catullum
conterraneum meum agnoscis. & hoc castrense
uerbum. Ille enim ut scis permutatis prioribus
sillabis duriusculum se fecit. q uolebat existi
mari a ueriolis tuis & famulis simul ut hac mea
petulantia fiat. quod proxime non fieri questus es in alia procaci epistola nostra.
ut in quedam acta exeant: sciantq, omnes q̃ ex equo tecum uiuat imperiu: tri
umphalis & censorius tu sexiesq̃ consul ac tribunitie potestatis particeps: & quod
his nobilius fecisti: dum illud patri pariter & equestri ordini prestas prefectus
pretorii eius: omniaq̃ hec rei p. Et nobis quidem qualis in castrensi contubernio
nequicq̃ in te mutauit fortune amplitudo in his: nisi ut prodesse tantumdem
posses: ut uelles. Itaq, cum ceteris in uenerationem tui pateant omnia illa: no
bis ad colendum te familiarius audacia sola superest. Hanc igitur tibi impura
bis: & in nostra culpa tibi ignosces. Perfricui faciem: nec tamen profeci. qm alia
uia. occurris ingens. & longius etiam submoues ingentibus facibus. Fulgorat in
nullo unq̃ uerius dicta tuis eloquentie: tribunitie potestatis facundie: quanto
tu ore patris laudes tonas: q̃to fratris amas: q̃tus in poetica es. O magna fecun
ditas animi: quemadmodum fratrem quoq̃ imitareris excogitasti. Sed hec
quis possit intrepidus extimare subiturus ingenii tui iudicium presertim. la
cessitum. Neq̃ enim similis est conditio publicantium & nominatim tibi di
cantium. Tum possim dicere: quid ista legis imperator? humili uulgo scripta
sunt agricolarum: opificum turbe: deniq̃ studiorum otiosis. Quid te iudicem
facis? Cum hanc operam condicerem non eras in hoc albo. Maiorem te sciebam
q̃ ut descensurum huc putarem. Preterea est quedam publica etiam eruditorū
reiectio. Vtitur illa & m. tullius extra omnem ingenialiam positus: & quod
miremur per aduocatum defenditur. Nec indoctissimis manium persum
hec legere nolo. iunium congum uolo. Quod si hoc lucilius qui primus con
didit stilinasum legerit: quasi abusionem & uituperationem reputabit. Primul
enim satiricum carmen conscripsit: in quo utiq̃ uituperatio uniuscuiusq̃ con
tinetur. Nasum aut dixit: quod uituperationis signum uel maxime naso de

PLINE L'ANCIEN

El historiador y naturalista Plinio el viejo.

compendiar en una serie de volúmenes el conocimiento que hasta aquel momento se tenía de todo, absolutamente todo. Temas como la astronomía, la botánica, las matemáticas, la horticultura, la farmacología, la minería, la geografía, la etnografía, la antropología, la fisiología humana, la zoología, la agricultura, la mineralogía, la escultura y la pintura tenían cabida en el diccionario de Plinio. *Historia natural* constituye, así pues, uno de los primeros acercamientos serios a la creación de una enciclopedia, y aunque los primeros tomos se publicaron en el año 77 d. C., no se completó hasta 79 d. C.

Los textos están abordados desde el rigor, y dan fe del nivel de confusión entre la realidad y ficción de la época, de cómo las informaciones que llegaban desde lugares lejanos mutaban y se retorcían de boca en boca hasta convertirse en auténticos disparates. ¿El resultado? En los volúmenes de Plinio, textos de indudable valor sobre las matemáticas, la horticultura o la minería de la época comparten páginas con otros sobre alucinantes tribus de gigantes, razas de seres diminutos y criaturas que caminaban sobre pies aparentemente humanos sólo que dispuestos del revés.

Plinio no fue, ni muchísimo menos, el único hombre ilustrado de la antigüedad que creía en la existencia de razas enteras de freaks. Plutarco, sin ir más lejos, había estudiado filosofía, retórica y matemáticas en la Academia de Atenas en la época del emperador romano Claudio, y había viajado a todo lo largo y lo ancho del Mediterráneo a lugares tan lejanos por aquel entonces como Egipto. Fue filósofo e historiador, una mente preclara, y uno de los más destacados representantes del helenismo durante la segunda sofística.

Sin embargo, en sus textos habla con absoluta soltura de la existencia de faunos, unas criaturas que presuntamente habitaban lejanos bosques. Parcialmente humanos, los faunos se distinguían de nosotros por sus cuernos y sus pezuñas de cabra, y por su insaciable apetito sexual. Plutarco llega a contar que uno de ellos fue capturado y llevado a Roma, donde escapó de sus captores para perseguir el encanto de las mujeres, que caían rendidas a sus pies. La presencia de faunos en el imperio era una creencia habitual, y entre el pueblo llano corrían rumores que señalaban a gobernantes y destacadas figuras públicas como posibles faunos. El propio Julio César llegó a afirmar que él era descendiente directo del célebre fauno huido.

San Agustín es otro buen ejemplo de mente en la que el intelecto, la sensibilidad y el conocimiento conviven en perfecta armonía con la ignorancia y la superstición. Se le considera un genio literario, un filósofo incisivo y el más destacado pensador del cristianismo del primer milenio. Y, sin embargo, no solamente no dudaba de la existencia de faunos, sino que incluso anunció que en más de una ocasión los había visto personalmente.

Los faunos no eran la única raza de freaks que poblaba los textos de San Agustín, que hablaba también de hombres sin cabeza y de otras criaturas imposibles. La certidumbre de que existían razas enteras de freaks estaba afianzada en la sociedad hasta tal punto que la Iglesia ni por un momento puso en duda la

En la antigüedad se creía que los faunos existían.

El fauno Pan.

posibilidad de que los fenómenos de los que hablaba San Agustín fueran invenciones. Las deliberaciones de la Iglesia, así, no giraron en torno a si freaks como los faunos existían verdaderamente, sino que se centraban en averiguar si podía considerarlos humanos o si eran, por el contrario, criaturas inferiores, carentes de alma y sin posibilidad de salvación.

Tras darle vueltas y más vueltas, la Iglesia finalmente se pronunció: faunos y demás freaks del imaginario colectivo eran humanos, y poseían por lo tanto un alma.

Trasladémonos a la exploración del nuevo continente y a las razas de freaks que allí hallaron las primeras expediciones a América. Nuevamente encontramos multitud de testimonios al respecto, entre ellos el de Antonio Pigafetta (1480-1534), un célebre explorador, geógrafo y cronista italiano.

Pigafetta se mudó a España en 1518 y se unió a la expedición de Magallanes, que alcanzaría su cenit en 1522 con la primera circunnavegación del globo terráqueo a bordo de la nao Victoria. La valentía que se precisaba para embarcarse en aquellos viajes y los peligros que entrañaba queda de sobra documentada por el siguiente hecho: de los 265 hombres que integraban la tripulación inicial de la nao Victoria, solamente dieciocho sobrevivieron, Pigafetta entre ellos.

Contó Pigafetta sus aventuras y desventuras en la obra *Relación del primer viaje alrededor del mundo* (1524), que a día de hoy sigue siendo la principal fuente de información con la que contamos para documentar el viaje de Magallanes y Elcano. En el volumen, escrito a lo largo de tres años, Pigafetta compendia un sinfín de información valiosa sobre temas como la flora, la fauna, la geografía, el clima, y los habitantes indígenas de los lugares que van descubriendo y explorando. Sus textos también recogen muestras del vocabulario de los pueblos indígenas que, a día de hoy, siguen resultando útiles a historiadores y antropólogos.

No obstante, intercaladas entre observaciones incisivas y análisis rigurosos, nuevamente aparecen las sempiternas razas de freaks. Seres diminutos, criaturas gigantescas. Pigafetta llega a hablar de una raza esencialmente humana excepto por el detalle

Busto de Antonio Pigafetta.

de que tiene unas orejas tan largas que no le queda otro remedio que envolvérselas alrededor del cuerpo para no tropezar con ellas, y de hecho, por la noche, cuando se acuesta, las utiliza como sábanas.

Los tiempos de oscuridad, en fin, quedaron atrás. Conforme la ignorancia ha ido remitiendo y el hombre ha progresado en el conocimiento de su entorno y de las diversas manifestaciones de la raza humana con sus respectivas particularidades, las historias sobre razas enteras de freaks han quedado en lo que siempre fueron: leyendas a las que cabe no dar crédito.

Y sin embargo, como tendremos ocasión de ver en los próximos capítulos, aquí y allá, nunca pararán de tener lugar nacimientos que arrancarán de madres, de padres, de parteras, expresiones de incredulidad.

La razón y la ciencia pueden haber desterrado muchos falsos mitos, y haber prevenido en cierta medida la llegada al mundo de anomalías. Pero hasta donde sabemos, ninguna tecnología puede evitar todavía que puntualmente lleguen al mundo auténticas aberraciones de la naturaleza.

F. LICETVS
DE
MONSTRIS.

CAPÍTULO 3
ABERRACIONES DE LA NATURALEZA

Las épocas más lejanas en el tiempo, las más oscuras e ignorantes, van quedando atrás. Los mitos y las leyendas retroceden para abrir paso a una nueva forma de estudiar y entender el mundo, un acercamiento fundamentado en hechos, en comprobaciones, en certezas. La ciencia establece nuevos baremos para desentramar la realidad. Y pese a todo, aquí y allá siguen teniendo lugar nacimientos capaces de poner en jaque a las mentes más imaginativas, nacimientos de los que surgen criaturas incomprensibles.

La sala de partos ha dejado de ser un sucio jergón. En ocasiones está equipada con las más recientes tecnologías del momento. El médico está mejor formado que nunca. Y sin embargo nadie está preparado para el nacimiento del freak. Bajo la luz de la ciencia, de la razón, del conocimiento, de hecho, el freak luce más anómalo, más inexplicable que nunca.

El hombre elefante

Sería imperdonable que en nuestro circo de freaks no figurara el hombre elefante, uno de los fenómenos más célebres de todos los tiempos hasta el punto de que incluso su nombre real, John Merrick, resultará reconocible para muchos de nuestros lectores. Joseph Rockley Merrick (aunque él casi nunca utilizó Joseph y prefirió John) nació en 1838 el seno de una familia de lo más estándar. El bebé era perfectamente normal. Pero al año y medio, su cuerpo empezó a mostrar síntomas extraños.

Su madre apreció unos pequeños bultitos al bañarle, y más tarde John declararía que sus primeros recuerdos de infancia son precisamente los de una mujer acariciándole y cantándole nanas.

Los bultos fueron creciendo, y para cuando Merrick cumplió los cinco años, el tamaño de los mismos le confería ya un aspecto grotesco, que se acrecentaba más aún debido a las deformidades que iban adueñándose de su cráneo. También se habían deformado sus piernas, lo cual hacía que el simple hecho de caminar no resultara fácil para el joven Merrick. Por si no fuera suficiente, las dificultades para moverse derivaron en una caída que le provocó una rotura de cadera, lo cual le dejó una cojera que nunca terminó de curarse.

Conforme crecía, los impedimentos físicos fueron aumentando, pero Merrick contaba por lo menos con el apoyo de su madre, a la que siempre recordó como un ángel bondadoso, fuente inagotable de cariño, y cuyo fallecimiento nunca terminó de superar: Mary Jane Merrick murió de bronconeumonía cuando Merrick tenía tan solo once años. En adelante, las cosas se iban a complicar más si cabe para el hombre elefante. Tras enviudar, su padre, Joseph Rockley Merrick, volvió a casarse, pero John nunca se sintió aceptado ni por su madrastra y ni por sus hermanastros, que le despreciaban y le exigían que trabajase para contribuir a la economía familiar.

Gracias a los contactos que tenía su tío, Merrick consiguió un empleo en una fábrica de la industria tabacalera, pero tras dos años fue despedido a causa de su bajo rendimiento. Las mutaciones que padecía su cuerpo le acercaban más y más a la invalidez, lo cual enrareció más aún el ambiente en casa. Desde su despido, las riñas y las humillaciones en el hogar se volvieron más y más insoportables. Y aunque el joven Merrick era castigado duramente cada vez que le capturaban, se escapó de casa multitud de veces.

Harto de su hijo impedido, su padre le consiguió un trabajo como vendedor ambulante para la mercería que regentaba. Durante esta etapa, empujando un carrito, Merrick recorrió las calles de su ciudad a diario. Para entonces, los bultos alrededor de su mandíbula y las deformaciones óseas provocaban ya que sus palabras resultaran prácticamente ininteligibles, lo cual dificultaba de por sí las ventas. Los niños se reunían a su alrededor para cantarle canciones y apedrearlo. La clientela huía despavorida tan pronto la monstruosidad se acercaba, no había forma de presentar los productos. El sentimiento de fracaso de John Merrick era tal que prefería devolver a su padre y a su madrastra las monedas que le daban para almorzar, simulando que las había ganado vendiendo artículos de la mercería.

El desprecio y los castigos en casa no parecían tener fin. En su biografía, Merrick le reprocha a su padre no haberle querido nunca, y cuenta cómo durante las

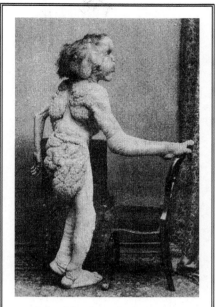

John Merrick, el tristemente célebre hombre elefante.

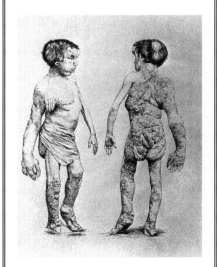

Ilustración del cuerpo de Merrick, utilizada para fines médicos.

comidas en casa se le retiraba el plato a la mitad como castigo por no aportar suficiente dinero a la familia.

Así, a los quince años de edad y tras la enésima discusión, Merrick se escapaba de casa una vez más, en esta ocasión para no volver. Se lleva consigo el carrito que usaba para vender artículos de la mercería. De día perseveraba en sus intentonas como vendedor, casi siempre infructuosas. De noche, dormía en la calle. En realidad apenas logra dormir debido a sus dolencias y a su desesperanza.

Para cuando Merrick alcanzó la edad adulta, su estatura era de apenas metro y medio. Los aberrantes bultos que le cubrían, habían crecido hasta tal punto que le mantenían un ojo casi permanentemente cerrado. Su boca se había transformado en un recóndito hoyo babeante enterrado entre tumores. Su brazo derecho se había plegado de tal modo que resultaba prácticamente inútil. La cojera que le ocasionó su temprana rotura de cadera, como apuntábamos, nunca terminó de sanar. Sus tumores hacían que despidiera un olor nauseabundo si no se lavaba a diario. Dadas las circunstancias y las condiciones higiénicas de la época, por supuesto, ese era un lujo que John Merrick no podía permitirse.

Su tío Charles Merrick le rescató de la calle, le brindó apoyo, lo acogió durante una temporada. Pero definitivamente la carrera de comercial no era para el hombre elefante: en 1879, el gremio de vendedores adujo que Merrick daba mala imagen al ramo, y solicitó que no se le renovara la licencia.

Puesto que sus tíos tenían dificultades para mantenerle, John Merrick ingresó voluntariamente en una casa de trabajo en la que pasó cuatro años soportando unas condiciones durísimas. Ya no se hacía ilusiones en lo referente a su carrera como vendedor, y la vida en la casa de trabajo era insoportable. ¿Qué opciones le quedaban?

Un buen día, hojeando el periódico, Merrick dio con el anuncio de un promotor llamado Sam Torr. Torr regentaba una feria ambulante en la que se exhibían toda clase de fenómenos. John se puso en contacto con él, convencido de que el mundo del espectáculo era su última salida.

Torr quedó impresionado. Nada más ver al hombre elefante le dio el sí y lo incorporó a su pequeño circo de curiosidades como figura estelar. Llegado cierto momento, la colaboración tocó a su fin y Merrick fue fichado por otro cazador de fenómenos con pocos escrúpulos, Tom Norman. Para entonces, las deformidades que padecía Merrick eran tan acentuadas que se veía obligado a dormir sentado a riesgo de que se interrumpiera su flujo respiratorio, y su nuevo amo hizo construir una cama especial para él.

Las ferias de freaks, como hemos ido viendo, no solamente atraen al pueblo llano, sino también a personas ricas y cultivadas, y quiso la casualidad que unos estudiantes de medicina se pasaran por la feria de Tom Norman y quedaran absolutamente impresionados por la imagen que ofrecía el hombre elefante. Tanto es así que aconsejaron a su profesor, Frederick Treves, que no se lo perdiera.

Para cuando el profesor y médico Frederick Treves hizo caso a sus alumnos, John Merrick llevaba semanas convertido en la atracción estelar de Tom Norman. Los tumores en torno a su boca deformada eran tan severos que no lograba comunicarse. Su timidez no ayudaba, y Treves dio por sentado desde buen principio que Merrick padecía un retraso mental severo. Tras desembolsar una cantidad nada desdeñable, Frederick Treves fue autorizado a llevarse a John Merrick de hospital en hospital, y a exhibirlo frente a la comunidad científica de la época.

¿Cuáles eran las diferencias entre ser exhibido en ferias o bien mostrarse frente a médicos y cirujanos? Pocas, muy pocas. Tanto es así que Merrick decidió dar la espalda a la comunidad científica y regresar junto a Tom Norman, con quien persistió en su carrera como freak por Inglaterra. Esta tocó a su fin cuando en 1885, las autoridades decidieron cerrarle el chiringuito a Norman por juzgar que sus actividades atentaban contra la decencia.

Tom Norman le encontró una salida a Merrick a través de un conocido suyo, el feriante italiano Ferrari, que le propuso una gira por toda Europa. Merrick accedió pero el tour arrancó con el pie izquierdo y fue de mal en peor. Al igual que le había sucedido en Londres –y en otras ferias en las que había participado–, la visión del hombre elefante era demasiado horrible para los espectadores, y las autoridades terminaban clausurando y prohibiendo los eventos. Así, Ferrari, probablemente el amo con menos escrúpulos de cuantos tuvo Merrick, terminó quedándose con todo su dinero y abandonándolo a su suerte en alguna oscura población de Europa.

No hace falta decir que el regreso a Inglaterra no resultó en absoluto fácil para Merrick, que a lo largo del mismo padeció todo tipo de desventuras y burlas. Llegado a Londres, una muchedumbre se concentró para lincharlo, y podría haberlo matado de no interceder la policía.

Por suerte, Merrick conservaba todavía la tarjeta de visita que en su momento le había dado Frederick Treves. Llegado este punto, el profesor y médico era prácticamente su único contacto en el país, y tras enseñársela a los agentes, estos lo condujeron ante él. Las intenciones de Treves, a pesar de la desconfianza que generaba en el hombre elefante, eran buenas. Para entonces Treves había comprendido ya que Merrick no sólo no era retrasado, sino que tenía ante sí a un individuo intelectualmente muy capacitado y dotado de una gran sensibilidad.

Fue Treves quien logró que el caso del hombre elefante diera el salto a los periódicos, que el país entero supiera de su existencia. Paralelamente, se habilitaron los canales para que Merrick recibiera donaciones, y la respuesta fue tan positiva que en un plazo relativamente breve se reunió lo suficiente para garantizarle habitación y comida. Treves logró convencer a la gerencia del hospital en el que trabajaba para que alojara a Merrick a perpetuidad. Para entonces, claro, la vida había tratado tan mal al hombre elefante que su desconfianza era grande. No terminaba de creerse que el hospital que le alojaba fuera a seguir haciéndolo. Cuenta Treves que Merrick barajaba dos alternativas claras para cuando fuera expulsado. Su primera opción era ejercer de guardián de un faro; dado que es este un trabajo que se realiza en perfecta soledad, Merrick no se vería obligado a tratar con nadie. La segunda, un asilo para ciegos, donde podría disfrutar de alojamiento y comida sin que nadie salvo los cuidadores le viera.

No obstante y pese a las suspicacias de Merrick, las intenciones de Frederick Treves eran, insistimos, buenas.El hospital siguió hospedándolo y a la larga el hombre elefante pudo considerar su casa la habitación que le proporcionaban. Treves y Merrick sostenían allí largas charlas, a menudo sobre literatura, puesto que Merrick era un devoto de las novelas románticas.

No era Treves el único visitante cultivado del hombre elefante, pues para entonces era famoso en el país entero. Las figuras más destacadas de la alta sociedad se dejaban caer por allí, le traían regalos. Entre sus visitantes ilustres cabe destacar a Alejandra, Princesa de Gales, que se había sentido cautivada por su historia. La princesa Alejandra no sólo se mostró muy amable con él, sino que llegó incluso a darle la mano, detalle que Merrick no olvidaría nunca. Ese día, Merrick subió a la carroza real y fue conducido a un suntuoso teatro, donde se le brindó la oportunidad de disfrutar de la función desde el palco de la realeza. Hechos como

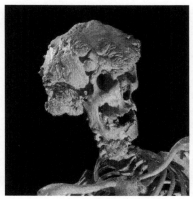

Arriba: Frederick Treves, el único amigo de Merrick. Abajo: el esqueleto del hombre elefante.

este dejaban profunda huella en Merrick, que en sus memorias hace ver lo maravillosas que resultan actividades tan aparentemente cotidianas como dar un paseo por el campo y recoger flores en compañía de un perro.

Pese a los avances logrados en todos los frentes, Merrick seguía teniendo prohibido dormir boca arriba en la cama, bajo la amenaza de quedarse sin respiración o agravar las lesiones en la parte superior de su columna. Seguía pues obsesionándole esta cuestión. ¿Por qué no podía dormir como las personas normales?

Las jornadas de Merrick resultaban, en esta etapa vital, particularmente gratificantes tras las frustraciones juveniles como vendedor ambulante, tras las penurias como atracción de feria. Un buen día, tras regresar al hospital, Merrick se decidió por fin a vencer este último obstáculo, a cruzar esta última frontera. Se desnudó, se puso el pijama y tendió su pequeño cuerpo de metro y medio boca arriba entre las sábanas.

La asfixia hizo acto de aparición y en la mañana del 11 de abril de 1890, el freak más famoso de todos los tiempos fue hallado muerto.

Los hermanos siameses Chang y Eng

La biología, íbamos diciendo, tiene a veces ocurrencias desafortunadas y un oscuro sentido del humor. Entre sus caprichos más bizarros está el de vincular hermanos gemelos de tal modo que sus cuerpos sigan unidos después del nacimiento. Sucede muy de vez en cuando, aproximadamente una vez por cada cuarto de millón de nacimientos. Cuando se da el caso, solo en uno de cada dos nacimientos los gemelos nacen vivos. Incluso si nacen vivos, no es habitual que sobrevivan mucho tiempo.

Son lo que conocemos como hermanos siameses. Y si así es como los conocemos es gracias a Chang y Eng Bunker. Nacieron efectivamente en Siam, en 1811, pero en rigor los siameses más famosos de la historia nunca fueron siameses. Sus padres eran chinos, estaban pasando por un mal momento, y se encontraban en Siam buscando trabajo.

La llegada al mundo de Chang y Eng fue, no hace falta decirlo, accidentada. De acuerdo con la estadística, la mayor parte de siameses son del género femenino, y sin embargo allí estaban, ante los ojos de todos: dos gemelos anexados por el abdomen. Sus padres tuvieron que lidiar con los médicos locales, decididos a toda costa a separar a los hermanos, a pesar del riesgo fenomenal que entrañaba. Todo ello en un país extranjero cuyo idioma y costumbres los padres no terminaban de comprender. Un médico culpaba a las fuerzas del mal. Un sacerdote de Siam instó a su feligresía a acabar con la vida de los siameses, acusándolos de ser demonios.

Alcanzada cierta edad, la madre de Chang y Eng les hacía realizar una serie de ejercicios de estiramiento para alargar, en la medida de lo posible, el tubo de carne que los unía por el esternón y por un cartílago. No terminó de funcionar, pero Chang y Eng se llevaban bien. Por razones obvias, habían jugado muy estrechamente desde muy niños, y llegada la adolescencia seguían siendo amigos inseparables. Acompañaban a su padre a pescar, y más tarde en el mercado, cuando papá ponía a la venta el producto del día, Chang y Eng lo promocionaban exhibiéndose, cantando y bailando y atrayendo la atención del público. Ya en la adolescencia, vemos cómo los gemelos se revelaron como hombres astutos y avispados para los negocios, vieron enseguida el potencial que entrañaba el tubo de carne que los anexionaba.

Pusieron pues en marcha su propio espectáculo. La noticia de su fama llegó hasta las más altas esferas, empezaron a codearse con las clases privilegiadas. Su momento álgido en el continente asiático tuvo lugar cuando fueron invitados a la coronación del nuevo rey de Siam. Además de disfrutar de una serie de veladas en las que disfrutaron de los más exquisitos manjares y del más lujo más suntuoso, las setecientas esposas del recién coronado monarca los colmaron de regalos.

Tras este triunfo, también los padres del Chang y Eng empezaron a entender hasta qué punto los gemelos podían abrirse camino en la vida gracias a su condición de freaks. Para entonces los herma-

LADAN Y LALEH BIJANI: CUANDO LA SEPARACIÓN ES LETAL

Algunas más joviales, otras más oscuras, las vidas de los distintos hermanos siameses y hermanas siamesas a las que hemos pasado repaso tienen un elemento en común: en algún momento de su periplo vital, todos consultaron a la medicina si era posible separarlos. En todos los casos la medicina se pronunció en contra. Frecuentemente se pidió una segunda opinión, una tercera. El veredicto fue tajante: la separación implica demasiados riesgos.

Es cierto que la medicina moderna, las tecnologías con las que contamos hoy, posibilitarían la separación en varios de los casos que hemos analizado. Y sin embargo, incluso en pleno siglo XXI la separación quirúrgica es compleja y peligrosa, como atestigua la historia de Ladan y Laleh Bijani (1974-2003), dos siamesas nacidas en Irán un 17 de enero y unidas por la cabeza.

Al parecer, sus temperamentos y gustos eran muy distintos, por lo que Ladan y Laleh Bijani vivían en constante

Las siamesas Ladan y Laleh Bijani.

disputa. Si a Laleh le gustaban los juegos, a Ladan le gustaba la programación. Las cosas se complicaron con el ingreso en la universidad, puesto que no querían estudiar la misma carrera. Mientras que Ladan quería cursar Derecho, Laleh quería hacer Periodismo. Pese a las mutuas discrepancias, o precisamente para sortearlas, habían concertado que sólo se llevarían a cabo movimientos y acciones en las que las dos estuvieran de acuerdo. Pero las discusiones proseguían y el convenio no terminaba de funcionar.

La esperanza relució en un hospital de Alemania, y en 1996 Ladan y Laleh Bijani viajaban hacia allí, donde estuvieron consultando a diversos médicos. Todos alegaron que la operación entrañaba un riesgo demasiado elevado. Las siamesas trataron de convencerlos, pero fue inútil.

Seis años más tarde, en 2002, un neurocirujano de Singapur que había trabajado con éxito en separaciones similares aceptó a regañadientes realizar la operación. Nuevamente advirtió a las siamesas del riesgo que corrían, pero Ladan y Laleh Bijani estaban decididas. La operación se llevó a cabo en 2003, y en ella trabajaron veintiocho cirujanos y un equipo de apoyo integrado por casi cien asistentes. Desafortunadamente los cerebros de Ladan y Laleh Bijani compartían una vena principal y la operación se complicó. Ladan y Laleh Bijani murieron en la mesa de operaciones. La conmoción en Irán fue tal que se decretó que, a partir de entonces, cada 17 de enero, el día del nacimiento de las gemelas, se celebraría el día de la esperanza.

Fueron enterradas separadas, en distintas tumbas, una al lado de la otra.

nos siameses habían cumplido diecisiete años y su fama había cruzado el océano, y un representante escocés llamado Robert Hunter se presentó en su casa y les hizo una propuesta: Hunter se llevaría a los gemelos a los Estados Unidos y los haría mundialmente famosos e inmensamente ricos.

Probablemente en el acuerdo medió una importante suma de dinero, pero finalmente la familia de Chang y Eng dio su consentimiento y Robert Hunter, con la ayuda del capitán norteamericano Abel Coffin, embarcó a los siameses en un barco y se los llevó a los Estados Unidos en 1829. Coffin provenía de una famosa familia de marinos y balleneros, aunque tenía vocación de artista, era pintor, y trataba de abrirse camino en el mundo del espectáculo. Más adelante, cuando Hunter se apeó del negocio, sería Coffin quien compraría sus participaciones en la empresa y seguiría de gira con los gemelos.

Retrato de los siameses Chang y Eng a la edad de 18 años.

Por el momento, lo prioritario era entrenar a Chang y Eng y armar un espectáculo en condiciones, capaz de ganarse al público norteamericano. Los siameses fueron sometidos a un duro entrenamiento a través del cual aprendieron toda clase de acrobacias y trucos. El show combinaba proezas acrobáticas, trucos de ilusionismo y números humorísticos. Paralelamente, los dos empresarios y socios se ocuparon de que aprendieran inglés.

Llegado el momento de presentar los primeros shows, los resultados fueron deslumbrantes. Chang y Eng triunfaban por todo lo alto allá donde actuaban, las salas se llenaban, las entradas se agotaban. Tras una exitosa gira por los Estados Unidos, la pareja fue conducida a continuación por un tour por toda Europa. El único incidente reseñable se produjo a la hora de actuar en Francia, donde su actuación fue prohibida después de que los organizadores recibieran un sinfín de presiones. ¿El motivo? Un colectivo de mujeres francesas estaba convencido de que bastaba con ver a los gemelos siameses para que se dispararan las probabilidades de que las espectadoras parieran a su vez gemelos siameses.

Por lo demás, nuevamente la gira fue todo un éxito. Los gemelos arrasaron allí por donde pasaban. Para entonces Chang y Eng se daban ya perfecta cuenta de que los estaban engañando, de que no les estaban pagando lo que merecían. Así, paralelamente a sus shows, habían puesto en marcha una serie de negocios que les permitían obtener ingresos adicionales, entre ellos un servicio de comida para gourmets chinos. Así fue como lograron reunir la cantidad suficiente para independizarse de su mánager y comenzaron a girar por su cuenta. Como tuvieron ocasión de comprobar, sus sospechas eran fundadas: ya sin intermediarios, el dinero entraba a espuertas.

Los gemelos despertaron el interés de P. T. Barnum que, como veremos más adelante, fue el empresario especializado en freaks más importante de la época y uno de los más emblemáticos de todos los tiempos. El celebérrimo magnate de los fenómenos no podía, por supuesto, dejar de reclutar a dos talentos así para su propio circo, y de hecho se las arregló para que Chang y Eng firmaran un contrato que les obligaba a trabajar para él. P. T. Barnum, no obstante, no era consciente de hasta qué punto eran inteligentes los gemelos. Dio por sentado que los había engañado cuando en realidad le habían engañado ellos a él. El contrato había sido acotado de tal modo que los favorecía en todos los frentes. Para cuando P. T. Barnum se dio cuenta, era ya tarde.

Incapacitado para explotarlos a su antojo, no tuvo otro remedio que poner fin al acuerdo y renunciar a rentabilizarlo. P. T. Barnum quedó tan decepcionado y resentido que, aunque los siameses se cuentan entre los personajes más espectaculares de cuantos pasaron por su circo, en su biografía apenas les dedica un par de líneas.

Las giras que Chang y Eng se autogestionaban prosiguieron con gran éxito, y en un segundo tour por Europa los siameses actuaron frente a las clases privilegiadas y se codearon con la realeza. A su vuelta, adquirieron una enorme finca en Carolina del Norte cuyo valor sería hoy de más medio millón de dólares. Allí se establecieron dispuestos a tomarse un largo descanso. Los lugareños les aceptaron, comenzaron a sentirse como en casa. A lo largo de esta etapa, Chang y Eng comenzaron a cortejar a las hijas del párroco local, lo que dio lugar a una serie de conflictos que, llegado cierto punto, prometían acabar con el linchamiento de los siameses. La tensa situación tocó a su fin cuando Chang y Eng anunciaron que iban en serio y pidieron al párroco las manos de sus dos hijas. Los dos matrimonios fueron celebrados por todo lo alto.

Chang y Eng se lanzaron a una nueva gira en 1849, esta vez acompañados por sus hijas Josephine y Katherine, que por aquel entonces contaban ya con cinco años. Sin embargo, en esta ocasión una serie de problemas de gestión provocaron que el tour no resultara tan exitoso y rentable, y al poco decidieron cancelarlo y regresar a su finca en Carolina del Norte.

Los siameses seguían llevándose muy bien entre sí, pero una y otra vez habían consultado a distintos cirujanos y especialistas en busca de una intervención que les ofreciera garantías de que podían separarse sin graves riesgos para su salud. A fin de cuentas, quedaban documentados diversos casos exitosos de siameses divididos quirúrgicamente. Nadie se atrevió a darles esas garantías. Cabe tener en cuenta que los equipos de rayos X todavía no existían, y los médicos no podían descartar la posibilidad de que Chang y Eng compartieran hígado. En cualquier caso, los siameses eran ya hombres de negocios integrados y establecidos cuyos ingresos no dependían del mundo del espectáculo, sino que provenían de otras fuentes, sobre todo de las plantaciones de su finca, gracias a los esclavos que en ella trabajaban.

Así, el siguiente intento de organizar un tour de cierta envergadura no tuvo lugar hasta 1870, y lo cierto es que resultó a todas luces desastroso. Chang y Eng se embarcaron de nuevo rumbo a Europa, pero el estallido de la guerra franco-prusiana dio al traste con todos los planes, y no les quedó otro remedio que regresar a los Estados Unidos con el rabo entre las piernas. A lo largo del trayecto que les devolvía a casa, por si fuera poco, la adversidad se cernió de nuevo sobre los hermanos siameses: Chang, que padecía ya problemas de alcoholismo, sufrió un derrame cerebral, lo cual le produjo una parálisis en el lado derecho, el que le conectaba con Eng. Chang nunca se recuperaría y su inmersión en el alcohol como escapatoria se agravó, lo cual comportó la retirada definitiva de los escenarios de la pareja.

Chang era, además de dipsómano, muy mujeriego, y cuando bebía perdía el control por completo. Para entonces, además, la relación entre las dos hermanas del párroco había alcanzado tal grado de crispación que no podían ni verse, lo cual las condujo a vivir separadas en sendas viviendas. En consecuencia, Chang y Eng vivían alternando tres días en casa de una hermana con tres días en casa de la otra. Las cosas se complicaron ahora que Eng se veía obligado a cuidar de Chang, cuyos problemas con la botella no dejaban de crecer. Tras la Guerra de Secesión, además, los siameses habían visto mermada su riqueza, ya que habían perdido el derecho a seguir poseyendo esclavos.

La tragedia alcanzó su cénit cuando la bronquitis que padecía Chang derivó en una grave neumonía. Un buen día de 1874, Eng despertó en su cama con la impresión de que algo andaba rematadamente mal. Cuando se volvió pudo comprobar que, efectivamente, su hermano no respiraba. Para cuando llegaron los médicos, Eng también había muerto.

La autopsia reveló que, efectivamente, Chang y Eng compartían hígado. Tenían 62 años y dejaron una descendencia de veintidós hijos en total.

Giacomo y Giovanni Battista Tocci, prodigios italianos

Apenas cuatro años antes del fallecimiento de Chang y Eng, en 1875, como si la naturaleza hubiera previsto el vacío que iban a dejar, nacían en Italia Giacomo y Giovanni Battista Tocci, dos hermanos siameses que iban a convertirse en uno de los más asombrosos espectáculos de finales del siglo XIX.

El parto fue complicado, en parte porque la madre, Maria Luigia Mezzanrosa, apenas contaba con 19 años cuando los concibió. El resultado: dos hermanos siameses con raquitismo, fundidos prácticamente en uno solo. La unión entre ambos era efectivamente más estrecha que la de Chang y Eng, puesto que compartían un único tronco que solamente se separaba en la zona de las costillas. De él emergían dos cabezas y cuatro brazos, aunque únicamente contaban con un par de piernas.

A nivel interno, los órganos estaban más diferenciados de lo que daba a entender su apariencia. Así, sostenían el tronco dos columnas vertebrales, y pulsaban en él dos corazones, dos estómagos, dos diafragmas, cuatro pulmones, si bien contaban solamente con un intestino, un pene y un ano.

A la vista de lo que había engendrado, el padre de la criatura, que también se llamaba Giovanni, sufrió tal shock que tuvieron que internarlo en una residencia mental. Tardó más de cuatro semanas en recuperarse y, como se verá a continuación, nunca logró desarrollar el más mínimo afecto por sus hijos.

Cuando finalmente le dieron el alta en el psiquiátrico, Giovanni padre dio por sentado que aquella monstruosidad no iba a durar, de modo que se dispuso a rentabilizarla. La primera parada en el camino fue un circo de freaks en Turín, donde no tardaron en atraer la atención de cirujanos y médicos.

Lo mismo sucedió en sus visitas a otras ciudades de Europa. Como había sucedido con Chang y Eng, ningún doctor se atrevía a brindar garantías de que Giacomo y Giovanni sobrevivieran si los separaban. De hecho, todos ellos desaconsejaron la intervención. Así, Giovanni padre persistió en su rol de mánager y en su intención de monetizar su descendencia. Giacomo y Giovanni cosecharon grandes éxitos exhibiéndose en giras que abarcaron países como Italia, Alemania, Francia, Suiza, Austria y Polonia.

Los años pasaban, los gemelos crecían. Los desplazamientos resultaban harto dificultosos para Giacomo y Giovanni, puesto que, como suele suceder en estos casos, Giacomo detentaba el control de una pierna, y Giovanni el de la otra, sin que ninguno de los dos tuviera ni sensibilidad ni dominio sobre su otra mitad. Incluso permanecer quietos de pie suponía un reto. En consecuencia, se desplazaban arrastrándose sobre sus cuatro brazos y nunca lograron aprender a caminar, pues para cuando alcanzaron la edad adulta sus piernas se habían atrofiado. Para su exhibición pública, se les sentaba en una silla.

Los siameses Giacomo y Giovanni Battista Tocci.

Pasaban los años y el monstruo de dos cabezas no sólo no moría, sino que parecía perfectamente inteligente y capaz. El padre no daba crédito. Tras una infancia y una adolescencia itinerante por toda Europa, los siameses habían aprendido idiomas, y además del italiano hablaban ya francés y alemán.

No obstante, Giacomo y Giovanni tenían temperamentos muy distintos. Mientras que Giacomo se mostraba abierto, parlanchín y entusiasta, Giovanni hacía gala de un carácter reservado y detestaba los tours y las multitudes. Estas diferencias hacían inevitable que la relación que mantenían entre sí fuera mucho menos amistosa que la que habían compartido Chang y Eng. Giacomo se desvivía por complacer al público, él era el encargado de hacer los chistes y responder a sus preguntas. Giovanni, que no quería saber nada de todo aquello, se limitaba entretanto a dibujar. Incluso durante las funciones, en ocasiones se producían discusiones y altercados que llegaron a derivar en peleas a puñetazo limpio.

Tras largas giras por el viejo continente, cuando Giacomo y Giovanni contaban con dieciséis años de edad, Giovanni padre decidió subir la apuesta y probar suerte en una serie de actuaciones por los Estados Unidos, con Nueva York como primera parada. Su éxito superó todas las expectativas, y lo que se había previsto como un tour de unos pocos meses terminó prolongándose a lo largo de casi seis años, durante los cuales las salas se llenaban, las entradas se agotaban.

Quiso la casualidad, además, que Mark Twain viera un cartel que anunciaba una de las actuaciones de Giacomo y Giovanni en Norteamérica. Aquello le inspiró a escribir su cuento *Aquellos gemelos extraordinarios* (1894), que relata la historia de dos niños, uno hijo de un profesor y el otro de un esclavo, confundidos al nacer, que más tarde se convirtió en la novela *Cabezahueca Wilson*. «El tema del doble, la duplicidad y el disfraz −reza la sinopsis del libro−, son parte de las obsesiones fabuladoras de Mark Twain, y se aúnan en este relato para subrayar la ambigüedad que encierra el mismo concepto de identidad».

Las largas giras por Europa, sumadas a la aventura americana, habían resultado económicamente provechosas hasta el punto de que Giovanni padre había satisfecho sobradamente sus ansias de lucro, y había quedado un remanente lo suficientemente cuantioso para que los gemelos pudieran vivir holgadamente. Así, a diferencia de muchos otros freaks, a sus veintidós años Giacomo y Giovanni habían reunido el capital que les permitiría desvincularse de su codicioso progenitor, regresar a Italia y retirarse del mundo del espectáculo.

Adquirieron una suntuosa mansión en Venecia, alrededor de la cual se alzaban altos muros. La permanente gira y exposición pública en la que llevaban inmersos desde su mismísimo nacimiento los había convertido en dos misántropos. Pasaron el resto de sus vidas sin socializar apenas, viviendo como anacoretas. A partir de este punto, no hay mucho más que rumores y habladurías.

Se cuenta que, al igual que Chang y Eng, se casaron con dos mujeres y engendraron multitud de hijos. Otros testimonios afirman que nunca quisieron saber nada del matrimonio y que abandonaron este mundo sin dejar descendencia. El único dato fiable apunta a que murieron en 1940. Para entonces tenían 65 años de edad, lo que durante décadas los convirtió en los hermanos siameses más longevos de los que se tenía noticia. Como apuntábamos, los gemelos que nacen unidos tienden a fallecer prematuramente, y la marca que establecieron Giacomo y Giovanni Battista no fue superada hasta 2014 por Ronnie y Donnie Galyon. Estos dos siameses de Ohio, unidos frente a frente, lograron sobrevivir hasta los 68 años y no murieron hasta 2020. Entraron gracias a ello en el libro Guinness de los récords. Su longevidad permanece, a día de hoy, imbatida.

Violet y Daisy Hilton, las siamesas del jazz

Acabamos de ver que Ronnie y Donnie Galyon (1951-2020) fueron los siameses más longevos de la historia, y dado que también se dedicaron al mundo del espectáculo, merecen sin duda mención aquí. Ronnie y Donnie estaban anexados del esternón a las ingles, y aunque cada uno de ellos tenía sus propias extremidades operativas, algunos de sus órganos vitales eran compartidos, por lo que resultaba imposible separarlos sin terminar con sus vidas. Una infancia y una adolescencia de hospital en hospital y de exhibición en exhibición había impedido escolarizarlos, por lo que nunca aprendieron otro oficio que el de showman, y pasaron casi treinta años girando por los Estados Unidos y por Centroamérica y Sudamérica. Reunido el dinero suficiente, se retiraron en 1991.

Sin embargo, si hablamos de espectáculos de siameses contemporáneos y de espectáculo, más relevante resulta el caso de Daisy y Violet Hilton (1908-1969), a las que a menudo se conoce como las siamesas del jazz. Estas dos talentosas niñas nacieron en Brighton, Inglaterra, en el seno de una familia muy pobre. Su padre desapareció de escena y su madre, una camarera, se vio obligada a criarlas sin ayuda.

Daisy y Violet Hilton, las siamesas del jazz.

Daisy y Violet habían nacido anexionadas por la pelvis, y aunque no compartían ningún órgano vital, sus sistemas circulatorios eran uno solo, por lo que separarlas se juzgó lo suficientemente peligroso como para descartarlo. Un informe médico que se publicó en el *British Medical Journal* deja constancia de que la operación ciertamente habría conducido a la muerte de una o de las dos gemelas. En vista del desalentador panorama, la madre de Violet y Daisy terminó vendiendo a sus hijas a una partera llamada Mary Hilton, que fue quien les dio nombre y quien vio en ellas un potencial comercial. Así Mary Hilton, que había ayudado personalmente en el parto, ayudó también en la explotación de las niñas.

Las primeras exhibiciones empezaron cuando las niñas tenían aproximadamente cuatro años de edad. Posteriormente en su infancia, fueron exhibidas por toda Europa bajo diversos nombres artísticos (*The Jazz Twins*, *The Siamese Twins*, *The Hilton Sisters* y *The Brighton Twins* principalmente, aunque en Estados Unidos se las conoció sobre todo como *San Antonio Twins*). Su aparición en la película *Freaks*, que trataremos en detalle más adelante, fue unos de los puntos álgidos de su carrera. Llegaron a actuar junto a figuras de la talla de Bob Hope y Charlie Chaplin, puesto que las habían adiestrado para bailar claqué.

La partera y agente Mary Hilton, como suele suceder en estos casos, se quedaba con todas las ganancias. El expolio prosiguió después de que Mary muriera, pues las niñas fueron heredadas por su hija, Edith Meyers, y por el marido de la misma. Para mantener vivo el interés del público, las clases de baile y de música proseguían. Violet se revelaba como una saxofonista cada vez más competente, y Daisy seguía progresando con el violín. No obstante, las clases, lejos de ser lúdicas, resultaban traumáticas. Si se consideraba que las niñas no estaban a la altura de lo que se esperaba de ellas, los Meyers las castigaban y las azotaban.

El escapista y mago Harry Houdini, a quien también conocieron las muchachas, les aconsejó que se emanciparan legalmente de los Meyers, y así lo hicieron. El juicio dictaminó que no solamente quedaban exentas de seguir trabajando para la despiadada pareja, sino que tenían además derecho a una indemnización de 100.000 dólares, una suma que hoy sobrepasaría ampliamente el millón y medio de dólares.

En adelante, las siamesas del jazz seguirían girando por Europa y por los Estados Unidos, esta vez con la tranquilidad de que los beneficios se quedarían en casa. Su independencia las ayudó también a iniciarse en el romance. En 1936, Violet se casó con el actor James Moore. El actor era gay, de modo que se trató esencialmente de una maniobra para aparecer en las revistas de chismes y mantenerse en el candelero. Previamente había tratado de unirse en matrimonio con el músico Maurice Lambert, pero ninguno de los estados norteamericanos por los que viajaron quiso concederles la licencia. Daisy, por su parte, se casó con el bailarín Buddy Sawyer, también gay.

Las giras prosiguieron, pero la edad de oro de los freaks quedaba atrás, y pese a las indudables dotes musicales de la pareja, el público parecía cada vez menos interesado en su espectáculo bizarro. El momento más bajo de su carrera tuvo lugar en Carolina del Norte, cuando su mánager las abandonó en mitad de un tour.

Agotadas, arruinadas y sin recursos, las siamesas se vieron obligadas a aceptar un trabajo en una tienda de comestibles. Iba a ser un empleo temporal, pensaban quedarse sólo hasta que lograran reunir un mínimo de dinero. Pero aunque lo intentaron por todos los medios, las ofertas del mundo del espectáculo no llegaban, y las pocas propuestas que recibían eran inaceptables. El resultado fue que las otrora celebérrimas siamesas del jazz terminaron trabajando de tenderas durante el resto de sus vidas.

Un buen día no acudieron a trabajar, lo que desencadenó cierta alarma, puesto que las siamesas, tras años despachando en la tienda, eran trabajadoras formales. En vista de las ausencias continuadas y de la falta de respuesta, la policía acudió a su casa y las encontró muertas. La autopsia reveló que se habían infectado de una virulenta

DOCE DÍAS DE SOLEDAD: LUCIO Y SIMPLICIO GODINO

A veces las separaciones de gemelos siameses no salen bien. Otras, sí. A veces, entran en escena elementos que fuerzan la separación. Esto es precisamente lo que les sucedió a Lucio y Simplicio Godino (1908-1936). Fueron dos hermanos siameses filipinos unidos por las caderas y por la parte baja de la espalda. La existencia de aquellos asombrosos niños llegó inevitablemente a oídos de un avispado empresario que viajó a las Filipinas y se los llevó a Nueva York cuando tenían solamente diez años.

Lucio y Simplicio Godino fueron exhibidos durante meses, hasta que la Society for the Prevention of Cruelty to Children tomó cartas en el asunto. Intervino a continuación la embajada de Filipinas, y en 1920 salieron para Manila donde, al auspicio de un filántropo, se codearon con la alta sociedad y tuvieron la oportunidad de cursar estudios. Los dos niños que casi acaban como fenómenos de feria en los Estados Unidos terminaron así pues siendo unos estudiantes notables, además de deportistas y músicos en su Filipinas natal.

Regresaron al espectáculo, sí, pero bajo sus propias condiciones. Para ello crearon la All Filipino Band, una or-

Lucio y Simplicio Godino, los gemelos filipinos, en la consulta médica.

questa con la que realizaron largas giras por Canadá y Norteamérica. Fue durante una de estas giras, en el Nueva York de 1936, que Lucio cayó enfermo de neumonía. Lo ingresaron en un hospital y, poco después, moría. Apremiados ante la pavorosa situación, los médicos decidieron que no había más remedio que separarlos para tratar de salvar a

Simplicio. Contra todo pronóstico, la operación fue un éxito. Simplicio estaba, al fin, solo.

Y transcurrió un día, y transcurrió otro. ¿Y qué debió de pasarle por la cabeza a Simplicio durante aquellos primeros días tras la operación? ¿Qué se siente cuándo el otro, después de casi treinta años haciéndote compañía, de pronto, no está? Sólo Simplicio podría respondernos, pero la vida guardaba un último revés para el siamés superviviente. Una meningitis espinal producto de la intervención se lo llevó tan solo doce días después.

cepa de gripe, y que Daisy había muerto primero. Violet falleció tres días después.

Un final lamentable y muy poco humano. Pero si la situación de los hermanos siameses se nos antoja compleja y triste, lo cierto es que, como veremos a continuación, la naturaleza puede ser más retorcida y cruel aún si cabe. ¿Qué sucede cuando uno de los dos siameses no se desarrolla por completo?

Teratomas y gemelos incompletos

Fenómenos como los que acabamos de ver, donde dos niños o dos niñas esencialmente independientes nacen anexados, son de por sí perturbadores y un tanto escalofriantes. Por más documentación que tengamos al respecto de la vida y hechos de freaks como Giacomo y Giovanni Battista, resulta difícil imaginar el día a día de alguien en permanente contacto con otro, sin ninguna clase de intimidad.

Existe, no obstante, una variante más retorcida y más monstruosa de nacimiento anómalo. La RAE define un teratoma como un «tumor de origen embrionario». Un diccionario médico nos ampliará la definición detallando que se trata de «un tipo de tumor de células germinativas que a veces contiene varios tipos de tejido, como pelo, músculo y hueso. Estos tumores suelen presentarse en los ovarios de la mujer, los testículos del hombre y el cóccix de los niños. También se forman en el sistema nervioso central, en el tórax o el abdomen». Se aclara seguidamente que los teratomas pueden ser benignos o bien malignos, y por lo tanto cancerosos.

Efectivamente, un tumor teratoide se produce básicamente cuando el recién nacido trae anexionado en el interior de su organismo un segundo individuo que no ha acabado de concretarse. Ese segundo individuo, al que podríamos referirnos como un gemelo incompleto o parásito, por lo general está tan subdesarrollado que no es más que un pequeño tumor. Tan pequeño, de hecho, que su gemelo mayor puede pasar toda su vida sin siquiera darse cuenta de que, en algún rincón de sí mismo, guarda rastros anquilosados de otro ser que nunca llegó a desarrollarse.

Si el tumor va a más o si se revela maligno y es detectado a tiempo, generalmente puede ser extirpado. A día de hoy, afortunadamente, la mayoría de teratomas pueden ser extraídos sin demasiado problema, por más inquietante que resulte pensar que aquella amalgama de carne y pelo y hueso que termina en la bandeja del quirófano estaba destinado a ser hombre, mujer o hermafrodita. Si el teratoma es maligno y no se detecta a tiempo, sin embargo, se produce una situación trágica y shakesperiana: el hermano pequeño, que la naturaleza quiso que nunca fuera mucho más que un amasijo de tejido humano, asesina al hermano mayor, como reprochándole la suerte que tuvo al existir.

Lázaro Colloredo y Juan Bautista Colloredo, gemelos incompletos.

Sin embargo, en ocasiones se dan casos híbridos: el gemelo anexionado no está lo suficientemente subdesarrollado como para que podamos hablar de hermanos siameses. Su desarrollo tampoco se ha interrumpido tan tempranamente como para que no quede de él más que un puñado de tejidos. ¿Cuál es el resultado? Individuos de cuyos cuerpos emergen brazos y piernas de más, cabezas incompletas, pedazos de otros individuos que iban a ser y no fueron. A veces el gemelo subdesarrollado es absolutamente inerte, poco más que carne colgando, y en otras posee unos mínimos de voluntad y de capacidad de acción.

Este último, según parece, era el caso de los gemelos incompletos Lázaro Colloredo y Juan Bautista Colloredo, nacidos en Génova, Italia, en 1617. Del tórax de Lázaro colgaba la mitad superior del cuerpo de su hermano Juan Bautista, con su cabeza, sus dos brazos y sus dos manos, y también una pierna a medio formar. El nacimiento de la criatura causó por supuesto, gran conmoción, y solamente tras largos debates y discusiones se decidió que se trataba de dos seres con alma, y que por lo tanto había que bautizarlos a ambos y darles nombres independientes.

Aunque Juan Bautista, el gemelo subdesarrollado, nunca habló y mantenía permanentemente los ojos cerrados y la boca abierta, un anatomista de la época documenta que si se estimulaban ciertas zonas de su cuerpo, efectuaba movimientos con las manos, las orejas y la boca. También emitía sonidos. Otro detalle interesante es que a Juan Bautista le salía barba y bigote, y su hermano «mayor» tenía así que afeitarlo regularmente después de afeitarse él.

Los Colloredo gozaron de una notable popularidad en su momento como espectáculo bizarro, recorriendo países como Suiza, Dinamarca, Escocia, Turquía, Alemania y, por supuesto, Italia. Uno de sus momentos estelares tuvo lugar cuando fueron convocados a la corte real inglesa y actuaron frente al mismísimo rey Carlos I de Inglaterra. Fuera de los escenarios, Lázaro, del que se dice que era apuesto –y así parecen avalarlo los grabados que retratan a la singular pareja–, cubría a Juan Bautista con diversas prendas para no llamar la atención.

Los datos son escasos y en ocasiones contradictorios, pero se cuenta que Lázaro se casó y que los hijos que dejó, que fueron varios, nacieron perfectamente normales. Otra anécdota que nos ha llegado apunta a que Lázaro fue condenado a muerte por el asesinato de un hombre, y aunque los hechos fueron probados, se libró del patíbulo haciendo notar que si lo ajusticiaban, también moriría Juan Bautista, lo cual sería totalmente injusto puesto que su gemelo subdesarrollado era inocente.

Más adelante, hacia el 1800, se hizo famosa también una tal Louise L., una mujer francesa de cuyo tórax emergía la mitad superior de una hermana incompleta. Ambas fueron de gira por diversos países cosechando un enorme éxito, en parte gracias a que entre las dos contaban con cuatro pechos que exhibían ante el estupor del público.

Hacia finales de ese mismo siglo, en 1874, nacían en la India otros dos gemelos aberrantes que estaban destinados a alcanzar fama universal. En esta ocasión, se juzgó que el gemelo incompleto no merecía nombre, y el fenómeno resultante fue presentado en los circos de freaks como Laloo el hindú. Su verdadero nombre era Laloo Ramparsad, y de su esternón emergía una masa con vaga forma humana, carente de cabeza pero con extremidades definidas y visibles.

Hacia la misma época, también en la India, nacía en 1888 el que sería el más serio competidor de Laloo en la categoría de gemelos incompletos. Hablamos de Perumal Sami, que nació con un pequeño hermano atrofiado anexionado a su cintura. En los espectáculos, se le presentaba como Naseeb. Se desconoce si se le concedió nombre en el nacimiento o si, por el contrario, se juzgó que aquel amasijo de carne no lo merecía.

Sea como fuere, Perumal comenzó a girar por los circos de freaks desde muy temprana edad. Su fama en el show business fue en aumento tras un exitoso tour por Europa. El siguiente paso fue una gira por los Estados Unidos, donde se estableció y consolidó su celebridad. Perumal se ganó, por otra parte, la reputación de ser una persona difícil y quisquillosa. Así, fuentes de la época cuentan que sentía un profundo desprecio por la cultura occidental, por el estilo de vida americano y por la cocina norteamericana en particular, hasta el punto de que se hacía acompañar por un cocinero hindú que se ocupaba de elaborar platos de su India natal.

Tras ser presentado una y otra vez frente a un público cada vez más inconmovible, la popularidad de Perumal Sami y Naseeb comenzó a ir a la baja. Fue entonces cuando su mánager tuvo una idea que iba a revitalizar el espectáculo: Perumal se presentaría como una mujer, de la que emergía un hombre a medio formar. Perumal aparecía así en el escenario con barba, mientras que Naseeb, a quien habían afeitado y maquillado convenientemente, se mostraba como una pequeña muchacha que emergía de su cintura. Si bien a nivel médico y biológico se trata de una situación imposible –puesto que los siameses y los gemelos incompletos son siempre del mismo sexo–, el truco funcionó, y de nuevo los locales se llenaban y las entradas se agotaban.

Quien tuvo esta flamante idea no fue otro que el celebérrimo empresario P. T. Barnum, que además de ser el mánager de Perumal Sami, lo fue de Laloo Ramparsad y de muchísimos otros fenómenos. Y es que resulta imposible pasar revista a la historia de los freaks sin ocuparnos de este avispado promotor de fenómenos. Pero no nos anticipemos y pasemos revista antes a otro gemelo incompleto, esta vez del sexo femenino; uno de los más alucinantes seres nacidos jamás de hombre y mujer. Hablamos, por supuesto, de Myrtle Corbin.

Myrtle Corbin, la chica de las cuatro piernas

Josephine Myrtle Corbin (1868-1928), que se dio a conocer como artista bajo el nombre de Myrtle Corbin, fue otra gemela incompleta muy célebre en su época. Myrtle nació en Tennessee, Estados Unidos. Sus padres tuvieron tres hijos más, ninguno de los cuales presentó anomalías. En esta ocasión, la gemela subdesarrollada de Myrtle no poseía cabeza, por lo que no se consideró pertinente darle un nombre al nacer. No obstante, su anfitriona nació con dos pelvis, y de cintura para abajo la duplicidad se mantenía. De ahí sus cuatro piernas, dos externas y más recias, y dos internas y más débiles, que si bien aparecían definidas y formadas, no eran lo suficientemente fuertes como para caminar. Pese a ello, Myrtle podía moverlas.

El caso de Myrtle Corbin, además de alcanzar gran celebridad gracias a los escenarios y a los espectáculos bizarros del momento, fue y sigue siendo muy famoso debido a su elevada improbabilidad a nivel biológico y médico. Los teratólogos de la época, esto es, los especialistas en teratomas, documentan su caso en publicaciones y enciclopedias médicas. «Mide aproximadamente un metro y medio de altura —detalla el doctor Lewis Whaley al respecto de Myrtle Corbin en el *British Medical Journal*–. Tiene la piel clara, los ojos azules y el cabello rizado, y es muy inteligente. Un desconocido, al verla, pensaría sencillamente que Myrtle es inusualmente ancha de caderas. Había oído hablar de esta señora desde que era pequeña, cuando se la presentaba como «la niña de las cuatro piernas», pero no tuve oportunidad de estudiar el perfecto desarrollo de sus órganos genitales externos e internos hasta que se convirtió en mi paciente durante su embarazo».

Efectivamente, aunque la comunidad científica no estaba todavía al tanto, Myrtle Corbin tenía dos órganos sexuales externos perfectamente formados, uno junto a otro. Por si fuera poco, los órganos sexuales, como demostrarían los exámenes, también estaban completos a nivel interno. Myrtle contrajo matrimonio y, en 1887, quedó encinta de su marido. A lo largo del embarazo, Corbin sufrió dolores, altas fiebres y jaquecas, además de problemas estomacales y vómitos. Fue entonces cuando se puso en contacto con el doctor Lewis Whaley.

Los escritos de este profesional de la medicina para el *British Medical Journal* y otras destacadas publicaciones del momento, lograron que tanto los médicos como las revistas especializadas del ramo se interesaran por el caso. El embarazo de Myrtle se produjo en su útero izquierdo. No obstante, de acuerdo con los informes que aportan los médicos de la época, en general ella prefería tener relaciones sexuales utilizando la vagina derecha. «La señora Myrtle Corbin –explica un artículo– es atractiva tanto a nivel de cara como de físico, y es perfectamente capaz de hacerse cargo de todos sus deberes domésticos». En diversos textos más se hacen repetidas referencias a su elevado nivel intelectual. Se la describe también como «una mujer refinada, con buen criterio y gusto musical», y como una chica de temperamento agradable, feliz y animosa».

Sea como fuere, el parto fue difícil, tanto así que llegado cierto punto, tras ocho semanas de análisis y observación, Lewis Whaley y el resto de médicos consultados al respecto recomendaron a Myrtle que abortara. Y aunque el trance provocó que Myrtle quedara en adelante imposibilitada para dar a luz, se recuperó de él y prosiguió su carrera en el mundo del espectáculo, en el que llevaba desde los trece años actuando.

Cuando Myrtle se retiró finalmente del show business, había adquirido tal popularidad que los escenarios se llenaron de impostoras que pretendían a su vez tener cuatro piernas. Y es que, como iremos viendo, en los circos de freaks acostumbran a convivir fenómenos y prodigios genuinos con trucos baratos fabricados por empresarios y mánagers. Myrtle murió en Texas, a los sesenta años de edad, y cuentan los artículos de la época que médicos y coleccionistas de rarezas habían ofrecido una cuantiosa compensación económica a cambio de poder disponer de su cadáver. La familia no sólo no se avino a cederlo a la ciencia ni a venderlo, sino que, para evitar profanaciones de la tumba de Myrtle, la hizo recubrir de una gruesa capa de cemento. Se cuenta también que se turnaron para montar guardia frente a ella hasta que el cemento se solidificó por completo.

Josephine Myrtle Corbin tiene una importante característica en común con Perumal Sami y con Laloo Ramparsad, además de ser una gemela incompleta: también ella trabajó a las órdenes del empresario P. T. Barnum en su espectáculo de fenómenos. Como vamos viendo, P. T. Barnum es una figura clave en la materia que nos ocupa, y estamos predestinados a toparnos una y otra vez con él.

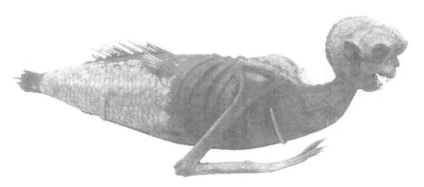

CAPÍTULO 4
P. T. BARNUM Y SU ESPECTÁCULO DE FREAKS

Cada nacimiento es especial y mágico, pero no cabe duda de que la llegada al mundo de todos y cada uno de los freaks que integran este libro es más especial si cabe. Pasado el shock inicial –que como vamos viendo termina en ocasiones con los progenitores internados en instituciones psiquiátricas–, superado el horror y el desprecio, arranca el pensamiento materialista.

A veces son los propios padres quienes, como en el caso de Giacomo y Giovanni Battista, deciden monetizar personalmente la desgracia de sus hijos. Otras, las noticias van circulando, y tarde o temprano se presenta un comercial, un promotor, un hombre de negocios con un fajo de billetes en la mano y una oferta que nadie en su sano juicio se atrevería a rechazar; menos aún quienes están pasando por penurias económicas y acaban de engendrar una aberración.

P. T. Barnum fue en la práctica a ese hombre más veces que ningún otro y personifica a ese hombre hasta el punto de que es imposible desvincular la existencia de Barnum de las vidas de los freaks más destacados de la historia. El papel de empresario en el negocio del zoológico humano es un papel antipático, un papel éticamente abominable. Y sin embargo, las cosas no son tan sencillas. ¿Qué habría sido de tantísimas de las criaturas que pueblan este volumen de no ser por Barnum?

Con sus luces y sus sombras, en cualquier caso, la leyenda de Barnum no solamente pervive, sino que crece y se agiganta con el tiempo. Y tal vez se deba a que, a su propio modo, Barnum era en el fondo un fenómeno y también un auténtico freak.

P. T. Barnum, empresario y visionario

La infamia campa a sus anchas por el mundo, pero el tiempo se encarga a la larga de poner a cada uno en su lugar. Mientras que los oportunistas que, a lo largo de los siglos, se han lucrado a costa de los fenómenos de feria han ido cayendo en el olvido, los freaks perviven en nuestro imaginario. Sus vidas y hazañas siguen siendo objeto de interés, como demuestra el presente libro. No obstante, siempre hay una excepción, encarnada en este caso en la figura de Phineas Taylor Barnum (Connecticut, 1810-1891).

Y es que prácticamente cualquiera que haya sentido interés por los freaks, en algún momento ha oído hablar del bueno de Phineas Taylor. Él es el equivalente en el negocio de los freaks a lo que fue Steve Jobs en el de los ordenadores. Una figura capital, un visionario con sus luces y sus sombras. Empresario, autor, editor, representante, artista circense, político, estafador. Podemos tratar de definir a P. T. Barnum de mil maneras y nunca terminaremos de capturar su esencia, es escurridizo como sus propias criaturas. Tal vez la cita que mejor resuma su periplo sea esta sentencia que se le atribuye: «Mi único objetivo en la vida –dijo una vez– es tener los bolsillos llenos de dinero».

Desde su mismísimo nacimiento, la existencia

Uno de los muchos carteles de los shows de freaks de Barnum.

de Barnum estuvo presidida por el fraude y la estafa. Durante una época afirmaba haber nacido un 4 de julio en Bethel, un pueblo ubicado en el condado de Fairfield, en el estado estadounidense de Connecticut, el día de la conmemoración de la independencia de los Estados Unidos. La ubicación era correcta, pero en realidad el bebé había llegado al mundo un prosaico 5 de julio. Ahí queda una primera mentira.

Los embustes que rodean a Phineas Taylor a tan temprana edad no terminan ahí. Al día siguiente de su nacimiento, se presentó en casa su abuelo materno con una propuesta para sus padres. Si le ponían al pequeño su mismo nombre, a cambio el abuelo pondría a su nombre unos valiosos terrenos en Ivy Island. El abuelo se llamaba, efectivamente, Phineas Taylor, y por supuesto los padres del bebé no pudieron sustraerse a la oferta. Todo apunta a que el recién nacido, por su parte, no quedó de acuerdo con el trato, como se extrae del hecho de que, alcanzada la edad adulta, firmara siempre con sus iniciales. Como veremos en breve, sus buenos motivos tenía, y no porque el abuelo faltara a su palabra: cuando el nieto cumplió dos años, los terrenos se pusieron a su nombre.

El padre de P. T. Barnum era posadero y sastre. La infancia del futuro empresario del mundo freak transcurrió en el seno de una familia humilde. No obstante, desde muy pequeño, a Phineas Taylor le contaron que era dueño de una valiosa finca en Ivy Island, que cuando fuera mayor podría disponer de ella. P. T. Barnum cerraba los ojos y pasaba horas y horas recreando todas las cosas bellas y maravillosas que le habían explicado de aquellos parajes que le pertenecían, se dejaba llevar por las imágenes de prados y arboledas y vergeles.

Pasó más de una década hasta que P. T. Barnum viajó por fin a su propiedad en compañía de sus familiares. El niño buscó el tupido césped, los frondosos árboles, pero en aquella finca no había absolutamente nada de todo aquello. Ivy Island no era más que un conjunto de barrizales pantanosos, infestados de insectos y de malas hierbas. P. T. Barnum había cumplido ya doce años, pero según se cuenta, aquel fue el día en el que verdaderamente nació el empresario sin escrúpulos que habitaba en él.

En el colegio se le daban muy bien los números, y alcanzada la edad de trabajar se dedicó al comercio, donde aprendió a regatear y a persuadir a la clientela mediante medias verdades y engaños. Pese a la jugarreta que le había gastado el abuelo, este seguía siendo una influencia en su vida, pues había hecho fortuna mediante trapicheos, jugando a la lotería y en las casas de apuestas, y el nieto se involucró también en pequeñas estafas en torno a estos juegos de azar. Por aquellos tiempos, la lotería en Norteamérica era toda una novedad, y dado que los calvinistas trataban de promulgar leyes con objeto de prohibirla, P. T. Barnum se vio obligado a meterse en política para proteger sus intereses.

Las cosas marchaban bien para Barnum. Se casó joven con Charity Hallett, persistió en el comercio, en los chanchullos con la lotería y en otros asuntos no del todo transparentes, y para cuando quiso darse cuenta era uno de los más respetables hombres de negocios del lugar, aunque no uno de los más respetados. Desde luego, Barnum no tenía pelos en la lengua y el respeto no era lo suyo. Unos desafortunados improperios a un oponente político le valieron ser encarcelado durante una temporadita. No obstante, cabe decir en favor de Barnum. que, a lo largo de su carrera política, defendió encarnizadamente la abolición de la esclavitud, y llegado cierto momento su popularidad fue tal que valoró seriamente optar al cargo de la presidencia de los Estados Unidos. Vista su posterior carrera como representante de freaks, sólo podemos alegrarnos de que este proyecto no fructificara.

En cualquier caso, los demás negocios de P. T. Barnum iban viento en popa. Tuvo con Charity Hallett cuatro hijos. Era joven aún, y poseía ya una tienda, una agencia de lotería y un periódico local, *The Herald of Freedom* (El heraldo de la libertad), desde el que se promocionaba sin atisbo de rubor. Todo se vino abajo cuando, finalmente, los calvinistas lograron prohibir el juego. El derrumbe de su agencia de lotería desencadenó una reacción en cadena, y para cuando quiso darse cuenta había perdido también el periódico y la tienda. Barnum había entrado en bancarrota, el horizonte se estrechaba. Así fue como decidió dejar atrás la pequeña población que le había visto nacer –que todavía a día de hoy le considera su ciudadano más universal– y probar fortuna en Nueva York.

Corría el año 1835, y P. T. Barnum tuvo la intuición de que el ámbito del entretenimiento estaba lleno de oportunidades. Barnum había escuchado rumores sobre una esclava negra, ciega y paralítica que atendía por Joice Heth, y que supuestamente era la mujer más anciana del mundo. Se le atribuían 161 años de edad y se decía de ella que había ejercido de cuidadora del presidente George Washington cuando este no era más que un bebé. Barnum adquirió a la esclava, convencido de que ahí había mucho dinero que ganar. No está claro si las historias que contaba la señora sobre George Washington se habían cocinado exclusivamente en su cabeza o si, por el contrario, había sido Barnum quien la había entrenado para contarlas.

El floreciente negocio de Barnum va tomando forma añadiendo cada vez más freaks al show.

Sea como fuere, la anciana llenó las salas de espectáculos durante meses y meses, agotando las entradas allá por donde pasaba. Barnum combatía las polémicas sobre si verdaderamente tenía 161 años diciendo que, en realidad, la buena mujer era un sofisticado robot. La demencial ocurrencia surtió efecto, y disparó el interés del público más aún si cabe.

Para dar un impulso a su espectáculo, Barnum contrató entonces a un malabarista, que se sumaba a la actuación de la anciana. El público parecía complacido, y nuestro empresario tuvo aquí una nueva idea, producto de su experiencia en la agencia de loterías: contratando a un segundo malabarista, no solamente lograba que el show resultara más ameno, sino que podía además organizar apuestas sobre cuál de los dos tardaría más en cometer un fallo. Nuevamente, el proyecto funcionó de fábula.

Joice Heth falleció en 1836, y por supuesto jamás tuvo 161 años. Para entonces, Barnum –que, recordemos, se posicionaba contra la esclavitud– hacía tiempo que la había liberado pese a ser su dueño legal. Sin embargo, el destino de Barnum había quedado sellado. El mundo del espectáculo sería en adelante su gran pasión.

Su siguiente movimiento fue tratar de adquirir un antiguo museo que llevaba años clausurado. P. T. Barnum planeaba desplegar por él la más alucinante exposición de freaks de la historia. Desafortunadamente, el local costaba mucho dinero, y los bancos no le concedían el crédito necesario para materializar su proyecto.

Como hombre ambicioso que era, no aceptaba un no por respuesta, pero las cifras eran las que eran. Todo apuntaba a que, en esta ocasión, no le quedaría otra opción que claudicar. Fue entonces cuando se le ocurrió la idea: una nueva visita al banco, esgrimiendo en esta ocasión los títulos de propiedad de la pantanosa e inaprovechable finca de Ivy Island. Tras comprobar la veracidad de los mismos y sin tener la menor idea de qué escondían verdaderamente aquellos terrenos, esta vez los banqueros firmaron el crédito encantados.

El resto, como suele decirse, es historia. Barnum dedicaría el resto de su vida a exhibir freaks y, por supuesto, a lucrarse. Además de liderar a nivel empresarial la eclosión del circo freak como fenómeno de masas de alcance global, Barnum nos dejó diversos libros, entre ellos *Life of P. T. Barnum* (1855), *The Humbugs of the World* (1865), *Struggles and Triumphs* (1869) y *The Art of Money-Getting* (1880).

Parte de ellos, claro, documentan su periplo por el mundo del espectáculo, nos hablan de las increíbles criaturas con las que colaboró y a las que, cabe reconocerlo, hizo mundialmente famosas. Barnum ni cantaba ni bailaba, pero en su obra trata también de documentar una disciplina artística en la que es innegable que destacó, que no es otra que el arte de amasar dinero. Barnum nunca tuvo el menor reparo en hacer pública su tremenda afición por el vil metal. Y, sin embargo, insistimos, fue a su manera un freak.

El mayor espectáculo del mundo

Despegaba así definitivamente, con la adquisición del antiguo museo, la carrera de P. T. Barnum como mánager de freaks que le haría mundialmente famoso. En un principio, en el museo, inaugurado en 1842 y bautizado como Barnum's American Museum (Museo Americano Barnum), el empresario exhibió sobre todo rarezas que, vamos a

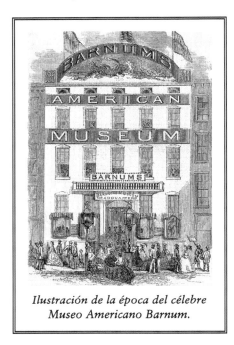

Ilustración de la época del célebre Museo Americano Barnum.

decirlo así, se movían en el terreno humorístico.

Así, por ejemplo, en él se presentaba un asombroso gato color cereza... que, como quedaba aclarado tras alzamiento del telón era del color de una cereza negra. Otra de sus más célebres engañifas fue la increíble sirena de Fiji: flotando en un acuario, una extraña criatura con cola de pez y brazos y cabeza perfectamente formados, fascinaba al público. P. T. Barnum se la había alquilado, al parecer, a un tal Moses Kimball que tenía un museo en Boston y que pronto se establecería como colaborador suyo. La sirena, como bien sabían los dos empresarios, no era más que un mono muerto al que habían cortado por la mitad y pegado a una cola de pescado.

A lo largo del recorrido por el Barnum's American Museum se instaba al visitante a no perderse bajo ningún concepto el alucinante Egress. Distintos rótulos anunciaban una y otra vez el Egress. El público los leía, su curiosidad aumentaba. Para cuando traspasaban al fin la puerta que rezaba Egress y descubrían que Egress es un latinajo que significa salida –muy poco utilizado en inglés–, los visitantes se encontraban ya en la calle. Todas estas chanzas complacían al público de la época, aunque por supuesto a Barnum nunca le faltaron detractores que lo trataban de estafador. Frente a esta clase de acusaciones, siempre se defendió diciendo que si el público obtenía entretenimiento a una buena relación calidad-precio, no había razones para la queja ni para la reclamación.

Todo chanchullero, no obstante, traza sus propias líneas rojas, y curiosamente, Barnum sentía un marcado rechazo por todo aquel que presumiera de tener poderes sobrenaturales o contacto con lo paranormal. Así, testificó en el juicio contra el así autodenominado «fotógrafo de los espíritus», un tal William H. Mumler que fue juzgado por fraude. Para demostrar que el ámbito de los médiums estaba lleno de cantamañanas y estafadores, Barnum ofreció una recompensa de quinientos dólares –el equivalènte a casi diez mil euros de hoy– al primero que pudiera demostrar frente a él que era capaz de comunicarse con el más allá.

No todo eran, por supuesto, montajes en el museo de P. T. Barnum. Por él desfilaron y en él fueron exhibidos freaks tan célebres como Madame Clofullia, una de las más renombradas mujeres barbudas, de la que nos ocuparemos más adelante. Isaac Sprague fue otro de los freaks estelares del empresario, y se le atribuye el mérito de ser el primer esqueleto humano de Norteamérica, aunque por supuesto esta afirmación no esconde sino otro pequeño fraude, pues los esqueletos humanos llevaban participando en los espectáculos bizarros desde tiempos inmemoriales. Dicho esto, era completamente cierto que Sprague pesaba poco más de 23 kilos, lo que lo convierte en un serio contendiente en su categoría.

Para reclutar a su siguiente estrella, Barnum regresó a su Connecticut natal. Le habían llegado rumores de la existencia de un tal Charles Sherwood Straton (1838-1883). Hijo de un carpintero, Charles fue un bebé perfectamente normal. Sin embargo, no había todavía cumplido un año de edad cuando dejó de crecer. Con cinco años, seguía midiendo poco más de medio metro, y su peso no alcanzaba los siete kilos. A diferencia de la mayoría de quienes padecen enanismo, Charles poseía un cuerpo proporcionado. Barnum ofreció a sus padres tres dólares semanales a cambio de exhibirlo en el Barnum's American Museum, aduciendo que además le pagaría clases de canto y baile, y haría de él una figura destacada en el mundo del show business. ¿Qué futuro le esperaba a aquel pequeño ser si rehusaba esta oferta? Los padres aceptaron.

Charles, qué duda cabe, constituía una atracción en sí mismo. No obstante, el instinto para los negocios de Barnum redondeó la apuesta haciéndole confeccionar un traje militar a medida. Acababa de nacer el General Tom Thumb –así se llama en inglés el protagonista del cuento de Pulgarcito–, que causó sensación en el museo y más tarde fue de gira por todo el país, protagonizando un espectáculo de humor en el que hacía chistes e imitaba a personajes históricos. Uno de los momentos estelares del show tenía lugar cuando el pequeño general desfilaba por el escenario con su carroza. P. T. Barnum le

JUMBO, EL ELEFANTE GIGANTE DE P. T. BARNUM

Funciona con las patatas fritas, con los refrescos, con tantísimos otros productos. ¿En qué tamaños se venden? Pequeño, mediano, grande... y jumbo.

Sorprendentemente, de los innumerables freaks que inundaron los escenarios en la edad de oro de los fenómenos a las órdenes de P. T. Barnum, uno de los que mayor poso han dejado en la historia, no es ni siquiera humano. Nos referimos al elefante Jumbo, tan famoso a lo largo de la historia que todavía hoy se emplea su nombre para etiquetar productos en formato gigante.

Otro vestigio de su paso por el mundo lo tenemos en Dumbo, la célebre película de Walt Disney sobre el paquidermo volador de dibujos animados que, no cabe duda alguna, inspira su nombre en la criatura que trabajara en el circo del empresario norteamericano.

La historia real de Jumbo cuenta que había una vez un elefante que fue capturado en el este de África en 1861, cuando tenía aproximadamente un año de edad. Los cazadores lo vendieron a un jardín botánico de París, donde pasó un tiempo expuesto. Su segundo alto en el camino fue el zoo de Londres, a donde fue a parar tras ser intercambiado por un rinoceronte.

Para entonces, el elefante en cuestión, que tenía de por sí un tamaño nada desdeñable al ser capturado, había crecido desmesuradamente. En buena parte, el secreto que explica el descomunal tamaño que alcanzó no es otro que su alimentación. A Jumbo se lo cebó desde joven con una dieta que consistía en noventa kilos diarios de heno, grandes cantidades de avena y montones de hogazas de pan. A ello cabe sumar los montones de cacahuetes que le lanzaban los visitantes de los zoos donde era expuesto. En esta su etapa europea, se cuenta además que los cuidadores británicos le administraban a diario un cuarto de litro de whisky para que se mantuviera más activo y su presencia tras los barrotes resultara más amena.

En cualquier caso, para cuando estuvo plenamente desarrollado, Jumbo se convirtió en el elefante en estado de cautividad más grande de su época, lo que como no podría ser de otra manera, despertó el interés de Barnum.

Los diez mil dólares que ofreció a los administradores del zoo británico a cambio de la bestia eran una cifra casi obscena en aquel momento. Cuando se anunció que se habían iniciado los trámites para transportar a Jumbo a los Estados Unidos, los londinenses armaron un gran revuelo, pues para entonces el elefante se había convertido en una de las atracciones estrella de la ciudad. La propia reina Victoria de Inglaterra manifestó su tristeza y su desaprobación frente a lo que estaba punto de suceder. Pese a todo, la cifra era demasiado alta, y los administradores del zoo no pudieron negarse.

En 1882, Jumbo desembarcaba así en Norteamérica, iniciando una carrera en el mundo del espectáculo tan breve como intensa, a pesar de su dramático final. Barnum se mostró inicialmente contrariado de que Jumbo no aprendiera a realizar trucos ni a hacer malabares; desafortunadamente, los elefantes africanos son mucho más difíciles de adiestrar que los asiáticos, hecho que pilló por sorpresa al empresario. No obstante, debido al tamaño del animal, el circo de Barnum logró llenar las gradas del museo y del circo hasta la bandera, y se calcula que a lo largo de las giras que tuvieron lugar por los Estados Unidos y por Canadá, aproximadamente nueve millones de espectadores pagaron por ver a Jumbo.

Por desgracia, como apuntábamos, su carrera fue corta, puesto que un error en el cambio de agujas del recorrido ferroviario canadiense provocó que en 1885, Jumbo fuera atropellado por un tren en Ontario. La colisión fue de tal calibre que el tren descarriló. Sólo hubo que lamentar dos víctimas mortales: por un lado, el conductor de la locomotora. Por otro, Jumbo, cuyo nombre pervive aún en millones de productos y envases.

Barnum con Tom Thumb,
su propio Pulgarcito.

había hecho construir una diminuta calesa de la que, en vez de tirar un corcel, tiraba un perro. El General Tom Thumb, además, cantaba y bailaba admirablemente gracias a la instrucción de Barnum. ¿Tenía talento? Lo hacía lo suficiente bien, por lo menos, para llenar toda sala en la que actuaba. Barnum fue, a menudo, sí, un estafador, pero en esta ocasión había cumplido su palabra.

Tras cosechar éxitos por toda Norteamérica, dio comienzo la gira europea de Tom Thumb. Fue, asimismo, un tour triunfal que culminó con una representación frente a la mismísima Reina Victoria de Inglaterra. Finalizada esta, se solicitó una escalera para que el General en persona pudiera encaramarse lo suficiente para propinarle un beso a la monarca. De vuelta a los Estados Unidos, cuando Tom Thumb se casó, el propio Abraham Lincoln le dio las felicitaciones y lo invitó a la Casa Blanca. Una vez más, y como apuntábamos al principio del presente libro, las diferencias sociales se difuminan en presencia de un freak, capaz de fascinar por igual a las clases bajas y a los poderosos.

Por el Barnum's American Museum desfilaron, además de Tom Thumb y Sprague y los demás freaks que hemos nombrado, muchísimos otros fenómenos. Entre ellos, los gemelos siameses Chang y Eng, de quienes hemos ya hablado, y el elefante Jumbo, a cuyo periplo nos referiremos más adelante.

P. T. Barnum presumía de que su show tenía un gran valor educativo, y es cierto que además de personajes bizarros, sus instalaciones presentaban cuadros pictóricos, animales disecados, figuras de cera y uno de los primeros acuarios de Norteamérica. En los escenarios del museo, además de exhibir anomalías vivas, podían verse representaciones de las obras de Shakespeare. Se cuenta que en su época álgida, alrededor de 1850, el museo de Barnum recibía aproximadamente medio millón de visitantes al año. La cifra se mantuvo durante años y años, lo cual le permitió amasar una considerable fortuna.

Por desgracia para el avispado empresario, en 1865 se desató un terrible incendio que arrasó por completo el edificio. La mayoría de los animales que se exhibían en él, al no poder escapar, murieron. Los pocos que lo lograron fueron abatidos a tiros por la policía. Y si no hubo bajas humanas que lamentar, se debió únicamente a que los bomberos lograron rescatar por los pelos a la mujer de más de doscientos kilos de peso que había quedado atrapada en él. Se trataba de la giganta Anna Haining Bayes, de quien nos ocuparemos más adelante.

Barnum consiguió otro local y reabrió el museo en 1866, pero quiso la fatalidad que un segundo incendio destruyera hasta los cimientos esta segunda encarnación del circo freak. Como es natural, la paranoia hizo cierta mella en Phineas Taylor. Poco después, el empresario resucitaba su espectáculo con formato estrictamente itinerante, en gira permanente. Había nacido el Barnum Circus. Tras la muerte de Phineas Taylor, sería adquirido por los hermanos Ringling, dando origen al Barnum & Bailey Circus. Por él desfilarían tal número de freaks como no se veían juntos desde la mítica Feria de San Bartolomé.

En el museo y en el circo de Barnum, los freaks, como iremos viendo, no sólo tenían la oportunidad de conocerse entre sí. Se traban verdaderas amistades y apasionados romances. En ocasiones, los prodigios establecían colaboraciones. Hubo envidias, hubo traición, hubo odios. Integraron una familia disfuncional y con dinámicas más bien tormentosas, pero fueron en cualquier caso una gran familia. Ya hemos conocido a varios de sus miembros. En capítulos venideros, conoceremos a muchos más.

En cualquier caso, ya que estamos aquí, de ninguna manera podemos abandonar el circo Barnum sin conocer a alguno más de sus miembros más notables, sin alegrarnos con sus alegrías, sin entristecernos con sus tragedias.

Lavinia Warren, la mujer miniatura

Mercy Lavinia Warren Bump (1841-1919) nació en Massachusetts, en el seno de una familia acomodada, y desde la más temprana infancia dio síntomas de enanismo. Sus padres no presentaban ninguna anomalía, y aunque seis de sus hermanos tenían una estatura normal, su hermana menor, Minnie, era todavía más pequeña que ella. Durante cierto tiempo, como veremos, Minnie anduvo también metida también en el mundo del espectáculo y trabajó asimismo para P. T. Barnum.

Al cumplir los diez, Lavinia Warren media aproximadamente ochenta centímetros, y por más que pasaron los años nunca creció más allá de esta estatura. Al igual que le sucedía al General Tom Thumb, Lavinia padecía enanismo hipofisario, mucho menos frecuente que la acondroplasia, lo cual le confería la particularidad de ser extremadamente pequeña pero proporcionada. Alcanzada la edad adulta, puesta en una báscula, Lavinia Warren no alcanzaba los quince kilos.

Todo esto no supuso obstáculo para la joven Lavinia, que cursó estudios de magisterio. En una primera etapa y tras completarlos, ejerció la enseñanza, dando clases a niños que en ocasiones duplicaban y triplicaban su estatura y cuadruplicaban su peso.

Consciente de la fascinación que despertaba su sola presencia, llegada cierta edad Lavinia decidió probar suerte en el mundo del espectáculo. En su primer empleo vinculado con el show business, cantaba y organizaba números musicales en uno de los barcos recreativos que por aquel entonces recorrían el Misisipi. Dada su posición económica, cabe destacar que, a diferencia de lo que sucede con la mayoría de freaks, la incursión de esta pequeña mujer en los escenarios fue estrictamente vocacional.

Por extensa que sea América, las noticias también viajan, y pronto la existencia de Lavinia Warren llegó a oídos del mismísimo Barnum, al que por supuesto le faltó tiempo para precipitarse sobre ella con el fin de reclutarla. Empresario y artista alcanzaron un acuerdo. Como resultado del mismo, Lavinia Warren iba a convertirse en la mujer diminuta más célebre de su época, no solamente por su reducido tamaño, sino porque además robaría el corazón de los dos enanos hipofisarios más famosos del mundo.

Al primero de ellos lo conocemos bien. Charles Sherwood Straton, más conocido como el General Tom Thumb, quedó inmediatamente prendado de la belleza de Lavinia apenas apareció por el museo de Barnum. Tras días de sufrimiento y semanas de insomnio, el pequeño General abordó al empresario para hacerle confidencia de sus sentimientos por Lavinia y solicitar consejo. En lugar de darle algún tipo de solución, las palabras de P. T. Barnum terminaron de romper el minúsculo corazón de Charles: Lavinia Warren estaba siendo ya cortejada por el Comodoro Nutt. La pareja parecía enamorada de veras.

Entra así en escena George Washington Morrison Nutt (1848-1881), que desempeñó su carrera artística bajo el alias de Comodoro Nutt. George era, al igual que Lavinia y Charles, un enano proporcionado que trabajaba en el Barnum's American Museum. George medía aproximadamente setenta y cuatro centímetros de estatura, y su peso rara vez superó los once kilos. Con estas cifras y situado junto a su enamorada, lograba que Lavinia Warren pareciera grande, pero eso no disuadió al pequeño comodoro de lanzarse a la conquista. Barnum, por otra parte, entendió que el triángulo amoroso que se estaba fraguando iba, de un modo u otro, a traducirse en expectación e ingresos, y paralelamente detalló a Lavinia el interés que Tom Thumb sentía por ella, poniendo el énfasis en sus virtudes y en que el General era un hombre adinerado.

La fama de George Washington Morrison Nutt era también considerable, y en su momento se había codeado con el mismísimo Abraham Lincoln. De hecho, también él provenía de una familia acomodada, y había entrado en el mundo del espectáculo por voluntad propia. Tan pronto descubrió que Lavinia Warren tenía otro pretendiente, los celos se apoderaron de él. El Comodoro corrió a retar al General, asegurándole que si no dejaba de cortejar a su ena-

morada, se las vería con él. El General Tom Thumb no se amilanó, y la pelea que se desató por el hall del Museo fue tremenda. Los dos pequeños contrincantes rodaron por el suelo, llovieron patadas y puñetazos. Y el pequeño Comodoro, más juvenil y más en forma que el pequeño General, fue al final quien salió victorioso.

George Washington Morrison Nutt continuó, así pues, cortejando a Lavinia Warren. Sin embargo Charles Sherwood Straton se mostró inasequible al desaliento, y en ningún momento cejó en sus avances. Estaba muy orgulloso de su fortuna familiar y de su posición social, y no perdía oportunidad de alardear de ellas. P. T. Barnum, por su parte, ejercía de celestino e intrigante: ganara quien ganara, ganaba él.

Un buen día, George Washington Morrison se encontraba de regreso en el Barnum's American Museum tras ausentarse unos días cuando sorprendió a Tom y a Lavinia juntos y solos. No supo qué pensar. Aunque tendrían que pasar semanas hasta que George se enterara, Tom y Lavinia acababan de jurarse amor eterno y se habían prometido en matrimonio.

La boda se celebró en la Grace Episcopal Church de Nueva York, el 10 de febrero de 1863. Se trata de una de las iglesias más célebres y prestigiosas de la ciudad, y fue P. T. Barnum en persona el que se ocupó de organizar el evento. Y aunque el clero no estaba por la labor y adujo en un primer momento que no iba a permitir que la casa de Dios se convirtiera en un circo de freaks, Barnum supo utilizar sus dotes de persuasión y su condición de magnate para deslizar las cantidades precisas en los bolsillos convenientes hasta que finalmente obtuvo la autorización.

El evento reunió a más de dos mil invitados, que agasajaron a la pareja con centenares y centenares de regalos. Queda para la posteridad el que les hizo Barnum: una diminuta cama de matrimonio que a día de hoy está todavía expuesta en el Museo Barnum de Bridgeport, que el propio empresario pidió que se levantara antes de morir, legando la suma de 100.000 dólares para financiarlo.

La pareja recibió las felicitaciones de los presentes encaramada sobre un piano desde el que saludaba a las multitudes. El desposamiento tuvo lugar mediante un valioso anillo de diamantes que Charles encajo en el dedito de Lavinia Warren. Más allá de los numerosísimos invitados, la boda fue uno de los eventos más espectaculares del momento, y la policía tuvo que pelear sin cuartel, cortando el tráfico en las calles y manteniendo a raya a las multitudes y a los fans que se acercaron a curiosear. En su pequeñez, Charles Sherwood Straton y Lavinia Warren eran el equivalente de dos estrellas del rock.

P. T. Barnum, no hace falta decirlo, se estaba frotando las manos. La Guerra Civil acaparaba por aquel entonces las portadas de los principales periódicos de Norteamérica, pero el impacto de aquella boda en miniatura fue tal que la noticia logró imponerse a la de la propia contienda. El evento constituía una publicidad para el negocio de Barnum que sobrepasaba todas las expectativas.

Pese a todo, decíamos, Barnum era un hombre ambicioso, y previamente había intentado forzar su papel de casamentero emparejando también a un desconsolado George Washington Morrison Nutt con Minnie, la hermana pequeña de Lavinia que, recordemos, también trabajó en el circo y era unos centímetros más pequeña que ella. Una doble boda entre los seres más pequeños del planeta, ¿cabía imaginar un evento más espectacular?

La respuesta del Comodoro, no repuesto aún de su mal de amores, había sido sin embargo tajante: ni hablar. Pese a todo, Barnum exprimió una vez más sus dotes persuasivas, y el Comodoro accedió a ejercer de padrino de boda de su amada. Minnie, por su parte, ejerció de dama de honor. Buena parte de la boda se desarrolló, así pues, en términos de estricta miniatura.

Más tarde, los recién casados fueron invitados a la Casa Blanca, donde fueron recibidos por el presidente Lincoln, que estuvo bromeando con ellos. La noticia de la boda había calado fuerte en Norteamérica, pero además había dado la vuelta al mundo. P. T. Barnum supo entender que tenía que seguir explotando el filón, y alumbró así lo que dio en llamar The Tom Thumb Company (la Compañía de Thom Thumb), un espectáculo en el que intervenían los cuatro diminutos seres. The Tom Thumb Company protagonizó a partir de ahí una gira mundial que llevó a los cuatro enanos a recorrer casi seiscientas ciudades del mundo entero y a celebrar unas mil quinientas actuaciones.

Charles Sherwood Straton, más conocido como General Tom Thumb, murió el 15 de julio de 1883. Dos años después, Lavinia se casó en segundas nupcias con un conde italiano que medía 95 centímetros. Ambos protagonizarían más tarde el filme mudo *The Liliputian's Courtship* (1914). Lavinia Warren murió a la edad de 78 años, mientras se exhibía con su segundo marido. No obstante, habían transcurrido más de veinte desde la muerte del primero y Lavinia publicaba *Mrs. Tom Thumb's Autobiography* (1906), donde no dejaba de elogiar a su anterior y querido esposo.

Fedor Jeftichew, el hombre perro

Las mujeres barbudas son una de las atracciones de circo freak con mayor recorrido y tradición, de ahí que cuenten con su propio capítulo en este libro. Sin embargo, aunque menos frecuentes, no puede faltar tampoco en ninguna exhibición de fenómenos que se precie la encarnación masculina de las mismas: los hombres perro u hombres lobo. Individuos muy peludos los ha habido siempre, las espaldas velludas provocan cierta impresión. Pero en ocasiones, en muy contadas ocasiones, la cantidad de pelo y el espesor del mismo es tal que cubre al individuo casi por completo. Como resultado, la criatura en cuestión, apenas parece humana.

Por algún motivo, las personas que padecen este tipo de desórdenes tienen una presencia insólitamente alta en el imaginario de los austríacos, hasta el punto que existe en austríaco un término específico para referirse a ellos: *haarmeschen*, que podríamos efectivamente traducir por «hombres peludos». De hecho, familias enteras de *haarmeschen* nobles, posando frente al pintor como cualquier otra familia acaudalada, son retratadas en multitud de cuadros del siglo XVI francamente inquietantes.

No hay constancia de que Fedor Adriánovich Jeftichew (1868-1904) tuviera ascendencia austríaca. Sí podemos afirmar, a juzgar por los retratos, que Fedor Adriánovich pertenecía a esa minoría estadísticamente irrelevante en la que el pelo pasa a ser percibido como patología y etiquetado como hipertricosis. Fue, no obstante, esa patología, si es que queremos llamarla así, la que impulsó a Fedor a salir de su Rusia natal para obtener fama universal bajo el alias artístico de Jo-Jo, el hombre con cara de perro, pero no nos adelantemos a los hechos.

Antes siquiera de que Fedor entrara en escena, su padre Adrian Yevtishchev llevaba ya años ejerciendo como freak en el mundo del espectáculo. También él padecía hipertricosis, el pelo lo recubría por completo, y Adrian lo dejaba crecer en largas greñas que causaban sensación allá

Fedor Jeftichew:
Jo-Jo, el hombre perro ruso.

donde se exhibían. Nació Fedor Adriánovich Jeftichew y, todavía bebé, pronto quedó claro que los genes habían transportado toda la información, que de tal palo tal astilla.

Adrian supo que no podía desaprovechar la oportunidad. En 1872, padre e hijo se embarcaban en una gira que duraría dos años y que les llevaría a exhibirse a dúo por Europa. Dado que para entonces Fedor Adriánovich tenía cuatro años de edad, podemos decir que desde el mismísimo principio fue arrastrado al mundo del espectáculo. Barnum tenía todavía que entrar en escena y darle su alias artístico definitivo. Por el momento Fedor era presentado como «El Salvaje de los Bosques de Kostroma». La gira resultó un éxito, de modo que hubo otra, y otra. Durante algunos de los shows, Fedor Adriánovich era obligado a ladrar y a roer huesos, cosa que más tarde dijo que le había desagradado profundamente y que atentaba contra su dignidad.

Las cosas se complicaron para el joven Fedor Adriánovich cuando su padre enfermó gravemente. Padecía, además de hipertricosis, un problema de alcoholismo severo. La salud de Adrian se deterioró rápidamente mientras se encontraban de gira. Adrian finalmente falleció y su hijo se quedó en París, solo y desorientado.

Afortunadamente su fama había llegado hasta el otro lado del océano, donde P. T. Barnum hacía llamar a uno de sus agentes y lo mandaba en busca del joven prodigio ruso con un contrato en la mano. Fedor Adriánovich firmó con P. T. Barnum con dieciséis años de edad, y viajó a los Estados Unidos dispuesto a trabajar para él. A P. T. Barnum le gustó lo que vio. Era el momento de buscar un nombre para su futura estrella. Fedor Adriánovich Jeftichew se convertiría así en «Jo-Jo, el hombre con cara de perro», aunque por el momento y debido a su corta edad se le presentó como «Jo-Jo, el niño con cara de perro».

La escenografía y el vestuario son importantes, y Barnum lo sabía. En sus espectáculos a las órdenes de Phineas Taylor, aquel hombre tan tremendamente peludo aparecía vestido con un uniforme de la Caballería Rusa, escoltado por una guardia igualmente disfrazada. La historia que se contaba a continuación –enteramente inventada por Barnum– detallaba cómo dos criaturas subhumanas y bestiales se habían criado en lo más profundo de los bosques de Rusia en el más absoluto salvajismo. Jo-Jo y su padre, narraba la historia, sobrevivían cazando como en el neolítico, derribando a sus presas con cachiporras, devorándolas con las manos desnudas. Dado lo ignoto de su hábitat, habían tenido que pasar muchos años hasta que un guarda forestal los sorprendió por casualidad correteando entre los árboles. El forestal consiguió refuerzos, regresó a por ellos y padre e hijo fueron capturados, conducidos a la civilización, y encerrados tras los barrotes.

El padre de Jo-Jo –proseguía la historia– había vivido demasiados años abocado a lo salvaje, estaba más allá de toda posible salvación. A aquellas alturas resultaba inútil tratar de rehabilitarlo. El hijo, por el contrario, más receptivo a causa de su corta edad, había podido ser reeducado hasta cierto punto. Y a pesar de que todavía cobijaba a la bestia en su fuero interno, gracias a la labor de los especialistas podía desempeñarse en sociedad perfectamente.

Tras esta sugestiva crónica, Jo-Jo entraba en escena. El uniforme de la caballería rusa le sentaba de fábula, lucía firme e imponente. Se paseaba educadamente entre los presentes, causando sensación. El juego empezaba cuando Jo-Jo, el hombre con cara de perro, fingía de pronto ataques de ira y se arrancaba a lanzar zarpazos hacia los presentes.

Fedor Adriánovich era, en realidad, un hombre culto. Gracias a una infancia en permanente gira en compañía de su padre hablaba, además de ruso, inglés y alemán, y era una persona muy leída. En muchos sentidos Fedor Adriánovich y su padre fueron freaks afortunados, pues tuvieron la oportunidad de explotar en provecho propio la jugarreta que les había gastado la naturaleza sin padecer, por otra parte, ninguna enfermedad dolorosa o incómoda, ningún tipo de discapacidad. Tristemente, además del pelo, Fedor Adriánovich heredó la suerte de su padre. Murió de neumonía en 1904 mientras se encontraba de gira, con tan sólo treinta y seis años de edad.

Stephan Bibrowski, el hombre con rostro de león

Aunque no resulte tan popular como Fedor Adriánovich, nuestro apartado dedicado a seres asombrosamente peludos del género masculino no estaría completo si no habláramos de «El hombre con rostro de león». Stephan Bibrowski (1890–1932) nació en Polonia, y al igual que en el caso de Fedor, ya de bebé se puso de manifiesto una anormal presencia de cabello por todo el cuerpo recubierto de pelo, con la única excepción de las palmas de las manos y las plantas de los pies. Stephan Bibrowski descubrió que si se lo dejaba crecer, esto le confería la apariencia de un león.

Ni hace falta decir que, en un momento en el que las oportunidades de

Stephan Bibrowski, el hombre con rostro de león.

salir económicamente adelante eran muy limitadas, su condición le llevó a probar fortuna en el mundo del espectáculo. En un principio iba a ser un trabajo puente, una actividad secundaria. De acuerdo con los documentos que se conservan de la época, Stephan soñaba con estudiar odontología y trabajar como dentista.

Sólo contaba con once años de edad cuando, en 1901, fue reclutado por Barnum, quien le organizó diversas giras por los Estados Unidos y por Europa. Para cuando empezó a frecuentar el show business, el pelo que recubría el rostro de Stephan Bibrowski tenía más de diez centímetros de longitud, y en el resto de su cuerpo llegaba a alcanzar los treinta. Sólo las palmas de sus manos y las plantas de sus pies permanecían libres de cabello y permitían ver su piel.

En los shows, Stephan se presentaba bajo el alias de Lionel, y con el sobrenombre de «El hombre con rostro de león». Su show consistía, básicamente, en una serie de números gimnásticos. A diferencia de lo que sucedía con Jo-Jo, el papel de Stephan no se basaba en pretender que bajo el hombre educado y gentil se escondía una bestia salvaje y sanguinaria. En lugar de eso, Stephan Bibrowski explotaba su faceta instruida y maravillaba a los visitantes con su erudición. Bibrowski seguía soñando con estudiar y con ejercer como dentista. Sucedió, por supuesto, que el tiempo pasaba y el trabajo en el circo resultaba demasiado lucrativo y gratificante como para renunciar a él en favor de un futuro incierto. Para 1920, Stephan era ya toda una celebridad en Norteamérica, lo cual le condujo a mudarse a Nueva York definitivamente. Los estudios de odontología tendrían que esperar.

La suerte, sin embargo, no estuvo de parte del hombre con rostro de león. La muerte le sorprendió en Berlín en forma de un ataque al corazón, a los cuarenta y un años de edad. Nunca logró pues doctorarse en odontología.

Sin embargo, si bien el transcurso de las décadas ha ido sepultando bajo su peso a todos los dentistas de su época, Lionel, el hombre con rostro de león, permanece en el recuerdo, y las fotografías que se conservan de él siguen siendo francamente impresionantes.

Anna Haining y Martin Van Buren Bates, gigantes enamorados

Siameses, gemelos incompletos, seres asombrosamente peludos, enanos proporcionados y fenómenos de todo tipo han desfilado ya por el circo de P. T. Barnum, lo cual nos podría conducir a la idea errónea de que los gigantes como espectáculo no tuvieron cabida en él. Nada más lejos de la realidad, como prueba el fichaje de Anna Haining. Y lo que sigue, como veremos, es una historia de amor.

La mayoría de «gigantes», vamos a convenir llamarlos así, nacen ya con unas dimensiones muy por encima de lo normal, tienden a ser bebés muy grandes. El caso de la escocesa Anna Haining (1846-1888), no fue ninguna excepción. Cuando emergió del vientre de su madre, pesaba ya casi ocho kilos y medio, y para cuando cumplió los seis años superaba ya a su madre en estatura; estatura. Y este es un dato importante, puesto que la madre no era precisamente lo que llamaríamos una mujer bajita.

Durante sus años de estudiante, como es natural, Anna Haining fue siempre la más alta de la clase. Tanto es así que en esta etapa se topó una y otra vez con el problema de que los pupitres resultaban diminutos en relación a su tamaño, y se le hacía imposible utilizarlos. No quedaba otro remedio que elevarlos mediante una serie de planchas de madera para que pudiera trabajar, y reemplazar también la silla por butacones de adulto o elevados taburetes. Y es que con catorce años, esta escolar medía ya casi dos metros con veinte de altura. A lo largo de esta época se manifiesta la que será una de las grandes pasiones de Anna: la literatura.

Anna no contaba todavía con dieciséis años cuando las noticias sobre sus dimensiones llegaron a oídos de, efectivamente, P. T. Barnum. Se pusieron en acción los agentes que el empresario tenía desplegados por todo el globo terráqueo con ánimo de reclutar y firmar con todo nuevo fenómeno que prometiera ser lucrativo y anticiparse así a la competencia. Dos metros con treinta medía la mujer de dieciocho años que P. T. Barnum hizo pasar a su despacho en Nueva York. El contrató fue rubricado y, como de costumbre, el tiempo dio la razón al empresario y certificó una vez más su buen ojo para los fichajes.

Pronto Anna se convirtió en una de las atracciones más destacadas del inolvidable museo de lo bizarro de Barnum. Si ser enorme hubiera sido el único mérito de Anna Haining, probablemente habría

La famosa boda de los gigantes de Barnum.

pasado por el circo como una freak más, como tantos otros que estamos omitiendo porque transitaron por los escenarios sin pena ni gloria. No obstante, la giganta guardaba varias balas en la recámara. Como ha quedado dicho, sentía un gran interés por la literatura y era una lectora ávida. Así, deslumbraba al público con sus conocimientos sobre las grandes obras de la literatura universal, que recitaba de memoria. También deleitaba al respetable con poemas. Era una ferviente admiradora de William Shakespeare y de los clásicos grecorromanos, y tenía además una cierta vocación de actriz. A este respecto, cabe destacar su impresionante interpretación de Lady Macbeth en las representaciones de la obra que organizó el Barnum's American Museum.

La fortuna sonreía, en fin, a la joven Anna Haining, que veía reconocidos sus talentos y, poco a poco, iba reuniendo un considerable dinerito. Pero la tragedia estaba a punto de desatarse, y es que como hemos adelantado, el Museo de Barnum sufrió diversos incendios que arrasaron por completo el edificio. Anna casi muere en él, y eso no fue lo peor. Cuando las llamas aflojaron al fin, Anna comprobó que todas sus pertenencias habían ardido. Entre ellas, los ahorros de toda una vida.

Fue una catástrofe, un golpe muy duro. Años y años de trabajo se volvían ceniza en las instalaciones del propio empresario que la explotaba. Se desató una violenta discusión entre Anna y su mánager. Al término de la misma, Anna decidió que ya había tenido bastante y puso fin a su relación con Barnum. El empresario dio por sentado que se trataba de una rabieta, que la giganta iba a volver. Lo cierto es que Anna Haining se iba para siempre.

A una artista tan versátil y, digamos, imponente no iba a faltarle el trabajo, pensó Anna, y una vez más tuvo razón. Recibió un sinfín de ofertas y pudo seleccionar minuciosamente hasta dar con una que la convenciera. La oferta óptima llegó al fin, y parte de su atractivo radicaba en el concepto. Anna ya no iba a actuar en solitario. Este nuevo mánager le proponía organizar un show en el que Anna compartiría escenario con otro gigante. A Ana le pareció una excelente idea incluso antes de tener la oportunidad de ver en persona a la que iba a convertirse en su pareja artística.

El gigante que estaban a punto de emparejar con Anna no era otro que Martin Van Buren Bates (1837-1919). Ya de chaval, este joven norteamericano superaba los dos metros y medio de altura. Para cuando alcanzó la edad adulta, su estatura era ya de casi tres metros y pesaba más de doscientos kilos. De algún modo, Martin Van Buren Bates se las había apañado para llegar a la misma conclusión a la que llegó el general Maximus: si existe un ámbito en el que las personas grandes y físicamente poderosas son valoradas como merecen, ese ámbito es el ejército. Fue así ascendiendo rápidamente en el escalafón militar, y en el plazo más breve estaba luciendo ya los galones y el grado de capitán.

No quedan claras las razones por las que Buren Bates se licenció, pero estaba a punto de hacer un triste descubrimiento: la vida civil no ofrecía demasiadas oportunidades a un coloso más allá de trabajos físicos y mal pagados. Martin Van Buren Bates pasó así un largo período desempleado, pero sus tres metros no pasaban por supuesto desapercibidos, y tarde o temprano alguien tenía que fijarse en él. Entra en juego un agente, le ofrece su primera oportunidad laboral en el mundo del espectáculo. Martin Van Buren Bates acepta y arranca su carrera en solitario.

Sus giras resultaron mucho más exitosas de lo que él podía suponer cuando se embarcó en el negocio. Parte del mérito fue de su mánager, que le propuso que luciera su uniforme militar y todo el equipamiento, y que se presentara al público como el capitán que efectivamente era. Por algún motivo, como vamos viendo, la figura del militar casa excelentemente con la figura del freak, independientemente de si se busca un registro imponente o cómico. Y así comodoros y generales diminutos comparten imaginario con capitanes, como en este caso, gigantescos.

Sea como fuere, el empresario convoca a los dos gigantes que ha fichado y hace las presentaciones pertinentes. Cuando el capitán vio a Anna, cuentan los artículos de la época, quedó inmediatamente prendado de ella. El primer trabajo juntos cobra la forma de un tour por toda Norteamérica. Las salas de espectáculos se llenan hasta el máximo de su capacidad, los aplausos atruenan. El éxito es formidable. Y como el roce hace el cariño, los dos gigantes empiezan a gustarse.

Al tour por los Estados Unidos, le siguió una gira por toda Europa. En Inglaterra, la mismísima Reina Victoria les organizó una recepción en la que actuaron para ella. Terminada la actuación, la reina hizo llamar a su servicio, que se presentó con una lujosa caja de madera. La reina les pidió a Anna y su enamorado que le abrieran. Los dos gigantes quedaron boquiabiertos. La reina había hecho fabricar dos gigantescos relojes de bolsillo de oro, tan grandes como ellos, sin duda de un valor exorbitado. Ahí tenían el pago por sus servicios.

La vida sonreía a la pareja, que no paraba de cosechar triunfos por toda Inglaterra. Para entonces Anna y Martin habían establecido ya un estrecho romance, y el gigantesco capitán ni siquiera se molestó en esperar a que regresaran a los Estados Unidos: allí mismo, en Inglaterra, le pidió a Anna que se casara con él. Anna dijo sí.

Tampoco esperaron a regresar a los Estados Unidos para celebrar el matrimonio. Londres fue testigo de un espectacular enlace en el que, para confeccionar el vestido que llevaba la novia, se habían empleado más de noventa metros de satén. Llegó el momento de repetir los síes en público y de realizar el intercambio de anillos. El que el capitán introdujo en el dedo de Anna era de oro y diamantes. Había sido también un regalo de la reina Victoria de Inglaterra.

Inglaterra les trataba bien. Allí se habían prometido, allí se habían casado. Valoraron establecerse permanentemente. Cuando Anna anunció que estaba embarazada, Martin Van Buren Bates no cabía en sí de contento. Su primogénito estaba a punto de llegar y esperaban anhelantes su nacimiento.

Fue aquí cuando las cosas comenzaron a torcerse. Anna empezó a sufrir dolores. El parto fue muy complicado, Anna estuvo a punto de morir en él. Y aunque la madre salvó la vida, la criatura llegó al mundo muerta. Era una niña. Pesaba más de ocho kilos.

Tras la tragedia, Londres perdía todo su atractivo. Inglaterra se convertía en territorio hostil, en la tierra que había visto nacer muerta a su hija y bajo la que yacía enterrada. Era el momento de regresar a Norteamérica.

Para entonces Anna Haining y Martin Van Buren Bates habían acumulado suficiente capital como para valorar seriamente un retiro temprano del mundo del espectáculo. Pasaron revista a las cuentas y eso fue precisamente lo que hicieron: retirarse. En Ohio, se hicieron construir una casa a medida, es decir, a medida de su gigantismo. Los techos estaban a casi cuatro metros y medio de altura del suelo, puertas y ventanas resultaban descomunales. Las sillas, las mesas, los sofás, las camas, las cómodas, las lámparas, los candelabros, la cubertería. Todo, absolutamente todo, en aquella casa había sido fabricado expresamente a la medida de los dos gigantes.

En esos tiempos la pareja podía permitírselo debido a su desahogo económico, el problema era convencer a arquitectos, carpinteros, paletas y demás profesionales implicados en el proceso de que las cifras que les estaban dando eran correctas, de que no había ningún tipo de error. Había que repetirlo todo una y otra vez. Únicamente los aposentos del servicio estaban amueblados con camas y mesas y sillas comunes. El tránsito de las habitaciones de servicio a las estancias que habitaban los dueños era, así pues, una experiencia singular. Como adentrarse en una dimensión paralela, en un entorno asombrosamente deformado y magnificado por algún extraño poder.

Las obras de construcción habían terminado, en el hogar no faltaba nada. Tras tantas giras, tanto ajetreo y tantas emociones, la pareja conocía al fin el sosiego, paladeaba la felicidad. Fue entonces cuando Anna empezó a encontrarse mal de nuevo, el médico no supo decir qué le pasaba.

Los doctores anunciaron finalmente que Anna estaba encinta de nuevo. La alegría de Anna y Martin fue enorme. Lo primero que hizo la pareja tan pronto recibió la noticia fue encargar una cuna. Y como puede imaginarse, se trataba de una cuna enorme, cuyas dimensiones el carpintero no podía creer. Una y otra vez, Martin tuvo que repetírselas.

Sin embargo, a medida que pasaban los días y las semanas y los meses, Anna no terminaba de encontrarse bien. Las sospechas de que algo iba a salir nuevamente mal en el parto fueron haciéndose más y más grandes. El alumbramiento fue complicado, fue doloroso. Y sin embargo, finalmente se escuchaba el primer llanto, ahí llegaba el bebé. La felicidad de Anna y Martin no conocía límites, la pareja se emocionó, dio por hecho que la maldición había terminado.

No fue más que una ilusión. El bebé moría al día siguiente sin que hubieran podido bautizarlo, sin darles siquiera oportunidad a darle un nombre. Era el bebé más voluminoso y pesado del que se tiene noticia. Pesaba once kilos.

Ana murió un tiempo después, y eso dejó al antiguo capitán destrozado. Se cuenta que Martin pasaba los días y las noches llorando, y que su tristeza y su ira contra Dios se inflamaban todavía más cada vez que tenía que lidiar con los detalles del entierro de su amada. De nuevo, el personal de la funeraria no terminaba de creerse que las dimensiones del féretro que les estaban encargando pudieran ser reales. Martin tuvo que repetir las cifras una y otra vez. Pese a todo, aquellas cifras no tenían sentido para nadie, y cuando llegó el momento de la verdad y Martin fue por fin al entierro, descubrió que, pese a sus indicaciones, los de la funeraria habían fabricado un ataúd demasiado pequeño.

Martin quiso rendir homenaje a Anna Haining haciendo construir una estatua que la representaba a tamaño natural. La estatua corona su tumba, y en ella Anna luce el vestido que llevaba cuando recitaba a los clásicos grecorromanos en el museo de P. T. Barnum.

Unos años más tarde, también el capitán Martin Van Buren Bates moría. Tras la experiencia sufrida con su esposa, había tomado precauciones: el ataúd en el que lo enterraron, llevaba largo tiempo construido, y el propio Martin se había encargado de probarlo metiéndose en él personalmente.

Desafortunadamente, ni todas las precauciones del capitán pudieron evitar que el sepelio derivara de nuevo en una escena grotesca. Llegado el momento de la verdad, el féretro no cabía en el carro fúnebre.

MISS ANNA SWAN,

wenty years of age, **EIGHT FEET HIGH, and**
eighing 413 pounds. a

LAS FERIAS DE FENÓMENOS EN ESPAÑA

Los norteamericanos tienen una merecida fama de ir a lo grande en todo cuanto se proponen. Países de los cinco continentes han hecho cine, y sin embargo si queremos destacar las películas más ambiciosas, más caras, más espectaculares de la historia, no queda otro remedio que centrarse en Hollywood. Es por ese mismo motivo que el grueso del presente volumen se orienta a los espectáculos estadounidenses, por más que los fenómenos que desfilaran por ellos fueran a menudo italianos, alemanes, rusos, albaneses, franceses y así sucesivamente. Llegado este punto, cabe preguntarse: ¿Dónde queda España en el ámbito que nos interesa? ¿Acaso no hubo prodigios en nuestro país?

La respuesta es sí, aunque el panorama distara mucho de ser tan rico y tan variado como el que encontramos al otro lado del charco. Dicho esto, exposiciones y ferias ambulantes exhibían también en España números circenses ciertamente bizarros en los que participaban forzudos gigantes, diminutos enanos, y criaturas ciertamente grotescas. Como sucedía en

Las hermanas Colombinas expuestas en la feria de Almería en 1973. Fotografía de Carlos Pérez Siquier.

el resto del mundo, algunas de estas criaturas eran muy valoradas por las clases altas, los nobles y la realeza.

Entre los fenómenos más populares de España cabe destacar a Brígida del Río, famosa en la corte real del siglo XVI bajo el nombre de «la mujer barbuda de Peñaranda». Conjuntamente con bufones y otros artistas de variedades, Brígida se ocupaba de entretener al rey. La presencia de mujeres barbudas en el

Brígida del Río, la mujer barbuda española del siglo XVI.

arte es, por otra parte, frecuente en nuestro país, como prueba el famoso cuadro «La mujer barbuda», del pintor José de Ribera, que retrata a Magdalena Ventura con su marido. Por esta misma época se cuenta que nació en Medina del Campo un niño con dos cabezas y que, pese a que llegó al mundo muerto, su cuerpo fue embalsamado y exhibido por doquier.

Mucho más adelante, en pleno siglo XX, cabe no olvidar a las Hermanas Colombinas, dos voluminosas muchachas de origen canario que, a principios de la década de los 70, bailaban para el respetable exhibiendo su obesidad mórbida a las órdenes de su madre, que ejercía de mánager.

Las Hermanas Mínimas –que fueron dos diminutas enanas–, o un tal Danae –una especie de hermafrodita–, constituyen otros espectáculos freaks patrios de cuya noticia tenemos constancia. Podríamos seguir sumando nombres, y sin embargo, aunque cabe no dudar que el circo freak español existió y tuvo su público, la documentación al respecto de cada uno de los fenómenos es escasa y llena de imprecisiones y contradicciones.

CAPÍTULO 5
VIDA Y MILAGROS DE FREAKS CÉLEBRES

En los debates sobre lo artístico, se dice a menudo que lo verdaderamente importante es la obra, que el artista es secundario. Suena sensato. En la práctica, sin embargo, comprobamos que impera la postura opuesta: resulta imposible separar al autor de su obra.

Se dice también, por otro lado, que las personas verdaderamente geniales, especialmente dotadas, son en sí mismas una obra de arte. Es por ello que, aunque no pretendemos en absoluto desdeñar los talentos artísticos de los prodigios que desfilan por estas páginas, sería poco lícito tratar de ocultar que la mayor parte de la fascinación ejercen proviene de las propias personas. De esos cuerpos distintos y asombrosos, de esas particularidades que las convierten en criaturas extrañas y, a su modo, hermosas.

No ponemos pues en duda que Anna Haining fuera una actriz competente, ni que sus conocimientos de literatura fueran notables. Las actuaciones de Fedor Jeftichew, con sus alternancias entre educación y bestialidad, resultaban sin duda aterradoras y desternillantes. Todo eso es cierto, y sin embargo no podemos callarnos que sus talentos por sí solos difícilmente les hubieran encumbrado hasta las cimas de popularidad que alcanzaron. Si sus cuerpos hubieran estado perfectamente formados, si no hubieran gozado de alguna anomalía, con toda probabilidad sus nombres no quedarían recogidos en ningún libro. No se habrían convertido en iconos ni en ídolos, sus historias no habrían adquirido el potencial de las leyendas.

Cuando hablamos de artistas, las habilidades y técnicas con las que se desenvuelven en el escenario son importantes. Pero reconozcamos que mientras el freak canta, mientras el freak baila, mientras cuenta una historia o toca el violín, una parte de nosotros se está preguntando cómo será su día a día. Cómo serán sus relaciones de pareja, su maternidad, su paternidad. Cómo es el cortejo cuando eres una mujer barbuda, cómo son las relaciones sexuales cuando naces anexado a tu hermano, cómo es la vida cuando has nacido sin brazos.

La curiosidad es perfectamente legítima, y ni pretendemos ni podemos satisfacerla por completo. Pero el conocimiento es siempre un bien en sí mismo, nuestra ansia de conocimiento es loable, y las vidas de los freaks a las que vamos a pasar repaso a continuación son inequívocamente asombrosas, hipnóticas, fascinantes.

No queremos callarnos tampoco que los débiles de corazón podrían acusar más de una sacudida. Las historias que leeremos seguidamente no son, en su gran mayoría, agradables. Infancias destrozadas, matrimonios rotos, enfermedades, alcoholismo, homicidios. El tiempo engulle a algunos freaks, y desaparecen sin dejar rastro. Otros terminan solos y arruinados. Otros fueron asesinados a tiros.

Son historias con momentos de indudable gloria, pero también historias frecuentemente cruentas que no encierran enseñanzas, ni moralejas, ni conclusiones de ningún tipo. Tal vez por eso mismo nos cautivan, porque a diferencia de lo que sucede en las cuidadas fábulas que trama Hollywood, nuestras historias están repletas de altibajos, de elementos arbitrarios, de giros de guión verdaderamente inesperados. ¿O podemos acaso pensar en algo más arbitrario que nacer con pinzas en lugar de manos, que crecer hasta los casi tres metros de estatura?

Son, en definitiva, historias en las que podemos reconocernos, vidas que nos representan. Porque por más extravagantes que resulten los seres que las protagonizan, las historias que siguen se fundamentan en el amor y en el odio, en la codicia y en el engaño. Y algunas veces, no demasiadas, también en la honestidad, en el valor y en la generosidad.

Claude Seurat y otros esqueletos humanos

Como vamos viendo, cuando hablamos de freaks, el tamaño sí importa. Los gigantes fascinan, los enanos fascinan. Por los circos que exhiben prodigios humanos han desfilado mujeres que pesaban cientos de kilos, hombres con obesidad mórbida. Y por supuesto, en el extremo opuesto del espectro de las anomalías de complexión y tamaño, tenemos a los así llamados esqueletos humanos: hombres que compiten en ferias y museos de lo bizarro por el título a la persona más delgada del mundo.

Sin duda una de las imágenes más icónicas de las que disponemos de un esqueleto humano es obra de Francisco de Goya. Su dibujo retrata a un hombre solo en una habitación, vestido con unos pantalones negros. La desnudez de cintura para arriba permite apreciar en toda su dimensión sus prominentes costillas, su torso escuchimizado, sus brazos largos y delgados como palos de escoba.

El protagonista de ese retrato no es otro que Claude-Ambroise Seurat, uno de los prodigios más célebres en Europa en su categoría. El genial pintor español tuvo la oportunidad de verlo actuar y dibujarlo personalmente cuando viajó a Burdeos para ver la función del circo en el que actuaba.

Seurat nació en el municipio de Troyes en 1797 y la escasa documentación que nos ha llegado sobre su vida parece indicar que fue un niño normal, y que su anómala delgadez empezó a manifestarse a lo largo de su adolescencia.

Cuando dieron comienzo sus giras por Francia y por Inglaterra, Seurat medía 1,71 de estatura, pero su peso apenas llegaba a los treinta y cinco kilos. Era tan, tan delgado que podías ver su corazón palpitando a través de su

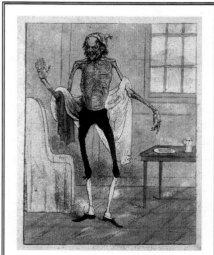

El genial Goya dibujó al freak Claude-Ambroise Seurat.

caja torácica, tras la finísima capa de piel y carne. En el mundo del espectáculo, a Seurat nunca le faltó trabajo. Era solo cuestión de tiempo que su existencia llegara a oídos de P. T. Barnum, como así terminó sucediendo. Al empresario, no hace falta decirlo, le faltó tiempo para reclutarlo. Y así comenzó la colaboración entre ambos.

Se desconocen muchos de los pormenores concernientes a la vida de este esqueleto humano francés. Es difícil, por tanto, establecer cuáles de las narrativas que nos han llegado son ciertas y cuáles son, por el contrario, simplemente publicidad forjada por P. T. Barnum o por otros empresarios sin escrúpulos a cuyas órdenes Seurat estuvo trabajando. Se cuenta, por ejemplo, que el secreto de Seurat para conservar su extrema delgadez radicaba en que su alimentación consistía exclusivamente en un vaso de vino al día.

Claude-Ambroise Seurat no fue «el primer esqueleto humano», aunque así fuera como lo presentó Barnum, que hizo de él un artista famoso. No obstante, hay que decir en su favor que Seurat logró revitalizar el concepto de esqueleto humano, que contaba con una larga tradición pero estaba cayendo en el olvido. De hecho, Seurat no sería ni mucho menos el último esqueleto que trabajaría para P. T. Barnum. Entre los que desfilaron por el Barnum's American Museum y por las giras del empresario estadounidense, tenemos también a Isaac Sprague.

Nacido en Massachusetts, Isaac Sprague (1841-1887) afirmaba ser «el primer esqueleto humano de Norteamérica». Su incursión en el mundo del espectáculo, según se cuenta, no había sido en absoluto vocacional. Sprague regentaba una tienda de alimentación, y su chocante delgadez, como es natural, no causaba una buena impresión entre la clientela. A medida que pasaba el tiempo, y por más que comía, Sprague seguía adelgazando, a la vez que su tienda se vaciaba. Había consultado a muchos doctores, que a decir verdad no tenían nada claro qué podía sucederle. Unos achacaron el proceso de adelgazamiento a lo mucho que le gustaba a Sprague practicar deporte. Otros culparon a su alimentación. Sprague estuvo probando distintas combinaciones de alimentos y dietas, sin lograr de ningún modo engordar.

Tendría que pasar tiempo hasta que Sprague diera con un doctor lo suficientemente bien formado e informado como para concluir –y hacerle entender a Sprague– que factores como la alimentación, el ejercicio, o el modus vivendi desempeñan un papel muy pequeño en la práctica totalidad de los individuos que ejercen como esqueletos humanos. Su condición se deriva, en realidad, de una patología denominada atrofia muscular.

Así, durante la época que estuvo trabajando para P. T. Barnum, Isaac Sprague adquirió fama de ser un auténtico tragaldabas, capaz de retar a cualquiera de sus compañeros de circo a comer más que él y derrotarlo sin esfuerzo. Llevaba además siempre encima un frasco lleno de leche azucarada, del que bebía sin parar, pues se decía que si dejaba de alimentarse se mareaba y se desvanecía. Esta situación tan absurda no privaba a Sprague de ser un tipo jovial y gracioso. Su talante humorístico y su capacidad para reírse hasta de su esmirriada sombra se refleja en la orientación que dio a su espectáculo, que se benefició de ambos. El show estaba organizado alrededor de la impostura de Isaac como implacable boxeador y luchador.

El esqueleto humano retaba al público a batirse con él en un combate de igual a igual. Se ofrecía una elevada suma de dinero a cualquiera que se atreviera a subir al escenario, pelear contra él y vencerle. La letra pequeña de la convocatoria, como el propio Isaac se ocupaba de aclarar acto seguido, decía que su contrincante tenía que ser alguien de su mismo tamaño y peso.

A los cuarenta y cuatro años de edad, Isaac Sprague medía 1,67 y pesaba tan sólo diecinueve kilos. Tuvo diversas disputas con P. T. Barnum por cuestiones de dinero, que le llevaron a dejar el mundo del espectáculo en diversas ocasiones. Como tantos otros freaks, Isaac Sprague sospechaba –seguramente con toda la razón– que el empresario le engañaba. No obstante, al esqueleto no se le daba nada bien administrar e invertir su dinero, en especial porque padecía una

marcada adicción por los juegos de azar, y una y otra vez tuvo que regresar con el rabo entre las piernas. Al final de sus días, y pese al éxito alcanzado, murió en la miseria. En todo caso, ¿fue Isaac Sprague de veras el primer esqueleto humano de Norteamérica, tal como lo presentaba P. T. Barnum?

En realidad, el primer esqueleto humano nacido en el nuevo continente y exhibido en público del que se tiene noticia fue Calvin Edson. Tenemos pocas noticias de él. Sabemos por recortes de periódicos de la época que se exhibió en ferias desde joven, que fue popular, y que falleció en 1832. En su esquela se cuenta que la autopsia había revelado que la extrema delgadez de Calvin se debía a que tenía la tenia, y que en consecuencia el gran parásito intestinal daba cuenta de toda su alimentación. Pese a su extrema delgadez, Calvin Edson era capaz de montar a caballo con absoluta soltura, realizaba proezas atléticas y levantaba objetos de hasta cincuenta kilos, que era bastante más de lo que pesaba él. Todo esto le valió exitosas giras por toda Norteamérica.

En los espectáculos, Calvin explicaba al respetable que había empezado a perder peso tras una noche en la que había dormido al raso durante la guerra. La muerte, contaba Calvin, recorría el campo de batalla seleccionando cuidadosamente a quién se llevaba. Al valorar a Calvin, por algún motivo, la muerte había sentido piedad por él, así que en vez de transbordarlo al más allá, le había tocado con su mano, logrando así que su aspecto cambiara a su imagen y semejanza.

Siempre es difícil dilucidar qué aspectos de las historias que se cuentan en los shows son ciertos y cuáles no son más que cuentos dispuestos para complacer al público. No obstante, en este caso Calvin bien pudo ser un hombre perfectamente normal y haber cogido la tenia durante la campaña militar. Esta hipótesis casaría con todo el resto de la documentación que conservamos, que avala que Calvin no solo comía normalmente, sino que de hecho siempre tenía hambre y se esforzaba en atiborrarse todo lo posible. Y sin embargo el maleficio de aquel toque que le obsequió la muerte –muy probablemente un parásito intestinal, sí– le mantuvo esquelético toda su vida.

La saga de los más célebres esqueletos humanos de la historia prosigue con James W. Coffey (1852-?), famoso no solo por su extrema delgadez, sino también por haber aportado un poco de estilo a la tradición de la que forma parte. Coffey, natural de Ohio, tuvo una complexión normal de joven, y no fue hasta pasados los treinta que empezó a adelgazar sin freno. Su peso quedaría estabilizado en torno a los treinta kilos. ¿Acaso contrajo también la tenia?

Se cuenta que, tras posar semidesnudo en sus primeros shows, James W. Coffey se sintió incómodo: había algo degradante en permanecer allí de pie con el torso al aire mientras la multitud lo miraba perpleja. Así fue cómo Coffey decidió que en adelante aparecería elegantemente vestido, con traje y sombrero de copa. En su innovador número, Coffey se retrataba como un mujeriego irredento, y contaba historias subidas de tono sobre sus conquistas y sus proezas en la cama. Cuando la gira en la que andaba embarcado recalaba en una nueva ciudad, Coffey organizaba convocatorias para seleccionar la que sería su nueva novia. En ocasiones se impostaban bodas con mujeres extremadamente delgadas, y también con mujeres gordas.

James W. Coffey, como no podría ser de otra manera, trabajó también para Barnum, que no sólo le hizo famoso en los Estados Unidos sino que también le llevó de gira por Europa. Todo marchaba de fábula para Coffey hasta que, en 1905, sufrió un accidente que, en adelante, le impidió hacer ejercicio y hasta caminar. La consecuencia fue que comenzó a ganar peso, lo cual resultó, por supuesto, desastroso para su carrera. Pese a que se puso en manos de especialistas para perder kilos, nunca terminó de recuperar su aspecto esquelético inicial. Su sentido del humor se resintió, nada volvió a ser lo mismo. Murió solo y arruinado unos años después, ya en la década de los diez del siglo XX, aunque no se sabe en qué año exactamente.

Las bodas ficticias con mujeres gordas que impostaba James W. Coffey tuvieron su equivalente real en la figura de Peter Robinson (1874-1947), otro de los esqueletos humanos más celebrados de la historia. Nació en Massachusetts, aunque era de ascendencia canadiense. Fue un niño normal y proporcionado, y solo tras la adolescencia empezó a perder peso de manera alarmante. Para cuando inició su carrera en el mundo del espectáculo, pesaba tan solamente veinticinco kilos. La fama de Peter Robinson

El esqueleto humano Peter Robinson en la película Freaks.

radica, en buena parte, en el hecho de que a los cuarenta y cinco años de edad se casó con Baby Bunny Smith (1901-1952), una de las tantas mujeres que se presentaban en el circo como «la mujer más gorda del mundo». En el momento del enlace, el peso de Robinson estaba por debajo de los treinta kilos. Su esposa pesaba doscientos once. Tuvieron dos hijos. Peter Robinson, por lo demás, era un maestro tocando la armónica. Tenía madera de actor, y en sus shows realizaba números musicales y recitaba a Shakespeare. Uno de los momentos álgidos en su periplo profesional es su intervención en *Freaks* (1932), la emblemática película de Tod Browning de la que hablaremos detenidamente más adelante.

En ella participó también el freak del que nos ocuparemos acto seguido, sin duda uno de los más icónicos de la historia. Hablamos, por supuesto, del único e inigualable Zip cabeza de alfiler.

Zip cabeza de alfiler

Personas con el cuerpo y el rostro enteramente recubierto de pelo, personas gigantes, personas diminutas, personas esqueléticas, personas monstruosamente gordas. El término freak, fenómeno, prodigio dispara distintas imágenes en nuestras cabezas. Pero sin duda una de las más icónicas la protagoniza esa cabeza ovoide y exageradamente alargada, ese cráneo culminado en punta que todos hemos tenido ocasión de ver en la película *Freaks* de Tod Browning. Nos referimos por supuesto a Zip, una de las atracciones más insólitas de cuantas circularon por el museo y el circo de P. T. Barnum.

El célebre empresario estadounidense se plantaba en el centro del escenario y, frente a un público atónito, procedía a contar la historia de una expedición de aguerridos exploradores que se había internado en las junglas de Gambia a la búsqueda de nuevas especies zoológicas. En el transcurso de sus gestas, los exploradores habían tenido la fortuna de dar con el codiciado eslabón perdido, una espectacular anomalía humana. De acuerdo con la narrativa que desplegaba Barnum, Zip no era sino otro miembro más de una tribu en la que todos eran como él. Estos eslabones perdidos, al igual que Zip, se caracterizaban por sus cabezas de aguja, por sus cráneos culminados en pico.

Los miembros de la expedición, proseguía Barnum, no sin esfuerzo, habían logrado finalmente realizar una incursión nocturna en

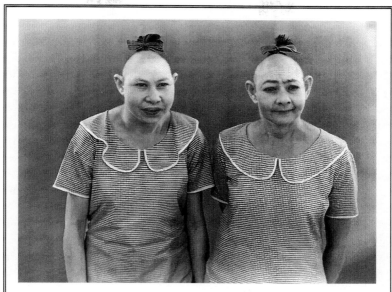

Zip y Pip, las cabezas de alfiler.

el campamento de la tribu de los cabezas de aguja y capturar a tres de ellos para traerlos a Occidente. Únicamente Zip había sobrevivido al viaje. Los pinheads o cabezas de alfiler, en el momento de la captura, se alimentaban exclusivamente de carne cruda de animales o incluso de carroña. No obstante, gracias al adiestramiento, habían sido domados y civilizados, y Zip podía ahora consumir pan, pasteles y cocina norteamericana.

Tras estas palabras, P. T. Barnum tiraba de la cuerda y alzaba el telón que ocultaba el escenario. Tras él, encerrado en una jaula con gruesos barrotes de acero, el cabeza de aguja superviviente bramaba y forcejeaba contra el metal que lo mantenía a buen recaudo. Vestía un disfraz de pelambre para realzar su apariencia salvaje. Nuevamente, como sucede en el caso de los uniformes militares que se aplican a gigantes y a enanos, podemos distinguir aquí otro rol muy frecuente a la hora de caracterizar a todo tipo de fenómenos: el de la criatura mitad hombre mitad bestia, capturada en territorios ignotos.

La realidad, no hace falta decirlo, era bastante más prosaica. William Henry Johnson (1842-1926) era natural de Nueva Jersey. Nació en el seno de una familia negra norteamericana. Sus padres eran pobres de solemnidad, y cuando apareció el primer cantamañanas llamando a su puerta con promesas de hacer de su hijo una estrella en el mundo del espectáculo, decidieron que si de veras existía algún tipo de futuro para su hijo, tenía por fuerza que ser aquel. En consecuencia, William Henry Johnson contaba con apenas nueve años cuando se inició como artista. Y así fue como lo que empezó como una cesión temporal para que el pequeño William trajera algún dinero a casa, se convirtió en su principal ocupación. La idea de exhibirlo como un salvaje encerrado en una jaula y tras unos barrotes, provenía de hecho de su primer mánager. El esquema se repite una y otra vez: las noticias sobre fenómenos tan singulares como el que nos ocupa circulan a toda prisa. La existencia de Zip llega a oídos de P. T. Barnum, que no tarda en fichar a este nuevo y desconcertante prodigio.

Barnum tuvo, en fin, oportunidad de comprobar lo bien que funcionaba Zip exhibido en una jaula, disfrazado de salvaje, gritando incoherencias y aterrando a la concurrencia. La aportación de Barnum al personaje original fue afeitarle la cabeza, dejando exclusivamente una pequeña mata de pelo al extremo de su cabeza puntiaguda que realzaba la ficción que le retrataba como el eslabón perdido. No obstante, había un pequeño problema con el que se había topado ya su primer manager. Los archivos de la época dejan constancia de que el joven William Henry Johnson era un tanto lengua-

raz, y P. T. Barnum tuvo que trabajar largamente en educarlo para que guardara silencio y no pronunciará una sola palabra de inglés mientras lo exhibía en público. Solamente con promesas de golosinas, pasteles y dinero lograba que cerrara la boca. Asimismo, Zip era un ávido fumador de cigarros puros, y también tuvo que ser disuadido frecuentemente de fumarlos en público para no desbaratar el personaje que interpretaba.

William Henry Johnson no solamente fue una de las atracciones más insólitas e inclasificables de Barnum, sino también una de las más longevas. Los roles de Zip fueron cambiando a lo largo de los años, y a menudo actuó en compañía de otros miembros del circo. Poco a poco fue poniéndose de manifiesto que la popularidad de Zip sobrepasaba a la de prácticamente todos sus compañeros, y esto provocó que el ego del joven pinhead fuera creciendo, que aparcara a un lado su baja autoestima por sus orígenes de afroamericano pobre y empezara a estar orgulloso de su condición y de sus logros.

Así, a lo largo de los años, Zip trató de armar distintos espectáculos que implicarán algo más que hacer el ganso tras unos barrotes. Aprendió pues una serie de trucos y de chistes, se adentró en el ámbito de la comedia. En la cima de su carrera, atrajo a personalidades de la talla de Alberto, Príncipe de Gales, y ejerció de modelo para renombrados fotógrafos de la época.

El escritor Charles Dickens le vio actuar en 1867, y Zip dejó una profunda impronta en él. Lo cierto es que ninguno de los números cómicos del pinhead terminó de funcionar. Zip pasó entonces una larga época enfrascándose en tocar el violín, aunque tampoco se le dio demasiado bien. Terminó por fin aceptando que lo que quería de verdad el público era simplemente verle. Así, una vez logró disuadir a su jefe para que lo sacará de la jaula, buena parte de sus actuaciones se reducían a sentarse en una silla a observar al público. A William Henry Johnson, según decía, le gustaba mirar al público tanto o más de lo que disfrutaba el público viéndole a él. En cierto modo, se establecía así una simbiosis perfecta entre el escenario y el patio de butacas.

Decíamos que, además de exitosa y emblemática, la carrera de Zip en el circo y en los museos de lo bizarro es una de las más largas que se conocen. A sus ochenta años de edad, Zip proseguía con sus representaciones, aunque para entonces las circunscribía a las inmediaciones de Coney Island, puesto que llegado este punto, se sentía demasiado viejo y cansado para seguir adelante con las giras. Llegada la vejez, William Henry Johnson había reunido al fin dinero suficiente para adquirir una granja, en la que se estableció cuando se retiró definitivamente del show business. Había pasado casi setenta años, siete décadas enteras, en los escenarios. Se calcula que en este período más de cien millones de personas tuvieron la suerte de ver sus espectáculos en directo. A su funeral asistieron los prodigios de feria más famosos de la época.

Las últimas palabras que pronunció en su lecho de muerte fueron para su hermana, y fueron mucho más lúcidas de lo que la mayoría podría imaginar: «Les hemos engañado pero bien».

Baby Ruth Smith, la mujer más gorda del mundo

Cuando tu bebé pesa siete kilos y medio en el mismísimo momento del nacimiento, sabes que va a ser grande, muy grande. Si al cumplir el año de vida pesa casi veintitrés kilos, nadie alberga ya la menor duda de que se encuentra frente a un fenómeno, uno lo sobradamente insólito y espectacular como para llenar escenarios y hacerse mundialmente famoso. Ese fue el caso de Ruth Smith (1902-1941), más conocida como Baby Ruth.

Ruth Smith nació en Kempton, Indiana, y cuando cumplió los diez años pesaba casi ciento cuarenta kilos. Una cifra pasmosa, sí, pero no tanto como cabría imaginar. Para entonces su familia tenía ya sobradamente claro que la niña había heredado el problema glandular de su madre, que se acercaba peligrosamente a los doscientos setenta y cinco kilos de peso. Y es que su madre se había exhibido ya en diversos shows, adoptando el rol de la mujer más gorda del mundo. La abuela, contaban, había sido también enorme. Podría decirse que el circo corría por las venas de la familia, y que la hija estaba destinada a robarle el protagonismo a la yaya y a la progenitora.

Todo parecía conspirar para que Ruth Smith terminara en los circos, cosa que no quería en absoluto. Para tratar de escapar a su destino, Ruth Smith se esforzó al máximo en la escuela y luego cursó estudios de secretariado, que completó con éxito. El ámbito laboral, el mundo de las máquinas de escribir y las oficinas, no la trató bien. Costaba mucho que la contrataran. Nada más verla, sus entrevistadores sonreían y la descartaban. Más tarde contaría cómo los pocos jefes que la empleaban, terminaban siempre echándola de los trabajos. Decían que llamaba demasiado la atención. Además, en las oficinas tenían que adquirir mobiliario especial y todo eran problemas.

Harta de fracasar una y otra vez en el deprimente mundo de los oficinistas, de los administrativos, de los contables, de los jefes de ventas, finalmente Ruth Smith se rindió y comprendió que no tenía

Baby Ruth en una curiosa sesión fotográfica.

más remedio que aceptar la carrera que le dictaba su condición. Asumió su papel de gorda y se enfrentó a su destino.

Las primeras giras las realizó en compañía de su madre bajo el alias de Ima Waddler. Pero poco a poco, conforme su tamaño y su peso crecieron superando con mucho a los de mamá, inició una carrera en solitario. A lo largo de la misma, utilizó diversos alias, entre ellos el de Lady Fat Beautiful. El más popular y por el que se la terminó conociendo universalmente fue Baby Ruth, que además de jugar con la idea de que sus redondeces la hacían parecer un bebé, era la marca de una barrita de chocolate de la época.

Dadas sus dimensiones y su tonelaje, hubo cosas que no cambiaron para Ruth Smith. En el backstage, en el hogar, las tazas del retrete, los sofás, las camas y prácticamente todos los elementos del mobiliario y objetos que utilizaba Ruth tenían que encargarse a medida, indicando además que los reforzarán concienzudamente. Dado el elevado coste que esto suponía, en ocasiones Ruth adquiría productos fabricados en serie, pero luego los hacía modificar a conveniencia. Por aquella época no era infrecuente que los suelos fueran de madera, y Ruth Smith tenía incluso que hacerlos reforzar para prevenir que cedieran bajo su tonelaje.

A pesar de sus nefastas experiencias en el mundo de las oficinas y aunque había tratado de escapar del mundo del espectáculo sin conseguirlo, Ruth Smith hizo gala siempre de un carácter adorable. Había, en fin, aceptado su destino. Sus compañeros de función y de escenario, así como los diversos freaks con los que realizó giras, se refieren a ella como una mujer bondadosa, alegre, cariñosa, dispuesta en todo momento a echar un cable a cualquiera que lo necesitara. Esto le valió en el mundillo el apodo de «el hada». Tal vez fuera su personalidad lo que provocó que Joe Pontico se enamorara perdidamente de ella. Joe no era estrictamente un Freak, aunque sí un hombre de la farándula. Viajaba acompañando a los circos, vendiendo globos. Joe dudó largamente, se sentía inseguro frente a una criatura tan grande. No obstante, finalmente se decidió y se declaró a Ruth Smith. Y para alegría de todos, Ruth aceptó.

Las cosas iban viento en popa para la joven pareja. La boda fue un éxito. Tuvieron una hija perfectamente normal y adorable. A Joe Pontico le gustaba cocinar. Durante parte del año, cuando no ofertaba globos en las giras, trabajaba en un restaurante, y no es un secreto para nadie que a Ruth le gustaba comer. El amor que sentía la pareja era genuino y mutuo, el público no se cansaba de ver a la mujer más gorda del mundo y Joe Pontico se ganaba la vida razonablemente bien, sus globos se vendían. «¡Pasen y vean a la mujer de los trescientos veinticinco kilos!», anunciaban empresarios y mánagers.

Entre los muchos que la contrataron estuvo, cómo no, P. T. Barnum. Buena prueba del candor y de la honestidad de Ruth Smith lo pone de relieve el hecho de que dijera sentirse una farsante, puesto que en realidad ella sólo pesaba unos doscientos veinticinco kilos, y en el negocio se inflaba la cifra para aumentar la expectación y las ganancias. Sea como fuere, los ingresos seguían entrando, y la pareja vivió feliz durante unos años.

Fue entonces cuando a Ruth Smith, tras una larga y agotadora gira, se le ocurrió regresar a su pueblo natal, Muncie, Indiana. Su idea era pasar allí unos días descansando y relajándose, y además hacía muchos años que no veía a su hermana.

Los desplazamientos no resultaban, por supuesto, nada fáciles para la mujer más gorda del mundo. Durante las giras, los circos estaban acostumbrados a transportar tigres y leones, y en ocasiones criaturas tan grandes y pesadas como elefantes, así que más o menos contaban con los recursos necesarios para transportar a Ruth Smith y lidiar con sus problemas de tonelaje. Para este viaje personal, no obstante, Ruth no lo tuvo tan fácil. No disfrutó de la asistencia ni de la ayuda de los profesionales del espectáculo, y más tarde relataría su periplo hasta Muncie como un infierno. Hubo que disponer una serie de rampas para que pudiera subir al tren. Para que pudiera bajar de él cuando llegó a su pueblo natal tuvo que movilizarse media población. Cuando lograron por fin bajarla al andén y sacarla de la estación, un camión especialmente equipado también con rampas la estaba esperando, y la cargó como mercancía hasta la dirección indicada.

Ruth llegó por fin a la casa de su hermana sólo para descubrir que no cabía por la puerta. Probaron entonces a entrarla por la puerta trasera, y de distintos modos, hasta que por fin, tras muchos esfuerzos infructuosos, Ruth traspasó por fin el umbral. Fue entonces cuando el suelo de madera cedió bajo sus pies, y su hermana y el resto de los presentes vieron cómo la mujer más gorda del mundo se despeñaba y caía al sótano. El estruendo que se produjo fue tremendo. Todos imaginaron lo peor. La tupida y gruesa armadura de grasa que envolvía a Ruth, no obstante, había cumplido su función y pronto se pudo comprobar que Ruth no sólo estaba viva, sino que además estaba consciente.

Subir las escaleras del sótano y salir por la trampilla quedaba muy fuera de las posibilidades de la descomunal freak. La única manera, así pues, de rescatar a Ruth de aquel agujero oscuro y polvoriento consistió en improvisar un arnés que la sujetaba por distintas partes del cuerpo. Enganchándolo a un cable, contrataron una grúa y tiraron de ella hasta que lograron sacarla.

Ruth Smith regresó al circo frustrada, con una impresión más patente que nunca de que el mundo exterior, el mundo que habitaban los humanos, no estaba hecho para ella. A esto se sumaba un hecho genéticamente desconcertante: la hermana de Ruth no sólo no tenía ningún problema de obesidad, sino que era tan perfectamente proporcionada que ejercía profesionalmente como modelo.

Ruth siguió actuando en el mundo del circo. Resignada por completo a su rol de mujer gorda. Se volcó en aumentar más y más de peso y tamaño, quería ser la mejor en su profesión. Cuentan que se miraba al espejo obsesivamente y que se atiborraba de comida más que nunca, parte de la cual le cocinaba su adorado Joe Pontico. Por aquella época, sobre 1940, se anunciaba que Ruth pesaba trescientos setenta kilos, y la mujer se declaraba decidida a ser la primera del planeta en alcanzar los cuatrocientos cincuenta. Hemos visto, sin embargo, que no era infrecuente exagerar las cifras con fines promocionales. Así pues, aunque cabe no dudar de que Baby Ruth fuera un prodigio, habría que ponerlas en cuarentena.

La vida estaba a punto de depararle otra sorpresa desagradable a nuestra estrella. A menudo Ruth se exhibía con escasa ropa para que el público pudiera apreciar sus carnes en toda su dimensión, y en el transcurso de una serie de actuaciones estuvo a punto de perder la vida debido a una neumonía bilateral. Pasó en cama un año entero. Sobrevivió, pero perdió casi noventa kilos de peso y le quedaron secuelas. Paradójicamente, la enfermedad y el adelgazamiento le ocasionaron problemas de espalda hasta el punto de que no podía caminar en absoluto. Los médicos le recomendaron que engordara de nuevo. La noticia la deprimió sobremanera, puesto que ya andaba con mucha dificultad. Tras atiborrarse de comer concienzudamente, no obstante, recuperó los noventa kilos que había perdido y alguno más. Los médicos no mentían. De pronto, podía caminar de nuevo.

Pocos años después se presentaría un nuevo problema de salud, un quiste sebáceo detrás de la rodilla. Nada grave pero sí molesto, puesto que interfería en su ya escasa movilidad. Ruth Smith y Joe Pontico acudieron rutinariamente al hospital para su extirpación. Antes de que empezara la operación, sin embargo, la camilla cedió, y Baby Ruth terminó en el suelo. El episodio desató las iras de Joe Pontico, que logró convencer al personal de que era necesario mobiliario especial. Los médicos lograron apaciguarlo con una camilla modifi-

Height	5 feet.	
Arms	33½ inches.	
Waist	50 „	

MISS SUSAN BARTON,
THE MAMMOTH LADY
as Exhibited at
BARNUM'S AMERICAN MUSEUM, NEW YORK 1849.
Weight 576 Pounds.

Calf	33½ inc.	
Bust	60 „	
Hips	87 „	

666.

cada que sí soportó el peso de Ruth a lo largo de la intervención. Sin embargo, Ruth falleció durante la misma. El diagnóstico oficial de su muerte fue insuficiencia cardíaca, aunque Joe Pontico afirmó siempre que a Ruth la mataron sin querer, que su muerte se debió a un fallo humano, probablemente a un tema relacionado con la anestesia.

En el funeral pudo vérsele llorando desconsoladamente. Incluso en sus días más amargos y con todos los problemas, decíamos, Baby Ruth fue una persona buena y candorosa, y a su entierro asistieron un sinfín de freaks de la época.

Mortado, la fuente humana

Un hombre depauperado sube los escalones del patíbulo, avanza mansamente por él. Se planta frente a sus captores, que le obligan a tenderse cuan largo es. Sacan un martillo y gruesos clavos. Con ellos, uno tras uno, proceden a clavarlo en la cruz frente a la multitud allí congregada. Una vez completada la crucifixión, los captores alzan la cruz en vertical, la sangre chorrea desde las heridas en pies y manos del condenado. El público está boquiabierto. Las mujeres se desmayan. A estas alturas, quien más quien menos ha tenido oportunidad de presenciar más de una engañifa, de pagar por más de un fenómeno fraudulento. Sin embargo, en este caso en particular, ni siquiera quienes han visto la actuación desde la primera fila han sabido ver el truco. ¿Dónde está el truco? De hecho, el espectáculo es tan realista que cabe preguntarse: ¿De veras hay truco?

Lo que acabamos de describir aquí no es más que una de las actuaciones de Mortado. No se sabe gran cosa acerca de este misterioso artista, más allá de que sus shows resultaban ciertamente espeluznantes. Con toda probabilidad su biografía también debió de serlo, o eso dice al menos la leyenda. Pero P. T. Barnum y el resto de los empresarios que exhibían fenómenos, recordemos, construían personajes ficticios con biografías mayoritariamente inventadas, lo cual provoca en muchos casos que fábula y realidad se confundan.

Se dice que Mortado nació en Berlín, Alemania, y que sirvió en el ejército durante la Primera Guerra Mundial. De acuerdo con esta narrativa, sus primeras exhibiciones en público tuvieron lugar pasada la gran guerra, en su ciudad natal, alrededor de 1928. Ya por aquel entonces Mortado se hacía perforar las manos en una de las recreaciones de la crucifixión más alucinantes jamás vistas. Un agente de Nueva York tuvo la fortuna de descubrirlo, y consiguió que firmara un contrato que lo llevaría de gira por los Estados Unidos en torno al año 1930.

En las representaciones que tenían lugar en el escenario, Mortado viajaba a lo más profundo de la jungla de Brasil y era capturado por unos indígenas. Tras apresarlo, los indígenas lo hacían subir al patíbulo, clavaban sus manos y pies en una cruz de madera, y posteriormente la alzaban. En un principio, el espectáculo resultaba sobradamente atractivo para llenar las salas. Cuando Mortado y sus colaboradores vieron que el interés del público empezaba a decaer, fue cuando agregaron la sangre. Ese fue el toque definitivo.

El sobrenombre de «la fuente humana», no obstante, proviene de otro de los famosos números de Mortado. En ellos, el inquietante artista se sentaba en una silla especialmente construida para la ocasión. La silla estaba equipada con tubos de cobre conectados a una bomba de agua, que desembocaban en los apoyabrazos y en la base. Mortado sujetaba con ambas manos los apoyabrazos, colocaba los pies en los lugares indicados, y mostraba al público cómo el agua fluía a través de sus manos y pies. En esta ocasión, Mortado impostaba a un gurú religioso de la antigua India, y aparecía envuelto en una túnica y luciendo un turbante. Los asistentes podían acercarse tanto como quisieran, comprobarlo por sí mismos. El agua atravesaba las palmas de las manos de Mortado como por arte de magia, ascendía como un géiser a través de sus pies.

De nuevo, ¿cuál era el truco? No lo hubo nunca. Mortado tenía amplias perforaciones en manos y pies que lo atravesaban por completo, y en las que era ciertamente fácil introducir un grueso clavo o una cañería. La crucifixión de Mortado era genuina, solo que las heridas ya estaban hechas. Pequeñas bolsas de líquido rojo en las perforaciones reventaban al ser atravesadas por los clavos, la sangre de pega fluía. Para evitar que las heridas de sus manos y pies se cerraran por completo cuando no estaba actuando, parece ser que Mortado se introducía pedazos de madera o de corcho en ellas.

Puesto que no había truco, la pregunta pasa a ser otra, y el abanico de respuestas que obtenemos es igualmente inquietante. ¿Quién le había hecho a Mortado aquellas perforaciones? Entre los rumores que circulaban, se contaba que eran producto de heridas accidentales sufridas durante su servicio como soldado en la Primera Guerra

Mundial. Otros opinaban, y con razón, que la ubicación de las heridas no podía ser casual. Se rumoreaba que Mortado había sido apresado y sometido a cruentas torturas. Acaso los salvajes de la jungla brasileña fueran, a la postre, mucho más europeos de lo que nos gustaría creer.

Lo más probable, no obstante, es que Mortado simplemente se hiciera practicar las perforaciones por un especialista. Sin embargo, ¿qué cirujano en su sano juicio iba a prestarse a una atrocidad así? ¿Dónde y en qué circunstancias se había cerrado aquel trato?

Tras años y años representando sus números en Coney Island, la popularidad de Mortado fue decayendo, y un buen día sencillamente desapareció de escena y nadie lo volvió a ver. No hubo homenajes, no hubo regresos triunfales, no hubo biografías. Nadie supo jamás su nombre real. Quienes lo trataron, poco pudieron aportar gran cosa, y simplemente corroboraron que Mortado fue un hombre extraño y reservado. Nos legó una leyenda que todavía hoy pervive, uno de los números de circo más bizarros jamás representados. Y, mucho nos tememos, más preguntas que respuestas.

Robert Pershing Wadlow, el hombre más alto de la historia

En el salón comedor de un hogar de clase media, los padres escuchan la radio y charlan animadamente mientras su pequeño, aún en pañales, gatea por la moqueta y se divierte con sus juguetes. La escena pertenece a la infancia de Robert Pershing Wadlow (Míchigan, 1918-1940). Es pequeño aún, chupetea su chupete y nadie quiere darse por enterado de que será un freak. Su nacimiento no ha tenido nada de truculento. No ha habido malformaciones ni teratomas, ni extremidades ausentes. Robert Pershing Wadlow es tan normal como puede llegar a serlo un bebé. El médico entrega a los padres la pequeña criatura, de tres kilos y ochocientos gramos de peso, los felicita. Sus padres lo acunan sin ningún recelo. Tampoco saltan las alarmas a lo largo de los días siguientes ni, seguramente, durante las primeras semanas.

Sin embargo, para cuando Robert cumple un año de vida, pesa ya diecinueve kilos y su tamaño es del doble de lo normal. A los padres no les queda otro remedio que aceptar que algo raro está pasando.

Cuando Robert cumplió los cinco años, pesaba cuarenta y cinco kilos y su altura seguía aumentando fuera de control. Cuando cumplió los nueve años, medía ya casi metro setenta. Como bien sabemos, a veces a las personas nos cuesta aceptar los hechos, nos mostramos ciegos a lo que está sucediendo aunque tenga lugar exactamente delante de nuestras narices; sobre todo si los hechos conciernen a personas a las que amamos, especialmente si afectan a nuestro propio hijo.

Los padres de Robert Pershing Wadlow, en fin, recibieron muchas señales que apuntaban hacia la

Robert Pershing Wadlow, el hombre más alto del mundo.

anomalía. Pero la gota que finalmente colmó el vaso, la enésima señal de alarma que no pudieron ignorar, no fue otra que una carta de su aseguradora solicitando aclaraciones. En la póliza de seguros que acababan de contratar, decían, las cifras concernientes al tamaño de su hijo no tenían el menor sentido.

Cabe decir, por otra parte, que por lo demás Robert no sólo era un muchacho inteligente, sino también muy aplicado. Desde muy joven sintió pasión por el mundo de la legalidad, y siempre dijo que quería ser abogado. En la escuela era muy valorado y querido por sus compañeros, a pesar de que, por supuesto, era la criatura más singular de todo el colegio. Habían tenido que disponer mobiliario específico para que pudiera sentarse en las clases y desenvolverse con unos mínimos de comodidad.

Robert, por otra parte, comenzó a llamar la atención de la prensa. Primero de las revistas locales y, más adelante, conforme su altura se disparaba más y más, de otras de alcance nacional. Las noticias llegaron a la revista *Time*, cuyos reporteros se enteraron de la existencia de Robert y reseñaron la existencia del pequeño gigante afirmando que, si quería, podía agarrar a su padre como si fuera un muñeco y lanzarlo por los aires. Como en el caso de Ruth Smith, la mujer más gorda del mundo, todo parecía conspirar para retirar a Robert del mundo de los humanos y encajarlo en el rincón de los prodigios y los fenómenos.

Y es que, como vamos viendo, llega un momento en la vida de todo freak en la que, si tiene la suerte de no haber sido maleado y exhibido desde pequeño de mano de un empresario sin escrúpulos, si no ha sido, en definitiva, obligado desde la más tierna infancia a dedicarse al circo, ese freak se ve frente a una encrucijada. Un camino conduce a los comercios, a los almacenes, a las oficinas, a los polígonos, a los lugares en los que se ganan la vida los comunes mortales. El otro es el camino de los escenarios, el camino de los aplausos. Pero no todo el mundo está preparado para él. De hecho, hay quien trata de evitarlo a toda costa.

Este era el caso de Robert Pershing Wadlow, que persistía en su sueño de ejercer como abogado. Sus padres tampoco tenían el menor interés en ver a su hijo convertido en un fenómeno de feria. Decenas de artículos sobre el gigante, como el publicado por la revista *Time*, habían circulado por todo el país atrayendo a docenas de empresarios y mánagers, y los padres hicieron todo lo posible para que su hijo no fuera engatusado ni reclutado.

Pero el tiempo pasaba, y era cada vez más difícil pensar en Robert Pershing Wadlow sin pensar en un fenómeno. A los doce años de edad medía casi un metro noventa. A los catorce, alcanzaba los dos metros. Era un niño de catorce años de edad, sí, que pesaba cerca de ciento cuarenta kilos, y sin embargo no tenía el más mínimo atisbo de obesidad. Los ciento cuarenta kilos se desplegaban a lo largo.

A los dieciséis años, Robert alcanzaba los dos metros diez. No hace falta decir que, para entonces, el niño necesitaba ropa especial, ropa que básicamente no existía. Y aunque los padres disfrutaban de una posición económicamente desahogada, lo cierto es que no eran ricos. Se inician así pequeñas incursiones de un Robert adolescente en el ámbito del espectáculo, si es que queremos entender como espectáculo las breves actuaciones que realizaba el muchacho en tiendas, negocios de sastrería, zapateros y fábricas de ropa. Las marcas y los profesionales del ramo fabricaban prendas a medida para nuestro joven gigante, y se las entregaban gratis a cambio de que el gigante se dejara caer por sus locales, se dejara ver vestido por ellos, con el consiguiente empuje promocional que ello suponía. Si consideramos espectáculo el boxeo, también por esa época Robert realiza una incursión en él ring pisando la lona, que no mordiéndola. Un Robert Pershing Wadlow adolescente se bate con un boxeador llamado Primo Carnera, que había ganado diversos premios en su categoría, y había alcanzado cierta celebridad debido a su gran tamaño. ¿Cómo de grande? Al lado de Robert lucía diminuto. Carnera aguantó varios asaltos, pero finalmente cayó derrotado.

En cualquier caso, la pequeña empresa que fabricaba zapatos gigantes especialmente diseñados para Robert y se los regalaba para promocionarse, le hizo al muchacho una propuesta un poco más seria. Robert seguía convencido de que su futuro estaba en el Derecho, de que quería ser abogado, pero también los negocios empezaban a interesarle. El industrial del calzado lo contrató como comercial. Robert aceptó, y eso hizo que se interesara por los negocios más y más.

Paralelamente, por fin finalizó el instituto y dieron comienzo los años universitarios. Por fin iba a doctorarse como abogado. Robert tenía dieciocho años de edad y medía más de dos metros y medio. La alegría que supuso el ingreso en la facultad de Derecho, se oscureció cuando Robert tuvo que enfrentarse a los habituales problemas con las mesas, con los pupitres y, en definitiva, con el mobiliario. De hecho, Robert experimentaba ya por aquel entonces problemas para manejar libretas, lápices y la mayoría de enseres y utensilios fabricados con personas normales en mente.

Llegados a este punto cabe hacer una aclaración, y es que Robert no era exactamente el muchacho perfectamente atlético, fuerte, dinámico, prácticamente invencible que hemos tenido ocasión de ver en el estereotipo del emperador Maximus. Las dimensiones del cuerpo de Robert eran cada vez más gigantescas, sí, pero precisamente por eso su circulación sanguínea no terminaba de funcionar bien. Cuanto más lejos del corazón tiene que viajar el riego sanguíneo, más tiene que empujar el corazón. Por otra parte, cuanto más lejos del sistema nervioso central están las terminaciones nerviosas, más debilitadas llegan las señales.

Apliquemos estas dos leyes al cuerpo de Robert y comprenderemos por qué su sistema nervioso se cortocircuitaba. Desde muy joven, el muchacho padeció problemas de sensibilidad, en especial

LOS CIRCOS DE PULGAS: ¿REALIDAD O MITO?

Ningún circo de freaks es lo mismo sin unos animalitos bizarros, de modo que adentrémonos por este otro vericueto de la feria y comprobemos que los circos de pulgas no son una leyenda urbana, una chifladura o una broma. Eso pensaron, y sin duda piensan aún, muchos de los espectadores de *Limelight*, el célebre filme que estrenara Charles Chaplin en 1952 y que se presentó en España bajo el título de *Candilejas*, cuya trama gira precisamente alrededor de un circo de pulgas.

Los archivos apuntan a que los primeros circos de pulgas nacieron en algún momento del siglo XVIII. Aunque hay razones para creer que tuvo que haber circos de pulgas previamente, el primero sobre el que encontramos un mínimo de documentación es el circo del Profesor Hupf en Koblentz, Alemania, en 1885. El Profesor Hupf se vanagloriaba de haber inventado el concepto y de haber encontrado el método de ponerlo en práctica, pero eso mismo clamaba a su vez el norteamericano John C. Ruhl, que decía haber aprendido sus secretos a través de un exiliado ruso. A John C. Ruhl se le atribuye, en todo caso, el mérito de haber popularizado los circos de pulgas en los Estados Unidos.

Sea cual fuere el caso, los circos de pulgas alcanzaron allí un gran éxito en la época, sobre todo por el área de Florida. Entre los diversos promotores, empresarios y artistas que se dedicaron a ellos, cabe destacar la figura de William Heckler, un hombre del ramo que vino desde Suiza atraído por la propuesta. Heckler y su circo de pulgas viajaron por todo el mundo, pero lo cierto es que se trata de un caso bastante insólito. En general, los espacios de Florida donde se establecían este tipo de espectáculos solían ser locales de tercera categoría, sótanos cochambrosos.

Cuando la fiebre de la pulga terminó y todos los circos de pulgas se vieron obligados a cerrar por falta de público, no obstante, William Heckler hizo públicos los secretos que tan severamente habían callado durante años John C. Ruhl y el Profesor Hupf. Para fundar a un circo de pulgas, contaba Heckler, lo más importante con diferencia es seleccionar bien las pulgas de modo y trabajar únicamente con los mejores ejemplares. Para empezar, de acuerdo con Heckler, las pulgas que se nutren de humanos son más fuertes y resistentes que las que se nutren de perros.

Veamos: para una primera selección, se coloca a las pulgas dentro de un tarro tapado y lleno de algodón, que a su vez se coloca debajo una bombilla que proyecte muchísimo calor. Las pulgas sabias, se cobijarán entre algodones. Las estúpidas, se arrancarán a saltar y morirán achicharradas.

Una segunda etapa del filtrado consiste en in-

Los *circos de pulgas gozaron de mucha fama a principios del siglo XX.*

troducir a las supervivientes en una probeta en horizontal. La probeta es enteramente transparente, así que las pulgas estúpidas saltarán sin reparar que tienen sobre ellas un cristal, y persistirán en su estupidez hasta descalabrarse. Las pulgas sabias, por el contrario, tomarán nota del golpe a los pocos saltos, y cejarán en sus intentos.

Tras este riguroso proceso de selección, concluye Heckler, podemos estar seguros de que tenemos las mejores pulgas. Dado que estamos utilizando pulgas de humano y no de perro, aclara Heckler, el tema de la alimentación lo tenemos solucionado.

Robert Pershing Wadlow con su familia nada gigantesca.

en los dedos de las manos, y lo mismo en los de los pies. En ocasiones llegaba a perder la sensibilidad por completo hasta el punto de no percibir ningún dolor. La insensibilidad fue, con el tiempo, ganando terreno. En un día malo, podrían haberle serrado un pie mientras dormía y habría seguido roncando plácidamente. Robert había vencido legítimamente a un campeón local en un combate de boxeo sí, pero era también desgarbado y muy propenso a perder el equilibrio, sobre todo en circunstancias en las que hubiera perdido la sensibilidad en los pies. En un día verdaderamente malo, Robert se veía obligado a apoyarse en su acompañante para poder caminar, y aún así avanzaba muy lentamente.

Afortunadamente, la abogacía no es una profesión físicamente exigente. Tras su paso por el mundo de las ventas, Robert se graduó al fin en Derecho y empezó a ejercer como abogado. Lo que contaría más tarde al respecto no es tan distinto de lo que explicaba Baby Ruth sobre sus intentos de ejercer como secretaria. Las conclusiones que se extraen de todo esto son, claro, tristes: completar la carrera con nota es irrelevante si llamas demasiado la atención. Da comienzo el juicio y entra por la puerta una mantis religiosa. ¿Eso es el abogado? Todos los profesionales del ámbito miraban a Robert Pershing

Wadlow como se mira a un fenómeno de feria, sin que importaran sus méritos a la hora de argumentar defensas, sus dotes para enfocar casos. Robert se sentía menospreciado, el bicho raro de la abogacía. Pronto comprendió que no lograría desenvolverse en aquel ámbito como uno más, no se lo permitirían.

Su contacto con el mundo de los negocios y las diversas incursiones que había hecho en la pequeña industria de la ropa le dieron a Robert una idea: lanzaría su propia marca, su propia línea de productos. Que él regentara la empresa y hablara positivamente de los artículos, sería en sí mismo una publicidad asombrosa, estaba demostrado. No quedaría una sola persona en toda Norteamérica que no hubiera oído hablar de la marca de Robert.

Sólo había un problema. Para lanzar esa marca, esos productos, hacía falta dinero. Y así fue como, finalmente, Robert claudicó y acabó trabajando para, quién si no, P. T. Barnum. Cabe no olvidar, llegados a este punto, que Robert era un abogado. Barnum, desde luego, no lo olvidó. Conjuntamente con el que estableciera con los hermanos siameses originales, este fue el contrato más ventajoso que P. T. Barnum firmó jamás.

Hemos visto que Barnum no solamente se limitaba a reclutar a la crema de los freaks y a disponer toda su infraestructura para presentarlos al público. También cuidaba mucho el personaje, creaba verdaderos iconos vistiendo a sus estrellas de capitán, de comodoro, de miembro de la caballería rusa, de salvaje de las cavernas. Para presentar a Robert, Barnum había pensado en un sombrero de copa y en enormes zapatos de plataforma acompañados de un pintoresco traje circense. Robert tenía otras ideas al respecto, y rechazó todo accesorio que realzara a su altura. Su carrera como fenómeno daba finalmente comienzo. Tenía veintiún años, medía dos metros con setenta y cinco y pesaba más de doscientos kilos.

Para entonces, sus problemas de circulación y del sistema nervioso se habían agravado. Las señales que recibía el cerebro de Robert desde las manos y los pies llegaban más y más debilitadas. El hombre más alto del mundo se veía obligado a llevar unas abrazaderas ortopédicas en las piernas para poder caminar. La insensibilidad, cada vez más acusada y más frecuente, provocaba que Robert no fuera consciente de heridas, infecciones y parásitos de todo tipo, que pastaban en sus pies sin que Robert notara nada, sin que experimentara la más mínima molestia.

Un buen día de 1940, concretamente el 4 de julio, día de la independencia norteamericana, Robert había acompañado a su padre a una cabalgata de celebración del evento. Los dos agitaban sus banderitas entre el público cuando Robert empezó a encontrarse cada vez peor. Se lo dijo a su padre. Resultaba preocupante, puesto que Robert muy rara vez se quejaba. Abandonaron la cabalgata, llegaron a casa y, tan pronto Robert se descalzó, quedó claro que había fundamentos de sobra para preocuparse. Las abrazaderas ortopédicas que envolvían las piernas del joven habían hincado en su carne sus aristas de metal, y le habían causado profundas heridas. El padre de Robert observó que parecían infectadas.

Por más que corrieron al hospital, ya era tarde. La infección era grave. Robert murió poco después. No mucho más tarde, en la funeraria recibían el encargo de un ataúd de unas dimensiones imposibles. Nuevamente, durante el sepelio, tuvieron lugar una serie de escenas grotescas cuando resultó que el ataúd no cabía siquiera por la puerta de la iglesia. Por lo demás, los padres de Robert hicieron recubrir la tumba de su hijo con una capa de cemento armado para preservarla de posibles saqueadores.

La de Robert es, insistimos, una historia triste, porque parece dar a entender que para aquellos que nacen diferentes, la disyuntiva entre entrar en el mundo del espectáculo o no hacerlo es falsa. Aunque no tengas ningún interés en ingresar, las circunstancias te empujan a ello.

Robert quería dedicarse al derecho, quería dedicarse a los negocios. No logró trabajar como abogado, como se había propuesto. Tampoco vivió lo suficiente como para ver cumplido su sueño de crear su propia línea de productos. El negocio de los freaks es un torbellino que te absorbe, casi una predestinación. Sin embargo, en Alton, Illinois, la población que vio nacer a Robert, se alza una estatua de bronce en memoria del gigante. Ningún hombre de negocios, mucho menos aún un abogado, ha sido homenajeado así por sus conciudadanos.

Grady Stiles Jr., el niño langosta

Los padres de Robert Pershing Wadlow tuvieron un bebé perfectamente normal. El niño era como ellos, exactamente igual que ellos. No fue hasta que cumplió un año que se dieron cuenta de que habían concebido un gigante. No hubo, por lo tanto, sobresaltos durante el parto ni a lo largo de las semanas siguientes. Addie y Harold Wadlow pudieron, por lo tanto, celebrar la llegada al mundo de su hijo sin ambages.

Desde esta perspectiva, también el nacimiento de Grady Franklin Stiles Jr. (1937-1992) fue perfectamente normal, por lo menos a ojos de su padre. Aunque el bebé naciera sin dedos en los pies y en las manos, con la carne dispuesta como las pinzas de una langosta, papá no dio la menor muestra de estar dándose cuenta, y lo tomó entusiasmado entre sus brazos. La clave para comprender esta escena no radica en el hijo, sino en el padre. Si nos fijamos en sus manos y en sus pies, comprobaremos que también él los tiene como pinzas. Igual que el abuelo. Y que el bisabuelo. La ectrodactilia de la familia Franklin se remontaba, de hecho, a seis generaciones atrás.

La ectrodactilia, rebobinemos, es una malformación congénita muy poco común, pero como acabamos de comprobar con un marcado componente hereditario. Provoca que las extremidades aparezcan deformadas y soldadas, sin dedos y con una única hendidura central en cada mano y en cada pie. En la familia Franklin ya nadie se extrañaba. El circo venía siendo la fuente de sustento de toda la estirpe desde hacía generaciones, y el joven Grady Franklin Stiles Jr., albricias, no iba a ser una excepción.

Pronto el niño empezó a girar por las ferias. Se le presentó y exhibió como «el chico langosta» debido a su corta edad, pero también a que el sobrenombre artístico de «el hombre langosta» ya estaba registrado. Era, por supuesto, Grady Franklin Stiles padre quien lo utilizaba. Como suele suceder en estos casos, padre e hijo realizaron diversos tours juntos hasta que Grady Franklin Stiles Jr. fue lo suficientemente mayor como para erigirse en la figura central en su propio espectáculo.

Así pues, Grady Franklin Stiles Jr. creció. El chico langosta fue transformándose en un hombrecito, empezó a coquetear con las chicas. Su primer gran amor fue una chica llamada Mary Teresa. Mary se había escapado de casa, provenía de una familia desestructurada.

Grady Franklin Stiles Jr., el niño langosta, heredero de una larga estirpe de hombres langosta.

Y como tantas otras muchas muchachas huidas y sin destino, se había unido a la feria de muy joven. Ahora regentaba la caseta de tiro, y también ella empezó a coquetear con Grady. Cuando el circo se cerraba al público, ambos pasaban largas horas apuntando y disparando a las dianas con los rifles de la feria. Y entre disparo y disparo, fue fraguando el romance.

Grady Franklin Stiles Jr. y Mary Teresa se prometieron y se casaron, y durante un breve período vivieron felices. Su primera hija nació perfectamente normal, con cinco dedos al extremo de cada mano y cinco dedos al extremo de cada pie. La llamaron Donna. Habría que esperar al segundo embarazo para que la ectrodactilia se manifestara. Efectivamente, al llegar al mundo, la joven Cathy, que así llamaron a la criatura, lucía sus correspondientes pinzas de langosta.

La familia Stiles, con sus dos niñas, terminó estableciéndose en Florida. Allí vivían cuando no andaban de gira. Pero para entonces la situación había cambiado sobremanera. Grady, que desde siempre venía mostrando una cierta afición por la bebida, empinaba cada vez más el codo, y era cada vez más frecuente que, en el transcurso de sus borracheras, perdiera el control y los papeles y golpeara a su esposa. Dado que sus pies eran prácticamente inútiles y que sus piernas estaban muy poco desarrolladas, Grady Franklin Stiles Jr. no podía caminar, y aunque en ocasiones se hacía transportar en un carrito o en una silla de ruedas, por lo general se arrastraba empleando sus dos pinzas anteriores. A la edad adulta y tras décadas de práctica, podía hacerlo a gran velocidad. El ejercicio continuado provocaba, además, que sus brazos fueran asombrosamente recios y fuertes, de modo que cuando se ponía violento resultaba particularmente peligroso.

Las discusiones en casa arreciaron, Mary Teresa era víctima ahora de tremendas palizas. Del mismo modo que en su momento había salido huyendo del hogar de sus padres, un buen día Mary Teresa decidió que ya había tenido suficiente y abandonó al chico langosta.

Grady tuvo entonces que ocuparse de criar a sus dos hijas, pero eso no le disuadió de seguir bebiendo. Tampoco le ayudó a dejarlo, desde luego, la noticia de que Mary Teresa se había casado con uno de los muchos enanos que durante la época competían por el título al hombre más pequeño del mundo: Harry Glenn Newman.

A pesar de sus problemas con el alcohol, Grady tampoco dejó de intentar nuevas conquistas, que pronto fraguaron en un nuevo matrimonio. Fruto de estas segundas nupcias nació su primer hijo, al que llamó Grady Franklin Stiles III. El primer vástago varón de Grady padecía también de ectrodactilia, siguiendo la tradición familiar.

El alcoholismo de Grady Franklin Stiles Jr. iba a más, su carácter empeoraba. Sin embargo, no iba a ser ningún golpe de pinza lo que le deparara la ruina, sino un revólver.

Un buen día, Donna, su primera hija se presentó en casa acompañada de un joven. Se había enamorado de él, le contó Donna a su padre. No sólo eso, sino que además estaba embarazada de él. La pareja quería obtener el beneplácito del padre para casarse. Grady sonrió al joven, asintió y le emplazó a que viniera más tarde.

Como de costumbre, Grady había estado bebiendo, pero según contó más tarde Donna, en su momento nada hacía sospechar el terrible desenlace que tendría lugar a continuación. En la segunda visita, tal como el muchacho entró por la puerta, Grady sacó su revólver y disparó contra él. El joven murió en el acto. El juicio que siguió a continuación fue desconcertante, y tuvo sin duda que suponer un duro revés para Donna y para los padres del joven asesinado. A lo largo del mismo, Grady Franklin Stiles Jr. se confesó abiertamente autor del homicidio del joven y no sólo no mostró el más mínimo arrepentimiento por lo que había hecho, sino que adoptó posturas chulescas y prepotentes.

Fue sentenciado a quince años de cárcel por asesinato. Pese al grotesco espectáculo que ofreció aquel homicida alcohólico con pinzas de langosta, nunca llegó a ingresar en prisión. En parte porque, tras años y años de beber y de fumar, Grady Franklin Stiles Jr. padecía una cirrosis galopante, además de efisema pulmonar. Las autoridades daban por sentado que no iba a durar demasiado. Por otro lado, las instituciones penitenciarias no estaban equipadas para adaptarse a las necesidades de un hombre que no podía caminar y que se arrastraba impulsándose con sus dos pinzas.

Se le concedió, así pues, desde buen principio una libertad condicional que se extendería indefinidamente. Apenas llegó a casa desde los juzgados, cuentan, lo primero que hizo Grady Franklin Stiles Jr. fue descorchar una botella para celebrar el dictamen del juez. Una botella a la que le seguirían muchas otras. Su segunda esposa no lo soportó más. Se divorció de él y desapareció para siempre de su vida, como había hecho Mary Teresa. Donna tampoco se hablaba con él desde que había asesinado a su prometido.

Grady Franklin Stiles Jr. empezó a ver un patrón, su mente se aclaró de repente. Por primera vez en su vida se propuso en serio dejar de beber. Y de hecho lo consiguió. Para sorpresa de todos, se convirtió en una persona cabal y razonable. Los demás freaks, los feriantes, todo el mundo estaba perplejo. Nadie daba crédito.

Mary Teresa, que para entonces se había separado ya del hombre más pequeño del mundo, tampoco podía creer los rumores. Decidió que tenía que comprobarlo por sí misma.

No está claro si alguno de los dos tenía alguna idea de qué iba a suceder durante el reencuentro. En parte porque no estaba claro si Grady Franklin Stiles Jr. se había enterado de que Mary Teresa y el hombre más pequeño del mundo habían tenido un hijo. Se llamaba Harry Glenn Newman Jr. Mary se presentó con él. Harry Glenn Newman Jr. no padecía enanismo, aunque según parece sufría algún tipo de retraso mental, y no era del todo proporcionado. En el circo representaba un número de escasa relevancia en el que se introducía clavos por los agujeros de la nariz.

Sea como fuere, el caso es que Mary Teresa y Grady Franklin Stiles Jr. estaban de nuevo frente a frente. Las chispas saltaron. Se juraron amor eterno nuevamente. Y así fue cómo Mary Teresa y Grady Franklin Stiles Jr. se casaron por segunda vez.

Habría sido un bello desenlace tras una vida llena de sobresaltos y de altibajos, pero la sobriedad de Stiles no duró. Pronto regresó a la bebida. De acuerdo con las declaraciones de Mary Teresa y de su familia, ahora se mostraba más agresivo y violento que nunca, y amenazaba con asesinar a todo aquel que le llevara la contraria. Y es que, después de matar al prometido de su hija Donna sin consecuencias, se sentía intocable. Gritaba pues a su familia que los enterraría y que no le pasaría nada. Como es natural, llegados a este punto, todos los miembros de la familia estaban aterrados, pues no solo le veían capaz de hacerlo, sino que sospechaban que Grady podía tener razón en lo tocante a la pasividad de la justicia.

A lo largo de esta etapa, sobrio o alcoholizado, Grady Franklin Stiles Jr. había seguido exhibiéndose y actuando en compañía de sus dos hijos, Grady Franklin Stiles III y Cathy Franklin Stiles, a quienes obligaba a llevar siempre guantes fuera del escenario para que nadie viera el espectáculo gratis. Y aunque, por razones obvias, el foco de esta historia incida sobre todo en la tragedia, lo cierto es que los números del trío de langostas resultaban un éxito. Sin embargo, esta vez Grady padre estaba bebiendo más que nunca, y en ocasiones llegaba a arrojarse sobre el público desde el escenario y a golpearlo aleatoriamente con sus pinzas, lo que provocaba protestas y altercados. Cuando regresaba a casa, era todavía peor. Las palizas a Mary Teresa y a los niños eran ahora más habituales y violentas.

La atmósfera en casa de los Grady se había vuelto del todo irrespirable. Los hijos langosta, Grady Franklin Stiles III y Cathy Franklin Stiles, odiaban además tener que andar permanentemente con guantes por el mundo. La violencia en el hogar señaló su pico más destacado cuando Grady Franklin Stiles Jr. le sacudió una fuerte paliza a Mary Teresa pese a que esta estaba de nuevo embarazada. La mujer corrió al hospital, donde tuvo un parto por cesárea. Afortunadamente todo salió bien y el bebé nació sano y salvo sin mayor contratiempo.

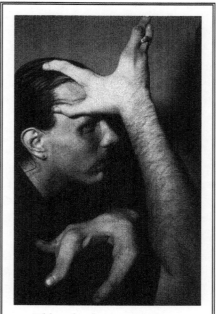

El hombre langosta tenía un carácter especialmente violento.

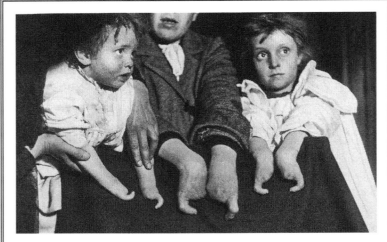

La familia Stiles en pleno espectáculo.

Al margen, por supuesto de unas manos y unos pies en forma de pinza de langosta idénticos a los de sus hermanos.

La nueva vida que acababa de llegar al mundo no apaciguó a Grady Franklin Stiles Jr. Por el contrario, se mostraba más belicoso que nunca.

Mary Teresa no vio otra salida. Tenía que librarse de su marido, pero esta vez no iba a ser ella la que se fuera de casa. En 1992, con la ayuda de Harry Glenn Newman Jr., el hijo de su anterior matrimonio, contrató los servicios de un muchacho para que matara a Grady Franklin Stiles Jr. Ese muchacho, que también trabajaba en el circo, se llamaba Chris Wyant, tenía tan sólo diecisiete años, y por sus servicios recibió mil quinientos dólares. Fue Harry Glenn Newman Jr. quien se los entregó. Se dictaba así sentencia de muerte contra el hombre con el que Mary Teresa se había casado dos veces.

Poco después de que se cerrara el trato, el improvisado sicario entró en casa de los Stiles y vació el cargador de su pistola en la cabeza de Grady, al que sorprendió viendo la televisión.

Grady Franklin Stiles Jr., el terrible chico langosta, había muerto al fin, pero el precio fue alto. Las pesquisas policiales condujeron hasta Chris Wyant, el muchacho que había perpetrado el asesinato. Aquel adolescente de diecisiete años pronto se vino abajo, y tras ser presionado por la policía no tardó en hablar. Le cayeron veintisiete años de prisión. Pero dado que los contratistas habían sido Harry Glenn Newman Jr. y Mary Teresa, ambos fueron también imputados. A Harry Glenn Newman Jr. le cayó cadena perpetua como autor intelectual del asesinato, puesto que había sido él quien le había entregado personalmente el dinero al sicario. Mary Teresa ingresaría también en la prisión, donde pasaría recluida trece años.

Carl Herman Unthan, el triunfo de la voluntad

Tras esta deprimente crónica de terror perpetrada por el chico langosta, detengámonos ahora a examinar con detalle la vida de este otro ilustre freak, uno capaz de renovar nuestra fe en la humanidad. Nos referimos a Carl Herman Unthan, un hombre para el que ningún obstáculo fue lo suficientemente grande.

Hemos visto repetidamente que bajo la aparente desgracia de la deformidad, de la invalidez, de la monstruosidad, se esconden gemas, y que no es infrecuente que sean precisamente las adversidades derivadas de la anomalía las que logren que las estrellas del circo freak brillen con la máxima fuerza. En este contexto, no es fácil encontrar un caso más emblemático de autosuperación freak que el de Carl Herrmann Unthan. Para empezar, su nacimiento bien podría haberse convertido fácilmente en su funeral. La Prusia de 1929 que le vio aterrizar en el mundo no se andaba con medias tintas, y al ver la aberración que emergía de la madre, la propia comadrona se ofreció a liquidar a Carl de inmediato. Era un acto de piedad, naturalmente. ¿Por qué no atajar de raíz lo que sin duda iba a ser fuente infinita de sufrimiento para todos? El bebé había nacido

Cartel anunciando el show de Carl Herman Unthan, el hombre sin brazos.

sin brazos, corrían tiempos difíciles. Sin embargo su padre dijo que ni hablar, que no veía tanto problema. Y como quedaría demostrado más pronto que tarde, su padre tenía toda la razón.

Carl fue creciendo y el cariño que su padre sentía por él se mantuvo intacto. Y tal vez porque era maestro en una escuela y conocía bien cómo funcionamos las personas en edades tempranas, ya durante la infancia del niño puso especial cuidado en que nadie lo tratara desde la compasión ni hiciera patente su lástima por él. No quiso que nadie lo mimara demasiado. Carl apenas contaba con un año y medio y el maestro había ya reparado en que no sólo se mostraba muy despierto para su edad, sino que además parecía especialmente hábil.

Un día, mientras el maestro se encontraba de tertulia con sus amigos, reparó en que, a su espalda, Carl estaba descalzo y trataba de utilizar los pies para aprehender objetos. El maestro dio orden de que nunca se le volvieran a poner zapatos al niño.

Las habilidades con los pies de las que hizo gala el pequeño, eran cada vez más asombrosas. A los dos años de edad, era perfectamente capaz de alimentarse sin ningún tipo de ayuda. Un buen día, había invitados en casa del maestro, se celebraba una gran cena. Los platos empezaron a circular, y un Carl Herman Unthan que apenas contaría con cuatro años de edad, cuentan, se puso en pie en su silla y, sosteniéndose sobre un pie, comenzó a servir a los comensales con el otro. Llegó la desaprobación, se desataron los gritos. Pero el padre de Carl se mantuvo firme: el infante había hecho lo correcto y, se propusiera lo que se propusiese, seguiría contando con su apoyo.

A los cinco años de edad, Carl seguía dando muestras de indudable genio. Escondido tras la fila del fondo del aula, asistía en la escuela a las clases que impartía su padre. Como resultado, a los seis años, ya sabía leer y escribir, y se las apañaba razonablemente bien con los números. Le gustaba experimentar con su físico, era amante de los retos. Desde bien pequeño había desarrollado su propia técnica para subir y bajar escaleras verticales, y aunque mares y ríos le imponían al principio, muy pronto estaba nadando en el océano con la mayor de las solturas. No había cumplido los nueve años y se ocupaba de sacar brillo a todo el calzado de la casa empleando los pies. Equipado con una cesta al cuello, realizaba la compra, ayudaba a su padre a cultivar su pequeño huerto, y desplegaba con sus piernas una destreza impresionante.

Carl acababa de cumplir los diez cuando subió al desván de casa a curiosear. Estuvo allí trasteando con diversos objetos, de entre los cuales le llamó la atención un violín. Carl pasó el resto del día enfrascado en él, tanteando sus cuerdas, arrancándole sonidos. Al anochecer ya había decidido que quería aprender a tocarlo.

El primer obstáculo lo planteaba la imposibilidad de sujetar el instrumento. Carl lo solventó con premura amarrándolo con una cuerda a un taburete. Hecho esto, si se sentaba en una silla junto a él y utilizaba un pie para sujetar el arco, podía conseguir tocarlo.

No fue fácil pero, año tras año, Carl iba logrando mejorar su técnica. Para cuando cumplió los dieciséis, su nivel le pareció a su padre lo suficientemente bueno como para enviarlo al conservatorio. Dos años después, Carl cumplía los dieciocho y se graduaba. Su formación no acabó ahí, y fueron precisos dos años más de práctica hasta pulir esos flecos que separan al meramente competente del genio genuino, dos años para que Carl alcanzara la maestría que se había propuesto adquirir.

La perseverancia dio sus frutos, y a los veinte años el violinista ya se había ganado una fama, ya llenaba las salas. Dio conciertos como solista, acompañado de orquestas clásicas. Cada concierto comenzaba con Carl entrando en el escenario por un lateral, avanzando hacia el taburete al que habían amarrado el violín. Carl se sentaba junto a él, en la silla, y se descalzaba. Con sus propios pies se quitaba los calcetines. Sujetaba el arco con un pie, apoyaba el otro en el mástil, y el concierto daba comienzo.

No mucho después de su debut, Carl tocaba una noche en Viena bajo la dirección del mismísimo Johann Strauss. Carl hizo su habitual entrada en el escenario, como de costumbre se quitó los calcetines y sujetó el arco. La orquesta empezó a tocar, Carl se unió a ella. Todo iba de fábula hasta que una de las cuerdas del instrumento se rompió.

Johann Strauss pidió silencio, el concierto se detuvo. Sin inmutarse, Carl depositó el arco a un lado y metió el pie en la funda del violín, de la que extrajo una cuerda nueva. Con los pies, procedió a desplegarla. Tanto el público como los músicos como el propio compositor observaron fascinados cómo Carl retiraba la cuerda rota, cómo la sustituía por la nueva. Cómo la tensaba y le daba los últimos toques hasta obtener la afinación perfecta. El concierto se reanudó. Ninguno de los presentes olvidaría jamás la interpretación musical

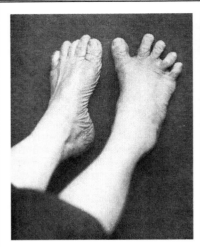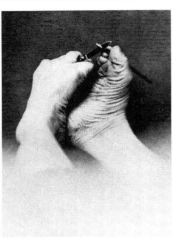

Carl Herman Unthan nació sin brazos, pero desarrolló una increíble habilidad con sus pies.

pero tampoco el pequeño espectáculo que había presenciado en el involuntario interludio.

Carl era avispado y supo darse cuenta de ello, de modo que, en adelante, antes de cada concierto, se ocupaba de raspar delibe-radamente una cuerda, dejándola a un tris de romperse. Llegada la actuación, si no cedía por sí sola, la forzaba hasta que se quebraba.

Podía así repetir su pequeño espectáculo, complemento ideal del concierto, allá por donde pasaba. Con los años, fue realizando pequeños ajustes al show para hacerlo más interesante todavía. Así, entre las distintas piezas de cada concierto, introducía los pies en la funda del violín, sacaba tabaco y se encendía un cigarrillo. Se hacía también colocar una botella de vino y una copa cerca y, cuando le parecía oportuno, la descorchaba, se servía una copa y le daba un sorbo frente al atónito público

Su carrera como músico es lo que ha hecho famoso a Carl Her-man Unthan, pero su destreza al violín dista mucho de ser el único ámbito donde sobresalió. Le fascinaba la magia y era un ilusionista muy competente, capaz de hacer palidecer muchos juegos de ma-nos con sus juegos de pies. Le gustaba viajar, y durante su estancia en México, aprovechando una gira, aprendió a montar a caballo y se convirtió en un notable jinete. Su fama como músico le condujo por toda Europa y por América del Sur, además de por países como Cuba. Durante la Primera Guerra Mundial, realizó giras por los hospitales donde se alojaban los amputados del ejército alemán e impartía conferencias para los soldados que habían perdido los brazos o las manos. Organizó también cursos sobre cómo entrenar piernas y pies hasta lograr un perfecto control de los mismos.

Se enamoró de Antonie Neschta, una cantante con quien estuvo de gira. Se casaron e intercambiaron anillos de boda, y Antonie le insertó a Carl el suyo en un dedo del pie. Se mudaron a los Estados Unidos y Carl obtuvo la ciudadanía norteamericana. En América, Carl descubrió su afición por el cine, que se convirtió en su nueva obsesión. A la edad de 65 años debutaba como actor en *Atlantis*, una película muda danesa de 1913 dirigida por August Blom sobre un transatlántico que se hunde durante un viaje. Carl interpretaba, cómo no, a un virtuoso músico sin brazos en un papel que habían escrito pensando en él y en sus logros.

Incluso al freak más brillante le llega tarde o temprano su hora, y Carl Herman Unthan moría en 1929 en su casa de Berlín. Nos dejaba sus memorias, que en alemán habían aparecido ya bajo el título de *Das Pediscript*, es decir, *El pedoscrito*, como las llamaba él en oposición a «el manuscrito». En inglés se publicarían seis años más tarde con el título de *The Armless Fiddler: A Pediscript Being the Life Story of a Vaudeville Man* (que podríamos traducir por: *El violinista sin brazos: un pedoscrito que viene a ser la crónica vital de un hombre de vodevil*).

La primera frase del libro habla por sí misma, y no hace sino corroborar el mensaje implícito en todos y cada uno de los logros de Carl Herman Unthan: «cuando hay voluntad todo es posible».

EL PRÍNCIPE RANDIAN, EL TORSO VIVIENTE

El individuo se adapta al medio, y vimos en su momento cómo Carl Herman Unthan, al nacer sin brazos, desarrollaba asombrosas habilidades con los pies que le permitieron convertirse en un violinista capaz de llenar los más prestigiosos auditorios de su época.

El personaje que ahora nos ocupa, cuyo verdadero nombre desconocemos, lo tuvo todavía más difícil. Aparecía en sus espectáculos bajo los nombres de Prince Randian, Prince Rardion, el torso viviente, el hombre serpiente, la oruga humana y un largo etcétera de alias. Randian, llamémosle así, no sólo nació sin brazos, sino también sin piernas. No sabemos cómo se las arregló durante su niñez. Su juventud es un misterio, como prácticamente todo cuanto las rodea. Sí sabemos, no obstante, que Randian también se las ingeniaba razonablemente bien en el día a día, puesto que era capaz de

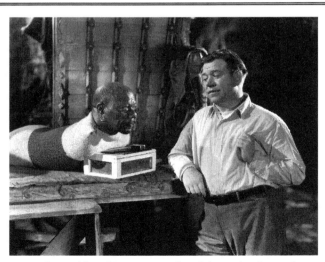

Randian, el hombre torso, en la célebre película Freaks.

liar cigarrillos únicamente con los labios. También pintaba y escribía, sujetando la pluma y el resto de los utensilios con los dientes. Entre sus otras habilidades se contaba la de afeitarse sin ayuda, para lo cual clavaba la cuchilla en un troncho de madera de tal modo que permaneciera fija.

Comoquiera que se llamara en realidad, el príncipe Randian nació, parece ser, en la Guyana Británica alrededor de 1870, y la historia de aquel tronco humano y sus habilidades para liar cigarrillos llegó a Barnum algo tarde, a finales de siglo XIX, cuando Radian había ya cumplido los veinte años. Fue, naturalmente, el omnipresente empresario norteamericano quien, a través de sus agentes, lo llevó a los Estados Unidos, donde se instaló permanentemente. El espectáculo del príncipe Randian fue un éxito sin precedentes. Baste decir que se mantuvo programado durante más de cuatro décadas. En él, el Príncipe Randian aparecía embutido en una larga prenda de ropa de aspecto tubular que le confería el aspecto de una oruga, y se desplazaba por el escenario contoneando sus caderas y sus hombros.

Randian se casó con una mujer a la que presentaba como la Princesa Sarah, natural también de la Guyana Británica, con la que concibió tres hijas y un hijo, que nacieron sin ningún tipo de anomalía. Su hijo varón se convertiría con el tiempo en su asistente. No obstante, la carrera de Randian, como la de no pocos de los freaks de la época, alcanza la inmortalidad en 1932 con el estreno de la película *Freaks*, en la que el guayanés aparece realizando sus característicos desplazamientos y armando sus cigarrillos.

Permaneció en activo hasta el mismísimo día de su fallecimiento, a los 64 años de edad. Pintó, escribió, fumó, llenó los escenarios de Norteamérica durante más de cuarenta años y actuó en uno de los clásicos del cine de todos los tiempos. No está nada mal para un torso humano nacido en algún rincón del sur.

CAPÍTULO 6
ILUSTRES MUJERES BARBUDAS

La mujer barbuda se asocia hoy, sobre todo, a ferias ambulantes y exhibiciones de freaks. Lo cierto es que la popularidad de las damas con barba se remonta mucho más atrás en el tiempo. En la mitología y en el folclore, encontramos un sinfín de referencias a ellas. Hipócrates, padre de la medicina moderna, sin ir más lejos, documenta en el siglo V antes de Cristo el caso de una sacerdotisa llamada Atenea cuya barba era tan larga, o más, que la de cualquier hombre. Lejos de ser repudiada o marginada por su particularidad, Atenea era adorada en tanto que se consideraba que su vello facial le confería la capacidad de ver el futuro.

A lo largo de la Edad Media, por otra parte, la mayor parte de las mujeres barbudas no tuvieron tanta suerte. Buena parte de ellas fueron consideradas brujas, lo cual las llevó a pasar por todo tipo de penurias, cuando no de torturas o cosas peores. Más de una de ellas ardió en la hoguera.

El oscurantismo y la arbitrariedad van de la mano, y paralelamente encontramos casos de mujeres barbudas canonizadas. En nuestro país tenemos a Santa Paula Barbuda, por ejemplo, que se cuenta que nació en la localidad de Cardeñosa, Ávila. No es la única figura religiosa femenina con vello facial. En Portugal es célebre Santa Wilgefortis, otra mujer barbuda que en España se conoce principalmente como Santa Librada y en Italia como Santa Liberata. Aunque los estudiosos opinan que Santa Wilgefortis fue un personaje ficticio hilado a partir de diversas leyendas, cabe no dudar que entre los hechos reales que encendieron la llama hubo por lo menos una mujer barbuda. Santa Wilgefortis es, por cierto, patrona de las mujeres cuyos casamientos no han salido bien, y que piden a Dios que las libere de sus maridos abusivos. Si seguimos escarbando en los archivos de mujeres barbudas distinguidas, comprobaremos también que diversos textos apuntan a que Margarita de Parma, regente de los Países Bajos durante el siglo XV, tenía barba. ¿Es verdaderamente cierto? ¿Acaso se trata de una ficción hilvanada por sus detractores para desprestigiarla?

Sea como fuere, santas o brujas, la tradición de exhibir damas barbudas con fines lucrativos se remonta muy atrás en el tiempo. Figuras como Julia Pastrana o Madame Clofullia se cuentan entre las más famosas de todos los tiempos. En el presente capítulo pasaremos revista a sus vidas y milagros, acompáñennos pues en este recorrido singular.

Josephine Clofullia

Infinidad de mujeres barbudas han desfilado por los escenarios de los circos de freaks del mundo entero, pero si quisiéramos elegir a una que las representara a todas, una mujer que sintetizara la esencia de las posteriores artistas del ramo y sentara los estándares de la profesión, esta sería sin duda Josephine Clofullia, más conocida como Madame Clofullia (1827–1875).

Nacida en un pueblo de Suiza, Josephine llegó al mundo con el rostro recubierto por una fina barba. Los médicos dijeron que no había que darle la menor importancia, que la barba desaparecería. Se equivocaban.

A los dos años de edad, la barba de Josephine había crecido y se había vuelto más tupida. Patologías como el hirsutismo o la hipertricosis no eran bien conocidas por aquel entonces, y los doctores estaban desconcertados. A los ocho años, la barba de Josephine había crecido todavía más, tenía ya cinco centímetros de longitud. Empezaba a ser obvio que no se trataba de un problema temporal. Fue entonces cuando, hartos de la incompetencia de la ciencia médica rural para aportar explicaciones y soluciones, los padres cogieron a la pequeña Josephine y se la llevaron a Ginebra para consultar con especialistas en la materia.

La experiencia resultó de lo más frustrante. Los médicos de Ginebra tampoco aportaban ni explicaciones ni soluciones. Los padres de Josephine estaban consternados. Por supuesto habían valorado en diversas ocasiones afeitar enteramente a Josephine, pero temían que la barba no solamente volvería a crecer, sino que saldría más tupida y recia. No hace falta decir que tenían razón. No hace falta decir tampoco que Josephine llamaba la atención poderosamente por las calles, por los restaurantes y allí por donde pasaba.

Retrato de Josephine Clofullia.

El timbre de la puerta empezó a sonar. La familia de Josephine empezó a recibir ofertas por parte de empresarios y mánagers del mundo del espectáculo, que vieron en Josephine una potencial fuente de ingresos. La familia les cerró la puerta en las narices a todos ellos. Ante la falta de soluciones, no se les ocurrió otra cosa que ocultar a Josephine, que hacerla desaparecer lo mejor que pudieron. Alcanzada la edad necesaria, la enviaron a un internado.

En el internado Josephine aprendió a ser una dama como dios manda. Una dama, en cualquier caso, definitivamente particular, puesto que a los dieciséis años su barba alcanzaba ya los quince centímetros de longitud. Al salir del internado, ¿qué futuro aguardaba a Josephine? Su padre se había quedado viudo, sus opciones tendían a cero. Una vez más, un empresario del show business llamó a su puerta. Esta vez el padre no la cerró. Llegaba, finalmente, una oferta demasiado buena, una que no pudo rechazar.

Josephine Clofullia comenzó a exhibirse por toda Suiza, y también en Francia. Su padre la acompañaba en las giras y ejercía de agente suyo. El progenitor de Josephine fue el primer sorprendido ante el interés que despertaba su hija. No daba crédito tampoco de la cantidad de dinero que generaba el espectáculo.

Durante el tour por Francia, Josephine conoció a un pintor llamado Fortune Clofullia. Josephine sentía un interés genuino por las artes pictóricas, y Fortune la enseñó a pintar. En el transcurso de las clases surgió el amor. La pareja se enamoró, y no mucho después se celebraba la boda.

París había pasado así de ser una ciudad más en la que exhibirse y hacer caja para convertirse en un lugar mágico en el que Josephine, que ahora usaba el apellido de su esposo y se presentaba como Josephine Clofullia, se sintió a sus anchas. Empezó a codearse con la alta sociedad francesa, y las fotos dejan constancia de que tuvo la astucia de arreglarse la barba emulando a la que era por aquel entonces la barba más famosa e ilustre de la época: la de Napoleón. El emperador, a quien Josephine conoció y trató personalmente en diversas ocasiones, estaba fascinado con la mujer barbuda. Tanto es así que se cuenta que su esposa Josefina tenía celos de ella.

Llegados a este punto, cabe no olvidar que eran tiempos de recato y en los que no se mostraba apenas un centímetro de piel. Así, había una corriente de opinión que afirmaba que Josephine era, ni más ni menos, un hombre, y que su impostura como mujer barbuda era un sucio montaje para adquirir fama y lucrarse. Madame Clofullia acalló los rumores al quedar embarazada y dar a luz. Su hija vino al mundo en 1851, a primera vista parecía perfectamente normal y no había el más mínimo asomo de vello en su rostro. Desafortunadamente, apenas once meses después, el bebé moría a causa de una enfermedad.

Para entonces, Josephine Clofullia estaba embarazada de nuevo, y dos meses más tarde daba a luz por segunda vez. Esta vez el vástago de los Clofullia era un varón. Una fina capa de vello se extendía por el rostro del bebé ya en la cuna, lo cual hizo que los Clofullia se frotaran las manos, puesto que el tiempo se había encargado de demostrar lo muy lucrativo que puede resultar el mundo del espectáculo, lo infundados que habían sido los temores de los padres de Josephine, y el garrafal error que habían cometido al tratar de ocultar a su hija. La barba del bebé no paraba de crecer. Lo llamaron Albert.

La siguiente parada en el camino fue Londres, donde Madame Clofullia cosechó un éxito tan enorme como los que había tenido en Suiza y en Francia. Se calcula que más de un millón de espectadores aflojaron la cartera y pagaron su entrada para ver a la mujer barbuda. El siguiente alto en la gira mundial no podía ser otro que los Estados Unidos. Y si de lo que se trataba era de encontrar al mejor

empresario del espectáculo bizarro de Norteamérica, la elección sólo podía ser una.

Por supuesto, P. T. Barnum no podía dejar escapar la oportunidad de colaborar con Madame Clofullia, ni Madame Clofullia iba a encontrar mejor aliado para sus exhibiciones al otro lado del charco. Firmaron contrato en 1853, y Josephine Clofullia se convirtió en una de las estrellas más destacadas de su Barnum's American Museum.

El contraste entre la feminidad y los modales exquisitos de Josephine y su barba era uno de los principales motores del espectáculo. El hecho de que Josephine apareciera opulentamente vestida y adornada con suntuosas joyas se encargó del resto, puesto que la moda francesa resultaba deslumbrante y era muy codiciada en los Estados Unidos. A sus actuaciones sobre el escenario se sumaba el pequeño Albert, que con una barba como la de su madre redondeaba el desconcertante número. P. T. Barnum lo presentaba aludiendo al personaje bíblico Esaú, que de acuerdo con los textos sagrados ya de bebé tuvo barba.

La popularidad de Josephine se mantenía estable, luego empezó a decaer. Cabe decir que, al igual que había sucedido en Europa, por Norteamérica circulaban desde el principio rumores de que Josephine era en realidad un hombre avispado que, aflautando la voz y engalanándose como una noble francesa, engatusaba al público, cosechaba fama y de paso se llenaba los bolsillos. Un día apareció por el Museo de P. T. Barnum un tal William Charr, que en mitad del espectáculo, comenzó a gritar que se trataba de un fraude, que Madame Clofullia tenía de mujer lo mismo que él, es decir, nada en absoluto. Que P. T. Barnum los estaba estafando a conciencia.

P. T. Barnum no solamente se lanzó inmediatamente a defender a su barbuda artista, sino que amenazó en público a William Charr y anunció que se verían en los tribunales. El asunto terminó, efectivamente, en manos de la justicia. Diversos médicos tuvieron ocasión de estudiar con detalle a Josephine Clofullia y posteriormente fueron llamados a testificar. A través de la declaración jurada que firmaron, sentaron constancia de que la mujer barbuda era, sin duda alguna, una mujer en todos los sentidos del término.

William Charr perdió el juicio, P. T. Barnum salió victorioso. Y en el transcurso del proceso judicial, toda Norteamérica quedó conmovida por la entereza con la que Josephine Clofullia hacía frente a las calumnias. Su popularidad se disparó hasta el infinito, las salas y los escenarios del museo Barnum se llenaron más que nunca.

Como vamos teniendo oportunidad de ver, si había alguien en los Estados Unidos capaz de entremezclar realidad y ficción en provecho propio, ese alguien era P. T. Barnum. ¿Hasta qué punto resulta creíble la intervención de William Charr en el show? ¿De veras P. T. Barnum lo llevó a juicio para tratar de limpiar el honor de Josephine Clofullia? ¿Y si simplemente se trató de una maniobra comercial más?

Los rumores persisten, y a día de hoy la hipótesis más plausible se inclina a señalar que William Charr había sido contratado por P. T. Barnum, que todo no fue más que un montaje para dar un impulso adicional al museo en general y a la carrera de Josephine Clofullia en particular. Sea como fuere, el plan funcionó de maravilla. Se calcula que aproximadamente tres millones de espectadores estadounidenses pagaron su entrada para ver a Madame Clofullia acompañada por su hijo Albert, alias Esaú, que por cierto en hebreo significa peludo.

La popularidad de Josephine y del pequeño Albert siguió viva durante largo tiempo. No obstante, una vez Madame Clofullia se retiró del mundo del espectáculo, desapareció del radar conjuntamente con su pequeño. Se desconocen los acontecimientos que tuvieron lugar en su vida a partir de aquel momento, así como la fecha exacta de su fallecimiento.

Como en tantos otros casos, una vez el foco de la fama se retira, los detalles posteriores se pierden en el tiempo. No obstante, la carrera artística de Josephine Clofullia y su agridulce historia quedan para la posteridad. Agria porque trataron de esconderla. Dulce porque supo ponerse bajo los focos y brillar.

Clémentine Delait

Tras embarcarse en el mundo del espectáculo, acabamos de verlo, uno de los primeros países por los que se exhibió Josephine Clofullia fue Francia, donde cosechó grandes éxitos. No obstante, el país galo tiene su propia tradición en lo que a mujeres barbudas se refiere, y de las muchas que han quedado en el recuerdo probablemente la más célebre y pintoresca sea Clémentine Delait.

Clémentine (1865-1939) nació en el entorno rural de Chaumousey. Su familia era de origen humilde y sus padres eran granjeros, de modo que a lo largo de su infancia estuvo trabajando en el campo. No queda claro cuándo empezó a manifestarse su condición de mujer barbuda. Ciertas fuentes afirman que el parto arrojó al mundo un bebé con el rostro recubierto de vello. Otras, dicen que el pelo facial no se presentó hasta la pubertad.

La incógnita tiene su explicación. No estaban claras las reacciones que podría desencadenar una mujer barbuda en la campiña francesa de la época. Más adelante el problema se agravó si cabe, puesto que Clémentine empezó a ejercer como panadera, y más tarde como camarera en un café. Para evitar llamar la atención, así pues, Clémentine venía afeitándose a navaja concienzudamente todas las mañanas. ¿Desde niña? ¿Desde la adolescencia? Sea cual fuere el caso, la muchacha servía cafés y copas, y pasaba desapercibida como una camarera más.

A los veinte años, Clémentine se había casado con Joseph Delait, el propietario de la panadería, pero el reumatismo de Joseph impidió que pudiera seguir ejerciendo, de ahí que a continuación la pareja abriera un café. Testimonios de la época dejan constancia de que Clémentine no solo era una mujer trabajadora y asertiva, sino que tenía además el suficiente carácter e imponía lo bastante cuando se cuadraba como para lidiar con los borrachos y demás gentuza que a menudo se desmadraban en el café. Dado el reumatismo de Joseph, el rol recaía en ella.

Todo cambió de un día para otro cuando una feria se dejó caer por la población. Clémentine quedó alucinada tras ver sobre los escenarios a otra como ella, puesto que la feria traía a su propia mujer barbuda. Clémentine echó cuentas y comenzó a valorar la posibilidad de salir del armario. Todo parecía indicar que en el show business se podía ganar más dinero que en aquel triste café que regentaban. Fue durante una de las conversaciones con la clientela del café cuando salió el tema, y Clémentine afirmó que, si quería, podía tener una barba tan tupida y larga como la de la estrella femenina de la feria.

Los parroquianos reaccionan a lo que consideran una bravuconada con risas, se cachondearon. El marido de Clémentine, Joseph cree ver aquí una oportunidad de oro para hacer caja y rápidamente pone quinientos francos sobre la barra. Reta a cualquiera de los presentes a apostar contra la palabra de su mujer. Hablamos de una suma que, en su equivalente de hoy, rondaría los cinco mil euros.

Uno de los feligreses del café cubre la apuesta, Joseph se frota las manos. Y así es cómo en 1901, ya entrada en la madurez, a los treinta y seis años de edad, una muchacha de pueblo llamada Clémentine se deja por primera vez crecer la barba, y da un primer y valiente paso hacia lo insospechado. Y así es cómo Clémentine se embarca en una aventura que la hará mundialmente famosa.

De momento, el boca a boca se desata, los rumores empiezan a circular. Al café de los Delait acuden clientes desde todos los rincones de Francia atraídos por el espectáculo. Tanto así que la pareja rebautiza el café como *Le café de la Femme à Barbe* (El café de la mujer barbuda). Al público generalista se suman fotógrafos de la época, que

Clémentine se dejó crecer la barba y se hizo rica.

a cambio de una considerable remuneración, retratan a Clémentine. A partir de las fotografías, se publicarán una serie de postales protagonizadas por la joven que se venderán como churros. Clémentine no se cansa de posar para nuevos fotógrafos, ni de firmar autógrafos para fans y curiosos. Para entonces el dinero lleva tiempo entrando a espuertas. Clémentine puede permitirse vestidos inimaginables para una camarera de la época. Las postales retratan a la mujer barbuda engalanada con finas sedas y carísimas joyas. Clémentine pasea a su perro, posa con infinita coquetería. El éxito y el entusiasmo que despierta a su alrededor es tan impresionante que más de un cliente acude al tatuador con sus postales. Documentado queda, sin ir más lejos, el caso de un parroquiano que se tatúa una enorme Clémentine que le recubre por completo el pecho.

Una vez el público comienza a cansarse de ver a Clémentine con vestidos muy femeninos, los Delait dan con una idea que les permitirá seguir explotando el filón. Tras obtener una autorización legal para travestirse –lo cual era obligatorio en la época–, Catherine Delait empieza a posar con traje de hombre, sosteniendo un puro y una jarra de cerveza.

Ninguna historia de freaks de esta época parece estar completa sin una intervención de P. T. Barnum o, por lo menos, del Barnum & Bailey Circus que siguió en activo tras su muerte. Y aunque la relación se dé de manera muy tangencial en el caso de Clémentine Delait, también aquí la encontramos. La popularidad de la barbuda francesa había llegado a los oídos del famoso empresario, que llegó a ofrecer a la pareja la suma de tres millones de francos a cambio de que Clémentine Delait viajara a los Estados Unidos y se sumara a su museo de freaks.

Barnum errará aquí el tiro. Para entonces la situación de la pareja es demasiado cómoda y desahogada como para que consideren necesario complicarse la vida. Joseph no está para viajes. Hasta la pareja han llegado además rumores de los fraudes y la explotación que reserva P. T. Barnum para sus artistas. En consecuencia, Clémentine y Joseph rechazan sus ofertas una y otra vez.

Durante la Primera Guerra Mundial, la fama de Clémentine se disparó, pero tras el fin de la contienda las cosas volvieron a su cauce. Fue entonces cuando la pareja abrió una mercería en Plombières, puesto que Joseph Delait estaba demasiado mayor y achacoso para seguir al frente del café. Paralelamente, Clémentine Delait realizó una serie de exhibiciones por Europa a lo largo de las cuales conoció a figuras de la talla del Príncipe de Gales o el Shah de Persia.

Joseph Delait murió en 1928, dejando viuda a la mujer barbuda con quien había compartido la vida entera. En su última etapa, Clémentine adquirió un nuevo local donde desplegó espectáculos de cabaret que protagonizaba ella misma, hasta que un infarto la sorprendió y terminó con su vida. «Aquí yace Clémentine Delait, la mujer barbuda», reza el epitafio de su tumba, tal como dejó indicado en su testamento. Un museo dedicado a su memoria, El museo de la mujer barbuda, sigue siendo a día de hoy una de las atracciones más visitadas de su población natal.

Annie Jones

Un par siglos atrás, concedámoslo, la vida era más difícil que ahora, especialmente para los pobres diablos que trataban de salir adelante en un ambiente rural. Así pues, y vamos viendo numerosas pruebas de ello, el nacimiento de un fenómeno en la familia a menudo conducía al adiestramiento de la criatura por parte de los propios padres con fines estrictamente comerciales, cuando no al alquiler o a la venta a los pocos años de edad.

El caso de Annie Jones (1865-1902) encaja en esta última categoría, aunque destaca sin duda por la precocidad de los padres a la hora de tomar cartas en el asunto. El nacimiento de la pequeña tuvo lugar en una pequeña y ruinosa cabaña en las montañas de Virginia, Estados Unidos. Ya en el mismísimo momento de emerger de su madre, Annie Jones mostraba una cara hirsuta. La visión horrorizó a sus padres. El espanto se hizo más y más insoportable conforme transcurrían los días y las semanas. El vello facial de Annie no dejaba de crecer. Los Jones eran pobres, y con la llegada de esta nueva desgracia, la tristeza los consumía.

Annie Jones, la niña barbuda.

La tristeza, no obstante, remitió súbitamente cuando P. T. Barnum llamó a su puerta y les hizo su oferta. Nada más y nada menos que ciento cincuenta dólares semanales, les prometió Barnum a los Jones a cambio de la pequeña Annie. Por aquel entonces, ciento cincuenta dólares era mucho dinero. El trato se cerró inmediatamente. Annie Jones no había cumplido todavía el año, seguía siendo un bebé. Su edad era de exactamente nueve meses.

Así dieron comienzo las exhibiciones, y así fue cómo Annie Jo-nes se convirtió en la criatura más joven que desfilara nunca por el Barnum's American Museum. A P. T. Barnum le parecía que la temprana edad de su nueva estrella era una baza interesante a jugar, cada minuto contaba. Barnum, además de rico, tenía una merecida fama de práctico y ahorrativo. Así pues, para ahorrar tiempo y di-nero, hizo rescatar de los altillos del museo todos los rótulos, anun-cios y letreros que había utilizado para publicitar al pequeño Albert Clofullia –recordemos: Esaú, el hijo de Madame Clofullia–, y donde ponía Albert hizo poner Annie. El resto de los textos se conservaron tal cual. Y así fue cómo «Albert, infante de Esaú» se convirtió en «Annie, infante de Esaú».

Las primeras apariciones de Annie Jones en público resultaron un éxito, y en vista de que la colaboración parecía destinada a durar, los Jones se establecieron permanentemente en Nueva York para es-tar siempre cerca de su pequeña, cosa que pronto se reveló imposible. Ya durante el primer año, la señora Jones tuvo que abandonar Nue-va York debido a una emergencia familiar. La canguro que cuidaba de Annie, designada por Barnum, no estuvo a la altura de las circuns-tancias. Cuando quiso darse cuenta la pequeña Annie Jones había sido secuestrada. La policía fue puesta en alerta y, afortunadamente, las fuerzas de la ley y el orden pronto localizaron al bebé.

Por aquel entonces la frenología, hoy catalogada como pseudo-ciencia, tenía un seguimiento y un cierto prestigio. Los frenólogos afirmaban, por supuesto sin ningún aval científico, que era posible determinar el carácter y la personalidad de una persona basándose únicamente en la forma de su cráneo y en las facciones de su rostro. Se pretendía, sobre todo, usar la frenología para identificar las ten-dencias criminales de los individuos, lo cual resulta irónico puesto que el secuestrador de Annie resultó ser un frenólogo que ejercía bajo el nombre de Profesor Wicks. Su plan consistía en exhibir a Annie por su cuenta en los círculos de la frenología. Para empezar, cuando lo descubrieron, estaba llevando a cabo una exhibición en una iglesia. La rápida reacción de la policía, por suerte, evitó que se-cuestrador y víctima abandonaran siquiera el estado de Nueva York.

Durante el juicio, el frenólogo peleó denodadamente por de-mostrar que Annie Jones era hija suya. Recordemos que la pequeña había nacido en las montañas de Virginia, y que la acción se sitúa dos siglos atrás. No era sencillo probar lo contrario. Para empezar hubiera sido precisa una documentación de la que, en cualquier caso, la familia Jones carecía. El Profesor Wicks se mantenía en sus trece: los Jones habían secuestrado a su hija para exhibirla como un animal, para lucrarse a través de ella. Empezaron a temer lo peor. Parecía que el Profesor Wicks iba a salirse con la suya.

Al juez no le quedó la menor duda de quién mentía una vez hizo llamar a declarar a la madre de Annie. La pequeña enseguida se lanzó a sus brazos, dando la espalda al frenólogo. El caso quedaba zanjado y resuelto. Annie Jones fue arrancada de las garras del Profesor Wicks y devuelta a los brazos de su madre, que, según cuentan, nunca más volvió a separarse de ella.

El horror inicial que había experimentado cuando aquella criatura velluda había emergido de su útero parecía haberse disuelto por completo. Acaso el grueso caudal de ingresos que suponía Annie había lubricado los músculos de su corazón. En cualquier caso, la carrera de Annie en el mundo de las exhibiciones de freaks, que había empezado con nueve meses de edad, iba a prolongarse durante treinta y cinco años. Y a lo largo de los mismos, como es lógico, Annie tuvo tiempo de sobra para definir y perfeccionar mil veces su número.

Lo que había empezado como una exhibición enteramente pasiva de una Annie bebé, con los años se convirtió en un espectáculo razonablemente profesional. Conforme fue adquiriendo razón e inteligencia, Annie se dio cuenta de que no le gustaba quedarse ahí muerta de risa para que la miraran como a un animal de zoológico. En consecuencia, pronto adquirió habilidades musicales con las que entretener al público. En lo referente a la imaginería, Annie también fue pasando por una serie de cambios. Además de lucir

Annie Jones tuvo una corta vida pero una larga carrera.

orgullosa su tupida y larga barba, se dejó crecer más de un metro el pelo de la cabeza.

Llegada la adolescencia y con dieciséis años, Annie se casó con un tal Richard Elliot. Permaneció quince años junto a él antes de divorciarse para casarse con William Donovan, que le hizo de agente. Los recién casados cortaron ataduras con P. T. Barnum y se lanzaron a una gira por Europa.

Los éxitos en el viejo continente fueron notables. La independencia de Barnum –que cabe no dudar había sangrado a Annie mientras trabajaba para él–, llenaba a la pareja de ilusión. Por desgracia, William murió de repente y Annie, que se las apañaba bien sobre los escenarios pero que carecía de iniciativa y sabía bien poco de negocios, regresó al Barnum's American Museum con el rabo entre las piernas, sin estar segura de si el viejo zorro la iba a readmitir.

Barnum había fallecido, pero el Barnum & Bailey Circus seguía en marcha, y quienquiera que para entonces se ocupara de él decidió que Annie Jones, la chica barbuda, merecía ser contratada.

La nueva etapa de Annie Jones en el negocio de Barnum arrancó bien, las salas volvían a llenarse. No obstante, la fortuna no duró demasiado. En 1902, Annie se encontraba muy mal de salud, y se mudó a Brooklyn, a casa de su madre. Allí murió de tuberculosis a los treinta y siete años de edad.

La suya había sido una vida enteramente dedicada al espectáculo bizarro, y cuando decimos enteramente hablamos en sentido literal. Annie Jones se había iniciado en el circo freak con solamente nueve meses de edad, y siguió ejerciendo prácticamente hasta el día de su muerte. Desde esta perspectiva, tal vez se trate de la artista de variedades bizarras que mayor tiempo haya pasado ejerciendo en relación a su periplo vital.

Jane Barnell

Nuestra siguiente dama velluda es Jane Barnell (1871-1945?), que nació en el seno de una familia pobre en Carolina del Norte. Llegó al mundo con la apariencia de una niña perfectamente normal, ni un solo pelo en el rostro. A su padre, George Barnell, que se dedicaba a construir caravanas, no pareció importarle gran cosa que su pequeña empezara a criar vello facial a los dos años de edad. No podía decirse lo mismo de su madre, que estaba convencida de que la pequeña era víctima de una maldición.

Sea como fuere, George Barnell mimaba a su pequeña y, si bien padre y madre la llevaron a médicos y curanderos buscando a alguien que la curara de su extraña enfermedad, no dieron con nadie que pudiera hacer nada al respecto. La tesis de la maldición fue cobrando más y más fuerza en la madre, que veía en su hija al diablo mismo. El padre, que quería a la criatura de manera genuina, no daba mayor

Jane Barnell con su padre.

crédito a su mujer, que auguraba terribles desgracias. Por supuesto, la noticia comenzó a circular, y los empresarios del circo freak comenzaron a tomar trenes y a llamar a la puerta de los Barnell. George Barnell les dijo que podían irse a paseo.

Un día, mientras se encontraba en Baltimore de viaje de negocios, una caravana circense hizo parada cerca de la cabaña de los Barnell. La madre se dirigió al circo llevando de la mano a la pequeña Jane Barnell, que contaba por entonces con cuatro años de edad. No está claro si compraron entradas, si llegaron a ver la función. Sí sabemos, que la madre regresó a casa sola. Para cuando el constructor de caravanas regresó de su viaje y se dio cuenta de lo que había ocurrido en su ausencia, ya era tarde. Efectivamente la madre de Jane Barnell la había vendido a los propietarios del circo, que hacía ya días que había abandonado Carolina del Norte y proseguía su gira por los Estados Unidos antes de dirigirse a Europa.

Una vez en el viejo continente, el circo americano se asoció a un circo alemán para emprender una gira conjunta por Alemania. Por desgracia, Berlín reservaba una sorpresa desagradable tanto para los propietarios del circo como para la pequeña Jane Barnell. La niña empezó a encontrarse cada vez peor. El diagnóstico no fue nada halagüeño: nada más y nada menos que tifus.

Asustados por posibles problemas con la ley si la pequeña fallecía, temerosos también del contagio, quienes habían adquirido a la niña la abandonaban ahora en un hospital de la beneficencia. De ahí fue trasladada a un orfanato. Se desconocen casi todos los pormenores de esta etapa vital de Jane Barnell. Sí se sabe, no obstante, que los orfanatos alemanes de la época eran duros, inflexibles, y que Jane pasó en ellos cinco años. Muy probablemente el trance endureció su carácter e hizo de ella la mujer resuelta, decidida e inflexible en la que iba convertirse alcanzada la edad adulta.

Pero no anticipemos hechos. Jane se ha repuesto del tifus. Pasan las semanas en el orfanato, pasan los meses. Se levanta cada día temprano, hace lo que le mandan. Trabaja en un taller. Para entonces ha aprendido alemán. Durante el trabajo, un buen día, la llaman aparte. Jane tiene una visita. Nadie ha visitado a Jane ni una sola vez en los cinco años que lleva en el orfanato. No tiene sentido. No entiende quién puede ser. Y sin embargo, el visitante resulta ser George Barnell, su padre, que ha pasado todo este tiempo tratando de localizar a Jane y que, milagrosamente, ha conseguido dar con alguien del negocio que le ha hablado de la gira europea, del tifus, del hospital de la beneficencia berlinés.

Jane Barnell regresaba así por fin a casa en compañía de su padre, a Carolina del Norte. Tras su desagradable experiencia con el mundo del espectáculo, Jane Bernell decidió que ya había tenido suficiente. Empezó a afeitarse regularmente, tratando de olvidarse y de hacer olvidar su condición. Tampoco quiso volver a saber nunca más de su madre, y el contacto con su padre se redujo a mínimos. Valoraba que la hubiera rescatado, pero en cierto modo los consideraba a ambos culpables de haber sido vendida como un animal, y de los terribles años que había tenido que soportar en el orfanato berlinés. Se afanó en trabajar en la granja de su abuela. A los dieciocho años trabajó también como aprendiz de enfermera en un hospital de la localidad.

Un día, mientras Jane Barnell hablaba con un vecino, también granjero, el diálogo se encarriló en la dirección del circo. El vecino le estuvo contando que, además de en la granja, trabajaba como forzudo en un circo. Jane, que seguía afeitándose y en quien no era fácil distinguir nada anormal, le habló de su, vamos a llamarla así, particularidad. El forzudo alzó las cejas y le garantizó a Jane trabajo en el circo si dejaba de afeitarse. El forzudo presentó a Jane al resto de los miembros de la troupe, y Jane quedó encantada con ellos, con el ambiente que se respiraba. La perspectiva de Jane estaba cambiando. Jubiló su navaja de afeitar. Empezó a dejarse crecer la barba. Iba a volver al circo, sí, pero esta vez bajo sus propios términos y condiciones.

La Princesa Olga, Madame Olga... Jane Barnell detentó distintos nombres artísticos hasta quedarse con Lady Olga, aunque en ocasiones actuaba también bajo el alias de Lady Olga Roderick. Del circo inicial en el que entró gracias al granjero forzudo, Jane dio el salto a otro, y a otro, y a otro más. Gestionar sus propios contratos y tomar las riendas de la situación tenía muy poco que ver con ser poco más que un pedazo de carne velludo adquirido por unos dólares y exhibido por Estados Unidos y Europa. Jane estaba satisfecha. Ganaba muchísimo más de lo que había ganado como granjera y como aprendiz de enfermera. Esta nueva etapa en el circo freak se prolongó a lo largo de casi tres lustros, y aunque como se va viendo eran muchas las mujeres barbudas que se lucían en los escenarios durante la época, la barba de Jane Barnell tiene fama de ser la más larga de todas, y si no lo fue, sin duda se cuenta entre las más notables. Nada más y nada menos que treinta y tres centímetros llegó a medir en su etapa de mayor esplendor.

Más tarde Jane probaría suerte en el teatro y en el cine, siendo el punto más álgido de su carrera como actriz su aparición en la película *Freaks* de Tod Browning en 1932. Declaraciones de Jane Barnell durante esta época parecen indicar que no terminó de captar el mensaje que pretendía transmitir el genial director al realizar el filme. Jane sostuvo siempre que la manera de representar a los fenómenos en la película era humillante y degradante, y definió el rodaje como una experiencia horrible que la traumatizó.

Decíamos que la difícil infancia había endurecido a Jane, que se ganó la fama de tener un carácter difícil y de ser una mujer sarcástica y agresiva. También de ser extremadamente individualista. Cuando en el circo se desataron huelgas y movimientos sociales para tratar de conseguir unas condiciones de trabajo dignas, Jane se negó a secundarlas alegando que las reivindicaciones no iban con ella. Durante sus actuaciones, se mostraba juguetona y dispuesta a responder cualquier pregunta que el público deseara plantearle sobre su barba o su carrera artística. Sin embargo, a las preguntas de carácter personal, respondía con malhumor, con burlas y hasta con insultos.

JOSEPH PUJOL, EL PEDÓMANO

Porque no todo van a ser espantosas malformaciones, miembros amputados y atrocidades por el estilo, nuestro capítulo dedicado a las mujeres barbudas nos brinda la oportunidad de hablar de artistas que, pese a ser aparentemente normales, presentaron espectáculos tan bizarros que se han ganado el pleno derecho a figurar aquí.

En esta categoría es imposible no pensar inmediatamente en el marsellés Joseph Pujol (1857-1945), más conocido por su nombre artístico de Le Pétomane, que podríamos traducir libremente por «El pedómano». Las habilidades de Pujol, que se definía a sí mismo como *flatulista*, se centraban, efectivamente, en tirarse asombrosos e interminables pedos. Hijo de un escultor, Pujol, cuya madre era de origen catalán, pronto mostró interés por el mundo del espectáculo.

Contaba el artista que, de niño, mientras se bañaba en el mar, sufrió una conmoción al sentir que el océano entero se introducía en su ano. Ya en la orilla, descubrió que efectivamente grandes cantidades de agua habían penetrado en

Ugo Tognazzi en el papel de Joseph Pujol en Il petomane *(1983), película dirigida por Pasquale Festa Campanile.*

él. Cuando aplicó fuerza, esta salió disparada como un géiser. Al poco descubría que podía hacer lo mismo con aire y que, con un poco de práctica, era incluso capaz de imitar el sonido de diversos instrumentos musicales.

En adelante, se dedicó a repetir su truco siempre que tuvo oportunidad de ello, y así lo hizo durante el servicio militar y en las cenas y reuniones con sus amigos. Quienes no estaban familiarizados con su habilidad especulaban acerca de qué dieta seguía Pujol para poder realizar su número. Cuando se hizo famoso, la prensa habló de cantidades ingentes de comida, de alimentos exóticos. Sin embargo, como en el caso del agua, lo que hacía Pujol con el aire era absorberlo mediante los músculos abdominales, que ejercitaba con regularidad, y seguidamente expulsarlo modulando los músculos del esfínter anal para simular flautas y violines. El pedómano era capaz también de imitar el estruendo de truenos y de cañonazos. Su amplio despliegue de efectos de sonido se complementaba con números como aquel en el que apagaba una vela manteniéndose a varios metros de ella. Otra de sus habilidades era simular sonidos de animales.

El debut de Le Pétomane en su Marsella natal, en 1887, fue un completo éxito, y pronto le aconsejaron mudarse a París, donde se estableció y actuó durante años en el mítico Moulin Rouge. Por las butacas de sus espectáculos desfilaron figuras de la talla de Sigmund Freud y el Príncipe de Gales. El pedómano se retiró de los escenarios cuando estalló la Primera Guerra Mundial. Los truenos y los cañonazos se habían vuelto, al parecer, demasiado reales.

La vida sentimental de Lady Olga merecería un capítulo aparte. Baste con decir que se casó hasta cuatro veces, y que en ninguna de las cuatro ocasiones la acompañó la suerte. Un primer matrimonio, con un músico con quien tuvo dos hijos, dio paso a un segundo matrimonio cuando su primer marido y sus dos hijos murieron. El segundo marido de Jane fue asesinado, y el tercero padecía terribles episodios de alcoholismo que empujaron a Jane Barnell a divorciarse rápidamente. Poco se sabe de su cuarto matrimonio salvo que el agraciado fue un mánager llamado Thomas O'Boyle, del que, a la larga, Jane también enviudó.

Todo apunta a que Jane Barnell murió sola, puesto que tras la muerte de su abuela había perdido definitivamente todo contacto con su familia. Ya en 1940 declaró que no había visto a ningún miembro de la misma a lo largo de los últimos veintidós años, y que sospechaba que todos habían muerto. Desconocemos asimismo el año exacto del fallecimiento de Jane Barnell. Pero Lady Olga, o comoquiera que prefiriera hacerse llamar, es ya uno más de nuestros mitos.

Julia Pastrana y Zenora Pastrana, los eslabones perdidos

El hombre más pequeño del mundo, la mujer más gorda del mundo. No es infrecuente que los nombres artísticos que mánagers y empresarios idean para sus freaks resulten, digamos, poco halagüeños. La mujer más fea del mundo fue, si tenemos que fiarnos de la publicidad, Julia Pastrana (1834-1860). Aunque tuvo también otros muchos apelativos.

La infancia y la adolescencia de Julia están envueltas en sombras. Se sabe que la representaba un norteamericano que se hacía llamar Rates. En uno de sus viajes a México, paseando por un desbaratado y sucio mercadillo de Sinaloa, Rates se cruzó por casualidad con aquella niña peluda como un oso, tremendamente grotesca, y vio una oportunidad económica en ella.

La vellosidad no era la única particularidad de Julia. Poseía también una mandíbula muy prominente y unas gruesas encías que le conferían una apariencia simiesca. Por contra, su cuerpo estaba bien desarrollado y resultaba diáfanamente claro que con el tiempo iba a resultar atractivo. La compró por una cantidad seguramente ridícula, seguramente a su propia madre, tal vez a su niñera, acaso a algún otro familiar. Con toda probabilidad engatusó a su interlocutor hablando del esplendoroso futuro que aguarda a la niña en los Estados Unidos. En la práctica, tanto la vida como la muerte de Julia Pastrana tuvieron muy poco de esplendoroso y mucho de desolador. Durante parte de su carrera, vamos a llamarla así, ni siquiera se la consideraba humana.

Rates empezó a exhibirla, o por lo menos ese es su primer espectáculo del que se tiene noticia, en 1854, en Nueva York. La presentó como «El maravilloso híbrido entre mujer y oso». Durante esta época, la muchacha atrajo la atención de médicos y científicos, y por supuesto la prensa amarillista no pudo dejar escapar el tema. Los medios describieron a Julia como «un híbrido entre humano y orangután» y «un horror con voz melódica». Al parecer, Rates había adiestrado a la joven para que cantara durante sus exhibiciones. También la había enseñado a bailar. La ciencia, por su parte, describió a Julia como «una de las criaturas más extraordinarias de la actualidad».

Tras su éxito en Nueva York, Julia fue cedida temporalmente a un nuevo dueño, un tal J. W. Beach, que se la llevó a Cleveland. Allí, nuevamente la ciencia se interesó por ella, y parece ser que uno de los doctores que la examinaron declaró que pertenecía a una especie distinta de la humana.

La frase, por supuesto, tenía impacto comercial, y los empresarios y mánagers de Julia se aseguraron de que en adelante figurara siempre entre los textos promocionales. El dinero, lo sabemos, es un lubricante universal, y no queda no obstante claro si el médico en cuestión fue untado para que hiciera tales declaraciones, ni siquiera si existió alguna vez tal médico.

A las distintas exhibiciones por los Estados Unidos le siguió una gira europea en compañía de un nuevo dueño un tal Lent, que de acuerdo con algunas fuentes fue el dueño de Julia desde el mismísimo principio, y también el individuo que la había encontrado y comprado en el mercadillo de Sinaloa. Si aceptamos esta teoría, Lent habría ido cediendo a Julia a los promotores que hemos ido nombrando a cambio de sumas de dinero nada desdeñables.

En cualquiera de los casos, Julia tenía encanto y tenía gracia, fascinaba allá por donde pasaba. En Londres, los periódicos se referían a ella como «una sensacional y novedosa atracción». Su tour por Inglaterra fue un éxito rotundo, pero tuvo además un impacto beneficioso en la imagen pública de Julia: por primera vez y sin ningún tipo de ambages, la prensa la humanizaba. Los artículos británicos, largos y detallados, especulan sobre Julia a nivel científico, describen su apariencia física. Sin embargo, prestan atención también a la persona, a la que se refieren como dulce y educada. Pese a su juventud y a las condiciones en las que había crecido, Julia hablaba tres idiomas y había desarrollado un refinado gusto por la literatura y por la poesía. Le encantaba viajar y, decían los artículos, cocinaba fabulosamente bien.

La curiosidad de Julia era grande, y ella fue siempre la primera interesada en averiguar quién era, por qué era diferente a los demás. Se mostraba, por lo tanto, muy cooperativa con todos los médicos y científicos que sentían interés por ella, que a lo largo de los años fueron muchos. El propio Charles Darwin se refiere a ella en su publicación *The Variation of Animals and Plants Under Domestication, vol. II*. Y aunque al parecer Darwin no estaba demasiado bien informado acerca de los orígenes de Julia, a quien identifica como española, lo hace en estos términos: «Julia Pastrana, una bailarina española, fue una mujer extraordinariamente delicada, pero tenía una tupida barba y una frente muy velluda. Fue fotografiada y exhibida, pero lo que nos interesa es que, en ambas quijadas, la superior y la inferior, tenía una doble hilera de dientes dispuestos de manera irregular, una de las hileras colocada en el interior de la otra (...). Debido al exceso de dientes su boca se proyectaba hacia adelante, y su cara tenía en consecuencia la apariencia de un gorila».

Como era de esperar, también el magnate de los freaks, el mismísimo P. T. Barnum, se interesó por Julia, la visitó personalmente e hizo numerosos intentos por ficharla. No obstante, sus dueños lo tenían todo atado y bien atado, y no hubo manera.

Los textos de la época cuentan que, cuando a Julia se la interrogaba acerca de la fama y la riqueza, decía estar contenta con su situación, y que el dinero le interesaba poco. No obstante los escenarios seguían llenándose. Londres y Berlín estallaban en aplausos. ¿Tenía idea Julia de las ingentes cantidades de dinero que estaba generando? ¿De la explotación a la que la sometían Lent y sus demás propietarios? Con toda probabilidad sí. Hay que ver esta última respuesta como una consecuencia de la baja autoestima y del no poco miedo, derivados de ser tratada como un animal durante años.

Las siguientes paradas del tour tuvieron lugar en Alemania. En Leipzig, Julia protagonizó una obra de teatro titulada *Der curierte Meyer* sobre un joven alemán que se enamora de una muchacha que

lleva siempre el rostro cubierto por un velo. Cada vez que el joven alemán abandona el escenario, Julia se alza el velo, el público se desternilla. La obra concluye cuando el joven alemán ve finalmente el rostro simiesco de su amada y sale huyendo horrorizado. Tras unas pocas funciones, la obra fue prohibida por las autoridades, que la consideraron indecente y perniciosa para la moral, pero para entonces había levantado ya un gran revuelo.

El periódico *Die Gartenlaube Illustriertes Familienblatt,* el medio en alemán con mayor difusión del momento, publicó una extensa entrevista con Julia profusamente ilustrada en la que la muchacha contaba anécdotas sobre sus giras por los Estados Unidos y Europa, y en la que sostenía además que no paraba de recibir propuestas de matrimonio, y que hasta la fecha había rechazado hasta a veinte pretendientes por no parecerle lo suficientemente ricos.

Las declaraciones, en clara contradicción con las realizadas en otros medios a los que Julia había insistido sobre su falta de interés por el vil metal, hizo sospechar a muchos que tras estas palabras se encontraba el tal Lent o quienquiera que fuera su verdadero propietario en aquel momento. De acuerdo con esta tesis, estaban presionando a Julia a decir cosas por el estilo con la esperanza de atraer a un pretendiente rico al que vender a la muchacha.

La teoría se vino abajo cuando el tal Lent se casó con Julia en 1857. Que no fue un matrimonio por amor, queda sobradamente documentado. Lent ejercía un control inflexible sobre la joven freak. A lo largo de los años la había obligado a someterse a actuaciones humillantes y tratos degradantes, había negado su humanidad presentándola como el eslabón perdido, como un animal. Y mientras no se encontraba en los escenarios, Julia tenía prohibido salir de su habitación para que nadie pudiera verla sin aflojar el importe de la entrada. En cierto momento, de hecho, se habían llegado a alzar rumores en los medios acerca de que Julia bien podía tratarse de una especie de ingenio mecánico, un autómata. Puesto que habladurías en esta línea envolvían al producto en un halo de misterio económicamente provechoso, Lent no sólo no lo desmintió nunca, sino que en cierto modo alentó la creencia.

Todo apunta, así pues, a que Lent se había casado con Julia por temor a perder su lucrativa fuente de ingresos a manos de sus rivales. Se rumorea que por aquel entonces P. T. Barnum estaba haciendo nuevos movimientos para hacerse con el control de la muchacha. Las declaraciones a la prensa de Julia tal vez formaran parte de algún oscuro plan, tal vez la joven solamente estaba bromeando.

Por otra parte, Julia, tras años y años de cautiverio, padecía una clara manifestación del síndrome de Estocolmo. Estaba genuinamente enamorada de Lent pese a lo mal que la trataba. Y así, durante una gira que llevó a Julia Pastrana por los escenarios de Polonia y Rusia, en 1859, Julia descubrió que estaba embarazada.

Julia quería que el niño se pareciera a su padre. Lent, por su parte, no veía el momento de lucrarse todavía más si el niño resultaba parecerse a la madre. El parto, que tuvo lugar en mitad de la gira y en un hospital de Moscú, fue difícil, presentó muchas complicaciones. El 20 de marzo de 1860, Lent saltaba de júbilo al ver confirmadas sus ambiciones. Julia dio a luz a un recién nacido cubierto de vello y con un físico un tanto inquietante. El bebé únicamente sobrevivió treinta y cinco horas.

Julia, por su parte, salió del trance con graves secuelas. Lent siguió volcado en su promoción y vendiendo entradas para las actuaciones pese a ser perfectamente consciente de los problemas de salud que atravesaba su esposa, y de la profunda depresión en la que andaba sumida. Cuatro días después, la agonía de Julia daba comienzo. Cinco días tras la muerte de su hijo, Julia abandonaba también este mundo.

La historia de Julia Pastrana es particularmente triste puesto que sus entrevistas y los testimonios de quienes la conocieron parecen dejar constancia de que era una mujer feliz cuando, en realidad, fue inflexiblemente explotada a lo largo de toda su existencia. Su dependencia sentimental de Lent es sin duda uno de los elementos más perturbadores de su periplo por los escenarios de este mundo, que sin embargo no concluye aquí. La codicia de Lent nunca se detuvo, y mientras esta duró, Julia Pastrana no conoció el descanso ni siquiera después de muerta.

Tras los fallecimientos de su esposa y de su hijo, Lent se cuidó bien de que los cadáveres no fueran enterrados. En la Rusia de la época, las autoridades eran laxas a este respecto si sabías a quién untar, y el instinto comercial de Lent le condujo hasta el profesor Sukolov, que trabajaba en la Universidad de Moscú y estaba interesado en la difunta y en su hijo. Lent le vendió los cuerpos para que fueran diseccionados en el Instituto Anatómico.

No queda claro si se llevó a cabo alguna disección. Sí se sabe sin lugar a dudas que Sukolov embalsamó y momificó los cadáveres de Julia y su hijo. El proceso se extendió a lo largo de seis meses, pero el resultado fue impresionante. Aun momificados, Julia Pastrana y el pequeño lucían como si estuvieran vivos, y Sukolov los expuso en la universidad. Jamás el Instituto Anatómico de Moscú había tenido tal afluencia de público.

Si fue el propio profesor Sukolov quien se ocupó de organizar la posterior gira de ambas momias o si las vendió a terceros que se ocuparon de rentabilizarlas, es una incógnita. Sea cual fuere el caso, los cadáveres embalsamados de Julia Pastrana y su hijo transitaron por oscuros museos de tercera categoría en ciudades como Londres y Viena, y luego por diversos locales de Alemania. En Múnich, las momias se exhibían en compañía de una mujer barbuda que se presentaba como Zenora Pastrana, y que afirmaba ser la hermana de Julia. Al igual que Julia, Zenora cantaba y bailaba para los espectadores. Su verdadero nombre era Maria Bartels, y por supuesto no guardaba la menor relación con la difunta.

Zenora Pastrana prosiguió con su gira en una dirección, mientras que las momias de Julia y su hijo se iban por otra. El flujo de dinero no cesaba, desalmados empresarios seguían lucrándose. Y entretanto, hablando de desalmados empresarios, ¿qué había sido de Lent?

Las ganancias que estaban generando su difunta esposa y su hijo habían llegado finalmente a sus oídos. Indignado por no estar llevándose su tajada del pastel, emprendió los procedimientos legales para reclamar los cadáveres. Tras presentar su certificado de matrimonio, los documentos que atestiguaban que los cuerpos pertenecían al profesor Sukolov quedaron invalidados. No obstante, los cadáveres llevaban ya tiempo de gira, en manos de terceros, y Lent pasó por no pocas dificultades para recuperarlos y seguir así alquilándolos y ganando dinero con ellos.

A oídos de Lent, por otra parte, llegaron también noticias de la existencia de Zenora Pastrana, cuyo nombre real era Maria Bartels. Ni corto ni perezoso, Lent se lanzó a conocerla en persona para terminar descubriendo que no se trataba de otra mujer barbuda más. Maria era, en realidad, hija de un adinerado hombre de negocios de la época que, avergonzado por la criatura que había engendrado, la mantuvo escondida a lo largo de toda su infancia. Alcanzada cierta edad, comenzó el periplo de Maria por el mundo del espectáculo. De hecho su apariencia física era muy similar a la de la difunta Julia. Lent no podía creer el golpe de suerte que acaba de tener. Solicitó un encuentro con el padre de Maria, a quien le pidió la mano de su hija. Le juró que, si se la concedía en matrimonio, jamás la exhibiría en público. El padre aceptó y así fue cómo Lent se casó por segunda vez con el eslabón perdido.

No hace falta decir que la palabra de Lent era papel mojado. Apenas había finalizado la boda, estaba organizando tours con Zenora Pastrana como protagonista. Recordemos que, para entonces, el codicioso empresario y promotor se las había apañado ya para localizar los cadáveres. En consecuencia, durante un tiempo Zenora Pastrana volvió a celebrar numerosos espectáculos en compañía de las dos momias.

El rastro de Lent y Maria se difumina en San Petersburgo. Se sabe que Lent adquirió allí un modesto museo, donde exhibió ambas momias y una colección de figuras de cera. Una vida enteramente entregada al lucro había hecho de él un hombre de negocios asombrosamente rico. Sin embargo, al parecer tampoco salió indemne de la absoluta falta de humanidad de la que había hecho gala en todo momento. Su carácter viró cada vez más a lo extraño, se volvió verdaderamente intratable. Maria certificó

Julia Pastrana, ¿el eslabón perdido?

que algo marchaba rematadamente mal cuando un día lo descubrió haciendo pedacitos gruesos fajos de billetes y arrojándolos al río. Lo último que se sabe de Lent es que fue hospitalizado a causa de sus trastornos mentales. Su pista desaparece tras las celdas acolchadas de un manicomio.

Maria, por su parte, realizó nuevas actuaciones como Zenora Pastrana y en compañía de las momias de Julia Pastrana y su hijo. A lo largo de las siguientes décadas, los cadáveres cambiarían de manos infinitas veces. En el transcurso de las mismas, la momia del niño sufre daños y se pierde para siempre.

En 2012, una Comisión Nacional de Investigación mexicana exige que los restos de Julia Pastrana sean devueltos a su Sinaloa natal y sean convenientemente enterrados por motivos de honestidad, de dignificación y de respeto a los derechos humanos. Por fin, en febrero de 2013, la momia de Julia es localizada y entregada a las autoridades mexicanas. El sepelio de Julia Pastrana tiene lugar el 13 de febrero. Para entonces Lent lleva mucho tiempo muerto. Julia Pastrana puede al fin descansar en paz.

MONSIEUR MANGE TOUT, EL DEVORATODO POR ANTONOMASIA

La disciplina de devorarlo todo, absolutamente todo, cuenta con una cierta tradición en el circo freak, y en sus versiones más estándar engloba a figuras como el tragasables. Sin embargo, para encontrar al mejor en su categoría, al devoratodo por antonomasia, no es preciso retroceder hasta los tiempos del insigne P. T. Barnum.

Michel Lotito es de hecho contemporáneo nuestro, puesto que nació en 1950 y no falleció hasta 2007. Francés, al igual que nuestro Le Pétomane, Lotito se dio cuenta desde muy niño de que era capaz de ingerir prácticamente cualquier cosa sin consecuencias. El repetido impulso que sentía por meterse cosas en la boca y tragárselas le fue diagnosti-

Michel Lotito era capaz de comer de todo,
incluso una avioneta entera.

cado como patología. La preocupación en la familia era grande, puesto que este tipo de desórdenes acostumbran a tener fatales consecuencias entre quienes los padecen. Para la sorpresa de los médicos y especialistas que trataron a Lolito, no obstante, su revestimiento estomacal e

intestinal era tan grueso y resistente que ni siquiera ingiriendo objetos punzantes padecía heridas internas. Al parecer sus líquidos digestivos eran también insólitamente agresivos, con lo cual eliminaban gran parte del material que ingería; el resto lo defecaba si mayor problema.

Lolito hizo de su patología su profesión. En los años setenta debutaba con su espectáculo, y a lo largo de los ochenta fue uno de los artistas mejor pagados de Francia. En sus actuaciones, Lotito desmontaba televisores, bicicletas, carritos de la compra y todo tipo de electrodomésticos, y se los comía pedazo a pedazo. Daba igual si se trataba de metal, de cristal, de caucho, Monsieur Mangetout –el señor Comelotodo, que así se presentaba– podía con todo tipo materiales.

Como sucede con todo freak que se precie, en las historias que contaba Lolito se entremezclaban realidad y ficción. Pero si hemos de creerle, y tenemos buenas razones para hacerlo, en 1978 le asestó un primer bocado a una avioneta, y en los dos años que mediaron hasta 1980, se la fue comiendo hasta no dejar nada de ella. Y es que solamente en sus espectáculos, se calcula que a lo largo de los casi cuarenta años que pasó subido a los escenarios, Monsieur Mange Tout, el devoratodo por antonomasia, llegó a zamparse casi nueve toneladas de metal.

CAPÍTULO 7
TATUAJES INTEGRALES Y MODIFICACIONES CORPORALES

Mortado se hizo perforar manos y pies para convertirse en una fuente humana, para protagonizar una crucifixión tras otra. Podría haber buscado trabajo en un almacén, haber estudiado, haber trabajado en una oficina. Podría haber hecho lo que hacen la práctica totalidad de los mortales. Pero Mortado tenía sus propios planes, y no se detuvo hasta dar con un cirujano dispuesto a practicarle la mutilación.

Hubo otros casos análogos en la época, por supuesto. No obstante, si nos detenemos a echar cuentas, son pocos. Como estamos teniendo oportunidad de ver, Grady Stiles Jr. no elige nacer con pinzas en vez de manos. Robert Pershing Wadlow no elige los casi tres metros de estatura que llega a alcanzar. Fedor Jeftichew no elige tener el rostro enteramente recubierto de pelo. Giacomo y Giovanni Battista Tocci no eligen nacer siameses.

La naturaleza, repitámoslo, es extravagante y arbitraria. Un error a nivel celular, un gen que se desmadra, le puede tocar a cualquiera. Lo cual nos conduce a la cuestión: Si a los fenómenos a los que acabamos de pasar repaso se les hubiera ofrecido la posibilidad de renunciar a sus particularidades, a todo cuando los hizo especiales, si se les hubiera brindado la oportunidad de ser, vamos a decir normales, ¿qué habrían elegido?

La intuición nos dice que unos cuantos, probablemente muchos de ellos, tal vez casi todos, habrían optado por la normalidad. Por lo común, por lo estándar. Habrían escogido ser ciudadanos corrientes y molientes. Sí, en la inmensa mayoría de casos la condición de freak no es fruto de una decisión. El presente capítulo está, no obstante, dedicado a una categoría poco frecuente de prodigios: freaks que lo son por vocación.

A diferencia de quienes padecen patologías de nacimiento, que acostumbran a gozar de la compasión y de la simpatía del gran público, El Gran Omi y el resto de su cuadrilla son así los únicos miembros del circo en el que andamos embarcados en ser cuestionados y criticados. Parte de la sociedad los desprecia por las atrocidades que se hacen practicar. Los ataques les llueven por parte de médicos y defensores de la salud, líderes sociales, mentes bienpensantes.

¿Quién querría convertirse en un freak? ¿Y para qué, con qué fin? Cada cual es muy dueño de llegar a sus propias conclusiones, a sus propias respuestas. Sin embargo, tras pasar revista a alguna de las biografías que conforman este capítulo y compararlas con las grises existencias de almaceneros y oficinistas, mucho nos tememos, más de uno va a tener que reconsiderar sus ideas y poner en cuarentena sus prejuicios.

Horace Ridler, el hombre cebra

Horace Leonard Ridler (1882-1969), además de ser uno de los hombres tatuados más populares de todos los tiempos, ejemplariza plenamente la figura del freak vocacional. Nació en Surrey, Inglaterra, en el seno de una familia adinerada. Fue enviado a las mejores escuelas británicas del momento. Se graduó en la universidad con honores, probablemente Oxford o en Cambridge, aunque en ningún lugar constan los estudios que cursó. Podría haberse dedicado a lo que le apeteciera. Podría haber sido quien se propusiera. Hombre de negocios, empresario, fabricante, médico, abogado, científico. A Horace Ridler, sin embargo, no le interesaba nada de todo esto. Decidió, en cambio, alistarse en el ejército, y posteriormente transformarse concienzudamente en un freak, tatuarse como nadie lo había hecho hasta entonces, incluidas la cabeza y la cara. Nacía así el asombroso hombre cebra. O el gran Omi, el otro nombre artístico bajo el que se presentaba.

Que Horace no sentía el menor interés por la vida burguesa y tenía, en cambio, una debilidad por lo aventurero y lo insólito queda documentado por su temprana adhesión al ejército británico. No se le debió de dar mal puesto que para cuando se licenció, después de la Primera Guerra Mundial, ostentaba el rango de mayor. Para en-

Horace Ridler se tatuó todo el cuerpo y parecía una cebra.

tonces se cuenta que se había hecho ya unos cuantos tatuajes. Se abre aquí un período en el que le perdemos la pista. Con toda probabilidad Horace disfruta de la vida civil tras años y años de disciplina militar. Las pocas fuentes que citan su nombre, lo asocian a la generación perdida, a fastuosas fiestas sin fin en las que dilapida toda su fortuna, y posteriormente recurre a la herencia familiar, que también agota.

No fue hasta 1922 que llegaron los problemas financieros. Horace, eminente hombre de acción, como ha demostrado en el campo de batalla, no siente la menor atracción por lo que sucede en los despachos y en las oficinas, que son a priori las opciones elementales para que un hombre de su categoría se gane la vida. Ve entonces en el mundo del espectáculo una nueva aventura, además de una vía rápida para alcanzar fama y fortuna, y poder retomar acaso su despreocupado nivel de vida.

Un anónimo tatuador chino es el encargado de completar los numerosos tatuajes que Horace Ridler traía ya del ejército, y de complementarlos con otros nuevos. Por aquel entonces tatuarse no era ni mucho menos tan frecuente como ahora. Cuando tras sesiones y más sesiones Horace sale a la calle, todo el mundo se vuelve para mirarle, llama poderosísimamente la atención. El hombre cebra tal y como lo conoció el mundo está todavía lejos de completar su proceso de transformación, pero Horace comienza a realizar unas primeras incursiones en ferias y espectáculos que le reportan pingües beneficios. Este primer éxito le alienta a seguir adelante.

El artista definitivo que se encargará de convertirlo en la cebra humana será George Burchett, el más renombrado tatuador de Londres, a quien Horace Ridler comienza a visitar en 1927 con un ambicioso plan que requerirá muchas, muchísimas sesiones de trabajo, y que lo transformará en un mito del tatuaje moderno de alcance mundial. Horace se afeita la cabeza antes de abordarlo, puesto que el cráneo también conformará parte del lienzo para lo que se propone. Los antiguos tatuajes de Horace son, así pues, cubiertos con gruesas franjas que se extienden por todo su cuerpo. En cada fase del proceso, por más que las sesiones se espacian para prevenir problemas de salud, Horace permanece buena parte del tiempo en cama con acusadas inflamaciones cutáneas.

Cabe aclarar en favor de Burchett que, inseguro frente a la demencial propuesta de Horace, no se decidió a hacer el trabajo hasta tener claro que su cliente no se arrepentiría. No sólo mantuvo largas discusiones con él, sino que no empuñó la aguja hasta no contar con una aprobación por escrito firmada tanto por Horace Ridler como por su esposa Gladys.

Para algunas fases del proceso de creación del hombre cebra, como las dedicadas a la garganta, llega a precisarse cirugía. Por otra parte, las más de ciento cincuenta horas de trabajo que empleó el célebre tatuador trabajando en el cuerpo de Horace Ridler tuvieron un coste de más de diez mil dólares, o eso por lo menos fue lo que contaba más tarde el hombre cebra cuando subía a los escenarios. A este respecto la controversia es grande, puesto que George Burchett afirmó posteriormente que Horace mentía: el precio nunca superó los tres mil dólares, que por otra parte Horace nunca terminó de liquidar.

En cualquier caso, una vez se recuperó de la última sesión, Horace Leonard Ridler empezó a ejercer como fenómeno de circo a jornada completa. Desafortunadamente, si el plan salió de fábula a nivel estético, no funcionó tan bien como Horace había imaginado en términos económicos, por lo menos al principio.

Sus primeras actuaciones tras pasar por las manos de George Burchett las realiza en un circo de Paddington, en su Inglaterra natal, aunque pronto se une a un circo francés y va pasando de un circo a otro, de una feria a la siguiente. Alterna los nombres artísticos de «El hombre cebra» con Omi el grande. Cosecha sentidos aplausos, pero la etapa más gloriosa del circo freak ha quedado atrás. La remuneración no es siempre tan satisfactoria como le gustaría. La vida de feriante es una sucesión de incomodidades. Así pues, trabajos bien pagados y cómodos se alternan con otros donde el dinero escasea y las condiciones son malas.

Inasequible al desaliento, con ánimo de revertir la situación, Horace no se conforma con el tatuaje integral, y a lo largo de los años posteriores se embarca en otras modificaciones corporales, convirtiéndose así en un pionero de las mismas. Se hace pues extender los lóbulos de ambas orejas y realizar perforaciones para poder introducir objetos en ellas. Tras largas pesquisas y después de cosechar muchas negativas, da por fin con un dentista dispuesto a limarle la dentadura a medida. Se hace, por último, a perforar el tabique nasal con la intención de colocarse objetos atravesados.

Su esposa Gladys, que debuta frente al público bajo el nombre artístico de Omette, viaja con él en las giras, realiza las presentaciones. Tras la pertinente introducción, El Gran Omi detalla cómo sus tatuajes son en realidad producto de las largas horas de tortura a las que le sometieron unos secuestradores.

Aunque médicos y defensores a ultranza de la salud cargan contra Horace en artículos que aparecen publicados por doquier en todo tipo de medios, la carrera de Horace despega finalmente, en buena parte gracias a sus shows a lo ancho y a lo largo de los Estados Unidos, en especial a los que celebra en Nueva York. Horace Ridler trabaja, por supuesto, para lo que queda del negocio que iniciara el inefable P. T. Barnum. Una entrevista en un programa de televisión de alcance nacional en compañía de su esposa Gladys termina de obrar el milagro. Horace Leonard Ridler, El Gran Omi es ahora una estrella, y junto a Omette, su mujer, viajará por todo el globo y actuará en diversos puntos de Europa, así como en países como Nueva Zelanda y Canadá.

La nota irónica de esta historia llega con el estallido de la Segunda Guerra Mundial, cuando este antiguo mayor del Ejército Británico viaja de regreso a su Inglaterra natal y se ofrece a incorporar-

se a filas. Los responsables lo juzgan «demasiado raro» y no lo aceptan en las fuerzas aliadas. Sin embargo, donde no alcanza Horace, llega Omi, que organiza una serie de funciones benéficas cuyos ingresos se destinan íntegramente a las tropas británicas.

Para cuando Omi se retiró finalmente de los escenarios, hacia 1951, era ya mundialmente conocido, y a lo largo de las casi dos décadas que mediaron hasta su fallecimiento se convirtió en un icono de la modificación corporal y en una figura de la contracultura. Numerosos reportajes, películas y libros pasaron y siguen pasando repaso a su vida. Por injusto que resulte, las vidas de los freaks tienen un marcado componente de tragedia, y no es extraño que nuestros protagonistas terminen sus días arruinados y enfermos, ni que fallezcan jóvenes. En esta ocasión, afortunadamente, el freak gana. El Gran Omi murió en 1969, a los ochenta y siete años de edad, feliz y en compañía de la mujer a la que amó y junto a la cual había recorrido los escenarios del mundo entero.

Y así, el niño que nació como prometedor y adinerado estudiante y que más tarde se convirtió en militar de acción para finalmente transformar voluntariamente su cuerpo en un prodigio sin parangón, terminaba plácidamente sus días en un pequeño pueblo de Inglaterra.

George Costentenus, el príncipe griego

George Costentenus (1833-?), que actuó bajo los sobrenombres de El Capitán Costentenus, El príncipe tatuado, El príncipe griego y otros alias, presumía de ser el primer hombre tatuado que se exhibía en los Estados Unidos. Es este un puesto muy disputado, y todo parece indicar que la cima del podio es para James F. O'Connel, cuya fecha exacta de nacimiento se desconoce pero que llegó a Nueva York en 1835 y empezó a trabajar a las órdenes de P. T. Barnum en 1842.

Dicho esto, no cabe duda de que el Capitán Costentenus alcanzó una popularidad mucho mayor, y que fue por méritos propios. En especial durante la década de 1870, Costentenus arrasó. Por una parte, estaba su cuerpo, enteramente cubierto de tatuajes, sólo las palmas de las manos y las plantas de los pies aparecían sin mácula. Los dibujos que lo recubrían por completo eran exóticos, representaban animales y plantas de todo el mundo, totalizaban hasta trescientas ochenta y ocho especies diferentes. Quienes acudían al museo de P. T. Barnum podían pasar largos ratos examinándolo hipnotizados, sin terminar nunca de verlo por completo.

No obstante, si El Capitán Costentenus arrasó, fue sobre todo por la fuerza con la que narraba su propia vida cada vez que subía al escenario. Se cuenta que hablaba con gran aplomo y que su voz era cautivante e hipnótica.

George Costentenus provenía de una familia de nobles griegos con la que había crecido en paz en su lejana tierra natal. Había vivido en la pompa y el lujo, disfrutado de los mejores vinos, de los más deliciosos manjares. En el seno familiar no se respiraba otra cosa que amor, y los Costentenus eran queridos y respetados por el pueblo. George era un niño feliz. Nunca le faltó de nada. Y de pronto su mundo se derrumbó, la tragedia irrumpió en su vida adoptando la forma de un grupo de hombres armados que, entrando a sangre y fuego en palacio, pasaron por la espada a quienes se cruzaron en su camino. El pequeño Costentenus fue testigo de cómo aquellos desconocidos asesinaban a sus padres frente a él.

Pronto se dio cuenta de que el golpe de estado había sido orquestado por un déspota que, inmediatamente, tomó el control de palacio. El déspota, por su parte, al descubrir que George seguía vivo, valoró entre hacerlo asesinar, pero descubrió por otra parte que le había cogido cariño y no sólo le permitió conservar la vida, sino que lo adoptó.

George fue así entregado a las mujeres del déspota para que lo criaran. El déspota disfrutaba, de hecho, de un harén integrado por decenas y más decenas de complacientes y turgentes esposas. El pequeño Costentenus así, fue dejando atrás su pequeñez conforme recibía cariño y atenciones de todas aquellas bellas mujeres. Para cuando alcanzó la adolescencia, George estaba familiarizado ya con las más sofisticadas y recónditas técnicas amatorias, conocía al detalle todas y cada una de las formas de dar y de recibir placer. La vida para George a lo largo de esta etapa era una vorágine de sensaciones deliciosas que se interrumpían en seco con la llegada de los piratas.

Y es que la irrupción en Palacio de los piratas nadie la vio venir, y sin embargo para cuando George quiso darse cuenta habían pasado a su protector a cuchillo, habían asesinado a sus subalternos y secuaces, y habían nombrado capitán a George, que en adelante iría al frente de la cuadrilla de piratas, la más despiadada y temida que haya jamás surcado los mares.

Tras capitanear el barco pirata y ejercer la piratería durante un tiempo, de algún modo, el Capitán Costentenus se las apañaba para terminar encerrado en otro harén, en el que volvía a disfrutar de sus zonas erógenas y a dar amor nunca nadie lo ha dado. Y de algún modo, después de intentar escapar del harén en compañía de la más bella de las esclavas, George era capturado por los soldados. Eran capturados también los tres conspiradores que le habían ayudado a planificar y a perpetrar la fuga.

Encadenado junto a los tres conspiradores, George era conducido a presencia del dueño de la muchacha. El dueño estaba furioso. El dueño les explicaba entonces a los cuatro cautivos que tenían que elegir: podían morir de hambre, ser empalados, ser apuñalados hasta la muerte, ser arrojados a los tigres, ser quemados vivos, ser despedazados. O bien, efectivamente, ser tatuados por las bellezas del harén.

Los cuatro hombres respiraban aliviados al fin tras la larga perorata. Los cuatro escogían ser tatuados, por supuesto. No podían sospechar entonces el suplicio que les aguardaba.

Tras encadenarlos al suelo, aquellas mujeres empuñaban sus agujas y los tatuaban de sol a sol, sin tomarse un descanso. Los días daban paso a las semanas y el suplicio daba paso a la agonía. El dolor era insoportable. Tres meses duró el calvario. Para cuando el dueño, que andaba de viaje, regresó a su harén, todos estaban muertos. Sólo El Capitán Costentenus había sobrevivido.

Bien pensado, el Capitán Costentenus había cumplido la pena dictada. El dueño del harén no sabía qué hacer con él. Tras darle muchas vueltas, lo mandó vender en el mercado de esclavos, donde una mujer americana lo adquirió.

Tras completar un tour por Europa exhibiéndolo, aquella dama lo había llevado a los Estados Unidos, donde El Capitán Costentenus

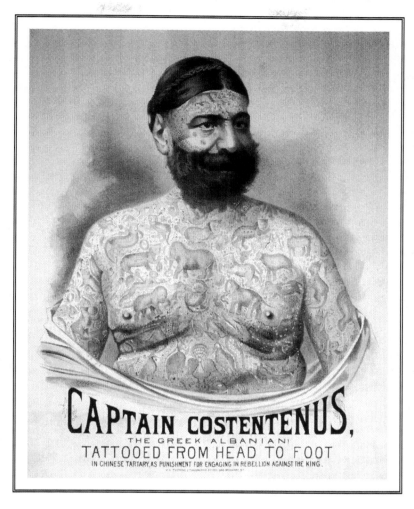

CAPTAIN COSTENTENUS,
THE GREEK ALBANIAN,
TATTOOED FROM HEAD TO FOOT
IN CHINESE TARTARY AS PUNISHMENT FOR ENGAGING IN REBELLION AGAINST THE KING.

había tenido la suerte de conocer a P. T. Barnum y poder ponerle al tanto de todo lo que le había pasado. El Capitán Costentenus decía que las norteamericanas eran muy bellas, que Norteamérica le fascinaba pero que sus mujeres eran verdaderamente especiales. El Capitán Costentenus aprovechaba, llegado este punto, para recalcar lo bien que se le daba el amor, lo experimentado que estaba en la cama, lo locas que las volvía.

CUANDO LA MODIFICACIÓN CORPORAL ES CULTURA: UN ACERCAMIENTO ANTROPOLÓGICO A LA MUTILACIÓN RITUAL

Es cierto que las modificaciones corporales extremas, como se las conoce a día de hoy, son un fenómeno que pasa por un momento particularmente exitoso. Pero no es menos cierto que las automutilaciones a la que se someten voluntariamente los iconos de esta disciplina a la que acabamos de pasar repaso no son tan extrañas como pudiera parecer a primera vista.

El fenómeno social que en antropología se etiqueta como mutilación ritual, lleva acompañándonos como especie desde el mismísimo nacimiento de la humanidad. Mutilaciones rituales que sobreviven a día de hoy son, sin ir más lejos, la circuncisión, y también la ablación, la tristemente célebre mutilación genital femenina.

Sin embargo, otras variedades de mutilación ritual están presentes en multitud de culturas. Se dan en especial durante los así llamados ritos de paso, liturgias a través de las cuales se brinda al adolescente la oportunidad de convertirse en adulto y de dejar definitivamente atrás la niñez. Para ello el adolescente habrá de superar una o más pruebas, y muchas de ellas implican dolor, y la aplicación de técnicas que dejen algún tipo de marca. En Kenia, los masái y los sumburu, por ejemplo, practican a sus jóvenes profundos cortes, tras lo cual aplican a las heridas una serie de aceites y ungüentos que previenen la correcta cicatrización del tejido y que dejan en la carne y en la piel profundas e indelebles marcas. En otras tribus y culturas, se ilustra también la piel permanentemente durante los ritos iniciáticos, y es que también los tatuajes son tan viejos como la propia humanidad.

Si buscamos otras manifestaciones de la mutilación integrada en la cultura, las encontraremos fácilmente en las prácticas orientales orientadas a asfixiar el normal desarrollo de los pies para que permanezcan pequeños. También en la etnia tailandesa conocida como padaung, que proviene en realidad de Myanmar, país del que fue expulsada. Las mujeres de la tribu padaung son, efectivamente, las famosas «mujeres jirafa» que todavía hoy se pueden ver en los espectáculos turísticos tailandeses. La leyenda cuenta que, desde muy pequeñas, les iban introduciendo anillos de metal alrededor del cuello para hacerlas invulnerables a las mordeduras de las bestias. Miembros de la tribu insisten, por el contrario, en que se persigue únicamente la belleza.

Mujer de la etnia padaung.

Cualquiera que sea el caso, anillo tras anillo, el collar va estirando el cuello de la mujer hasta extremos insospechados. Al final del proceso, el anillo puede pesar hasta cinco kilos.

Convertirse en mujer jirafa, insisten los padaung, es estrictamente voluntario. Sin embargo, son todavía muchas las mujeres de la tribu que se prestan a ello, a pesar de que la presencia del collar deforma indefectiblemente la columna vertebral, además de desplazar fatalmente hacia abajo la caja toráxica y las clavículas, ocasionando todo tipo de desviaciones.

Cuentan también los padaung que, antiguamente, se castigaba a las mujeres que hacían gala de un mal comportamiento retirándoles los anillos. Puesto que el cuello queda dramáticamente debilitado tras el proceso, las mujeres a las que la tribu pretendía avergonzar se distinguían con facilidad del resto por su incapacidad para mantener la cabeza enhiesta.

Todo esto y mucho más contaba George Costentenus al público, que asistía embelesado a su demencial crónica autobiográfica. Esta también podía adquirirse en forma de libro a la salida de las actuaciones, bajo el título de *The Life and Adventures of Captain Costentenus, the Tattooed Greek Prince written by himself*, o lo que es lo mismo, *Vida y aventuras del Capitán Costentenus, el príncipe griego tatuado, escrita por él mismo*.

La auténtica biografía de Constentenus es, paradójicamente, una de las más nebulosas con las que podemos toparnos quienes nos interesamos por los freaks. Parece ser que había nacido en Albania, entre 1833 y 1836, y que se había hecho tatuar todo el cuerpo con el fin expreso de exhibirse. El artista que se había encargado de llenar cada centímetro del capitán con ilustraciones de fauna y flora permanece a día de hoy inidentificado. Se sospecha que pudieron ser varios, dada la magnitud de la obra. El grado de detalle es sorprendente para la época, y el nivel de maestría excepcional. El tatuaje le recubría, además, cada rincón sin excepción. Desde la cara hasta el cuero cabelludo, desde los genitales a las membranas de los dedos. Los diseños eran estaban coloreados en azul y en rojo. Esto y no mucho más es cuanto podemos decir de aquel hombre tatuado que se decía griego y era albano, que se decía príncipe y con toda probabilidad no fue en su juventud más que un buscavidas.

Y el plan le salió bien. Estuvo largo tiempo representando su comedia a las órdenes de P. T. Barnum, y resultó una atracción muy exitosa. A los suculentos ingresos que le devengaba lo que el sumo sacerdote de los Freaks le pagaba por contrato, había que sumar las ganancias provenientes de su alucinante libro autobiográfico, que los espectadores corrían a comprar a la salida de las representaciones. Se cuenta que vendió cientos de miles de ejemplares, y que para cuando se retiró, era rico.

Dicen que la mitad de su fortuna se la legó a la Iglesia griega de Londres, que la otra la mitad la repartió entre los fenómenos y artistas con los que había trabajado y que había ido conociendo a lo largo de su vida. Se cuenta también que, efectivamente, al capitán se le dieron siempre bien las mujeres y que en su vida privada fue un Casanova hasta el mismísimo momento de su muerte.

Artoria Gibbons y Betty Broadbent, pioneras del tatuaje

No perdamos de vista en ningún momento que, si un hombre tatuado estaba ya un tanto mal visto en a principios del siglo pasado, peor vista era aún una mujer tatuada. Y es por eso que no podemos dejar de rendir homenaje a algunas pioneras en la excentricidad que nos ocupa, ni pasar por alto su valentía al hacerse tatuar los cuerpos por completo.

Pionera en esta categoría de freaks fue la estadounidense Artoria Gibbons, que a menudo actuaba bajo el sobrenombre artístico de Red Gibbons. Artoria se exhibió en circos y ferias durante más de treinta y cinco años, con su paso obligado por el Circo de Barnum de 1921 a 1923. Se había criado en la Norteamérica rural, era hija de un granjero. Sus tatuajes, que reproducían cuadros de Rafael y de Miguel Ángel, cubrían el ochenta por ciento de su cuerpo. Había hecho lo que ninguna mujer de aquel entonces se habría atrevido a hacer, lo que ningún hombre de aquel entonces se habría atrevido a hacer. La hija del granjero se convirtió en una de las artistas mejor pagadas de su época. Se casó con un tatuador junto al que permaneció hasta el final de sus días y vivió una vida próspera.

Otra pionera del tatuaje integral de finales del siglo XIX y principios del siglo XX que no podría faltar aquí es Betty Broadbent (1909-1983), de quien se cuenta que durante su infancia y juventud fue una muchacha ejemplar y perfectamente integrada en la sociedad. Su vida y su futuro profesional dieron un giro de ciento ochenta grados cuando a los catorce años, mientras paseaba por el puerto de Atlantic City, se cruzó con un hombre profusamente tatuado. Los marineros, los militares y el lumpen se contaban entre los escasos colectivos que se tatuaban en la época, pero aquel hombre no era ni lo uno ni lo otro. Se trataba del célebre freak de la época Jack Red Cloud, que se exhibía tatuado y que la fascinó inmediatamente.

Cuando quisieron darse cuenta estaban charlando animadamente. El amor se abría camino. No solamente el amor por Jack, sino también el amor por el tatuaje, que moldearía para siempre la vida y el futuro profesional de Betty. Jack Red Cloud se la presentó al tatuador neoyorquino Charlie Wagner. El proceso no era barato, pero la pasión de Betty por el mundo de la ilustración corporal era

Betty Broadbent, una de las más famosas mujeres tatuadas.

imparable. Gastó todos sus ahorros en unos primeros tatuajes, la transformación había arrancado. Quienes la conocían se escandalizaron, pero aquello no había hecho más que empezar.

A finales de la década de 1920 Betty había hecho ya ilustrar su bello y curvilíneo cuerpo con más de trescientos tatuajes de los más reputados artistas de este campo, entre ellos Joe Van Hart, Charlie Wagner y Tony Rhineager. Aunque, tatuaje a tatuaje, Betty no paró hasta que estos recubrieron su cuerpo por completo, mantuvo su cara impoluta. El contraste entre su rostro angelical y límpido, y su cuerpo voluptuoso e ilustrado con un sinfín de trazos y detalles, alentaba todo tipo de fantasías en el público masculino, que acudía en tropel a verla allí donde se exhibía.

Betty pasó, como mandan los cánones, por el Barnum & Bailey Circus, y realizó giras por los Estados Unidos, Australia, Nueva Zelanda, y estuvo en el negocio del circo durante casi cuatro décadas. A lo largo de las mismas, los tatuajes fueron sumándose hasta alcanzar el número de trescientos sesenta y cinco. Los gustos de Betty resultaban de lo más variado, y variados fueron también sus tatuajes y los artistas que los practicaron. Por el cuerpo de Betty asomaban desde figuras históricas, como la Reina Victoria o Pancho Villa, hasta iconografía religiosa, como la Virgen María y el niño Jesús, pasando por águilas y otras majestuosas criaturas del mundo animal.

Hemos visto que muchos de los tatuados integrales, como el Gran Omi o el Príncipe Griego, narraban intrincadas biografías falsas para propulsar su show y ganarse el interés del público. Las historias que hemos repasado son, de hecho, una perfecta muestra del tipo de narración que se elegía, casi siempre englobada en géneros como aventuras, suspense o terror. Los artistas muy a menudo habían sido tatuados, o eso contaban por lo menos, tras pasar por muchos peligros. Muchas veces los tatuajes eran castigos que les habían aplicado a la fuerza tras ser capturados.

No obstante, Betty eligió ser honesta y no inventar fábulas extrañas. Se limitaba a contestar abierta y francamente a las preguntas que quisieran hacerle sobre su vida. Cuando la interrogaban acerca de si había dolido, Betty decía que sí, que sobre todo el gran tatuaje del águila que exhibía había sido particularmente doloroso, pero que no se arrepentía y que había valido la pena.

Su encanto y su atractivo eran tales que su impulso se reveló como una decisión acertada, y su carrera floreció. Hubo en la época, como es natural, espectáculos de mujeres tatuadas en los que el erotismo y hasta la pornografía jugaban un papel destacado. Betty siempre insistió en que su show era perfectamente respetable, mantuvo siempre una intachable imagen de dama sugerente y deseable pero decente, y desde un buen principio juró que nunca mostraría un centímetro más de piel de la que consideraba aceptable. Conforme los años pasaron y las rígidas normas de la moral se volvieron un poco más laxas, Betty arremangó su traje de baño algún centímetro extra, pero nada más. Mantuvo su promesa a lo largo de su carrera y no fue nunca una de esas «zorras de carnaval», como las llamaba cuando le preguntaban al respecto.

Utilizó diversos sobrenombres artísticos, entre ellos el de La Dama Tatuada, y también se presentó como La Venus Tatuada. El telón se alzaba y Betty avanzaba por el escenario envuelta en una fina bata de satén para, a un gesto del presentador, dejar caer la bata y revelar su curvilíneo físico vestido únicamente con un traje de baño.

Más adelante, cuando su tirón como atracción tatuada empezó a perder embate, Betty, que poseía desde muy joven ciertas habili-

dades con los caballos, decidió completar sus exhibiciones con números en los que la increíble mujer tatuada ejercía como jinete. Los
tiempos estaban cambiando, los circos de freaks despertaban cada
vez menor interés entre el gran público. Y así fue como Betty pasó a
participar en espectáculos orientados al viejo oeste y al rodeo, como
el Wild West Show de Harry Carey. Betty demostró no ser sólo una
mujer deseable, sino también una mujer inteligente y muy avanzada
a su tiempo que supo adaptarse a los cambios e imprimir frescura
a sus shows, lo cual fue en beneficio de su larga y próspera carrera.

En los años cincuenta, los tatuajes habían dejado de ser tan excéntricos, y a partir de ahí el público se mostró más reacio a pagar
por ver esta clase de espectáculos en ferias y circos. Sin embargo,
Betty no se retiró del circo freak hasta 1967. Se estableció en Florida,
donde se convirtió en una renombrada tatuadora que albergaba muy
buenos recuerdos de su paso por el mundo del espectáculo.

Betty murió tranquilamente en su cama mientras dormía, en
1983, a la edad de setenta y cuatro años. Dos años atrás, en 1981,
la habían inscrito como primera miembro del Tattoo Hall of Fame,
reconocimiento con el que toda la comunidad de tatuadores y a aficionados al tatuaje quisieron premiar su dedicación.

Escarificaciones, estiramientos de piel y otras técnicas de modificación corporal extrema: Erik Sprague, Dennis Avner y otras figuras destacadas

La medicina, la cirugía y la ciencia médica en general han avanzado
hasta el punto de que hoy en día es mucho más sencillo prevenir y
detectar malformaciones del feto en etapas tempranas del embarazo.
Los progresos en campos como la alimentación, la higiene y la salud
han logrado también hacer descender la cifra de individuos que llegan al mundo con anomalías en el cuerpo.

Y sin embargo, del mismo modo que se han prevenido en cierta
medida las catástrofes durante la gestación y el alumbramiento, los
progresos en campos como la medicina y la cirugía han facilitado
también las modificaciones corporales extremas. En las nuevas generaciones se ha constatado así que el interés por lo distinto, por lo
anómalo, por lo aberrante, sigue vivo. El freak vocacional, al modo
de Mortado, ya no tiene que limitarse a unas perforaciones puntua-

les o a pasar por la mesa del tatuador. En las últimas décadas hemos podido ver implantes bajo la piel, lenguas bífidas, escarificaciones, dientes afilados como colmillos, cirugía láser, cirugía plástica.

Los médicos advierten una y otra vez de que las modificaciones corporales extremas pueden entrañar altos riesgos y constituir fuente de infecciones, pero eso no parece disuadir a los más aventureros de practicarse atrocidades voluntariamente. Las modificaciones a las que se someten los freaks contemporáneos alcanzan sus cimas en operaciones como las denominadas perforaciones corsé, a las que otros aficionados a las modificaciones corporales llaman piercings en escalera. La técnica consiste en realizar diversas perforaciones a sendos lados de la columna vertebral de tal modo que, una vez las heridas han sanado, la carne se puede atar con cintas y tensar como si se tratara, efectivamente, de un corsé. ¿Infecciones? ¿Cicatrices? ¿Complicaciones? ¿Procesos largos y tremendamente dolorosos? Todo se vuelve irrelevante, sólo el objetivo importa. Nada detiene al hombre o a la mujer que ha tenido una visión y que quiere que su cuerpo sea diferente.

Erik Sprague, «El hombre lagarto».

Así, por ejemplo, el norteamericano Erik Sprague (1972), que se presenta como Lizardman («El hombre lagarto»), no solamente se ha tatuado el cuerpo enteramente de verde para emular a su reptil favorito. Tiene también los dientes limados de tal modo que resultan indistinguibles de unos colmillos. A lo largo de los años ha ido sumando perforaciones, bifurcaciones de lengua, implantes bajo la piel y otras modificaciones corporales hasta obtener el espectacular e inquietante aspecto que ofrece ahora. Y si bien es cierto que las ferias de freaks ya no son lo que eran y que el mundo ha cambiado desde los tiempos de P. T. Barnum, Erik Sprague ha realizado sus propias incursiones en el mundo del espectáculo a través de numerosos programas de televisión y de las giras con el grupo de rock que lidera, Lizard Skynard. Erik Sprague ha tenido en quien inspirarse, puesto que para cuando inició su transformación, «El hombre gato» ya estaba en boca de todos.

Hablamos, por supuesto, de Dennis Avner (1958-2012), alias Stalking Cat, alias Catman. Si la fantasía de Erik Sprague tiene en el punto de mira un lagarto, la de Dennis Avner tuvo un tigre. Avner ejercía como técnico de sónar en el ejército y como programador cuando, cerca de cumplir los cuarenta, soñó con un indio que le revelaba que tenía que emprender el camino del tigre. A la vista de los resultados, no cabe la menor duda de que el indio en cuestión sonó convincente, ni de que sus palabras dejaron huella en Avner.

Además de tatuarse a franjas como el icónico felino, este norteamericano nacido en Nevada se hizo realizar un sinfín de modificaciones corporales que le tuvieron entrando y saliendo de los quirófanos durante largas etapas de su vida. Entre las técnicas empleadas, cabe destacar una serie de implantes intradérmicos en la cara para simular los bigotes felinos, un implante subdérmico en el cráneo que modificaba la apariencia y la curvatura de su frente, e inyecciones de silicona en el cuello, los labios, las mejillas y otras áreas. Avner se hizo además practicar desviaciones del tabique nasal y cirugía en los labios. Sus orejas fueron operadas de modo que concluyeran en punta, lo mismo que sus dientes. Tras algunas pruebas infructuosas, se los hizo sacar y reemplazar por prótesis en forma de colmillos. Frente a la negativa de los muchos cirujanos, médicos y especialistas que se negaron a practicarle las modificaciones y trataron de prevenirle contra los riesgos que entrañaba para su salud su plan maestro, Avner recurrió a Shannon Larratt, fundador de la revista Body Modification, que le ayudó a materializarlo.

Dennis Avner quiso parecerse lo más posible a un felino.

¿Cuánto dinero llegó a invertir el hombre gato en convertirse en lo que fue? La cantidad total que se gastó es un misterio, y siempre que le preguntaron al respecto Avner confesó que ni él mismo llevaba la cuenta. Sea como fuere y a pesar de que las ferias de freaks eran ya historia para cuando completó su transformación, «El hombre gato» alcanzó una considerable celebridad en los Estados Unidos y protagonizó diversos programas de televisión y entrevistas, además de innumerables sesiones de fotos. Desafortunadamente, Stalking Cat nos dejaría prematuramente. En 2012, después de un largo período sin que Avner respondiera a las llamadas y al timbre, sus amigos avisaron a la policía, que el 5 de noviembre irrumpía en su casa de Tonopah, Nevada. Fue encontrado muerto, y aunque las causas de su fallecimiento no han sido aclaradas, todo apunta a que Avner se suicidó. Tenía cincuenta y cuatro años.

Paralelamente a lo que sucede en el caso de las mujeres tatuadas, la nueva ola de modificaciones corporales extremas tiene también sus representantes femeninas en figuras como Elaine Davidson, una brasileña afincada en Edimburgo, Escocia. Elaine Davidson ostenta el título de mujer más perforada del mundo, que le ha valido entrar en el libro de los *Guinness World Records*. En el año 2000, Elaine lucía cuatrocientas sesenta y dos perforaciones, casi doscientas de ellas solamente en la cara. Un año después había superado las setecientas. En 2009, las perforaciones eran ya más de seis mil.

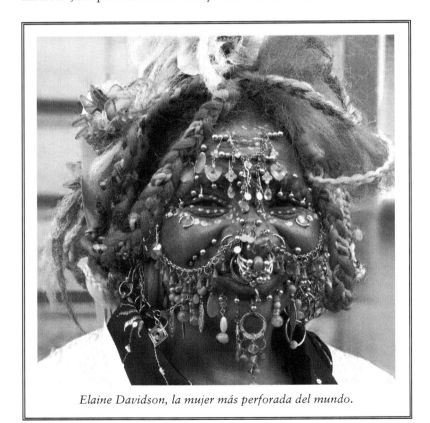

Elaine Davidson, la mujer más perforada del mundo.

Destacable también en la categoría femenina resulta Malaika Kubwa (1988) una modelo, *performer* y actriz alemana conocida por sus gigantescos implantes mamarios y por haberse oscurecido la piel hasta el punto de emular a una mujer negra. Puede rastrearse su periplo a través de su sobrenombre artístico, Martina Big.

Martina Big hizo con su piel lo contrario que Michael Jackson.

La lista de las modificaciones corporales extremas proseguiría con figuras de la talla de Rick Genest (alias «Rico El Zombi»), Julia Gnuse (alias «La dama ilustrada»), Paul Lawrence (alias «El enigma») y así sucesivamente. Aunque todos ellos contaron y cuentan con el respaldo de los fans del tatuaje y de esta extraña disciplina que nos ocupa, como decíamos es frecuente que se los demonice y se les ridiculice en artículos de prensa y en redes sociales por considerarlos anormales. Acaso fuera esa misma ridiculización lo que indirectamente terminó con la vida del Hombre Gato.

Una vez más, cabe preguntarse: ¿estamos ahora más civilizados que en los tiempos de P. T. Barnum y Tod Browning?

EL PRECIO DE LA ANOMALÍA: CUANDO LA SALUD ES LO SEGUNDO

Tiamat Legion Medusa, conocido entre los entusiastas de las modificaciones corporales extremas como «El Dragón Humano», se ha sometido a más de veinte operaciones a través de las cuales se ha hecho extraer los dientes, se ha hecho cortar las orejas y se ha equipado con una lengua bífida, entre muchas otras alteraciones. Michel Faro do Prado, apodado «El satanás humano», ha llegado a hacerse amputar un dedo. Más lejos todavía ha llegado Anthony Loffredo, conocido en el mundillo de las modificaciones corporales extremas como «El alienígena negro», que se hizo cortar dos dedos y, a través de un sinfín de operaciones quirúrgicas, se ha hecho también extirpar las orejas y parte de la nariz y los labios. Por si fuera poco, se tatuó el cuerpo entero, incluidos los ojos.

Ante estos y otros casos de modificaciones corporales llevadas a su extremo, cabe no sumarse a desaprobación inmediata, mucho menos a los linchamientos verbales y a las burlas que, ola tras ola, asolan las redes. No sería sensato tampoco, sin embargo, callar que alteraciones del cuerpo tan profundas y en áreas tan sensibles como los ojos o la lengua pueden tener graves consecuencias para la salud.

Así, si bien el tatuaje de la piel es generalmente inocuo y presenta pocas contraindicaciones, el tatuaje del globo ocular puede producir graves episodios de conjuntivitis e ictericia, además de provocar en el intervenido una excesiva sensibilidad a la luz, a menudo transitoria pero en ocasiones permanente. Otro riesgo relacionado sería un filtrado de la tinta al nervio óptico, que puede derivar en dolencias tan graves como cataratas, desprendimientos de retina o glaucoma, con elevada probabilidad de pérdida de visión y hasta de ceguera. La lengua es asimismo un área altamente sensible a infecciones, y dividirla para obtener una lengua bífida fácilmente puede traer complicaciones, además de mermar o modificar las percepciones gustativas.

Anthony Loffredo, Black Alien, se ha hecho famoso mundialmente por las modificaciones extremas de su cuerpo.

Todo este parque de dolencias autoinfligidas resulta todavía más escalofriante si cabe si pensamos que los entusiastas de las modificaciones corporales extremas no siempre encuentran a un cirujano dispuesto a materializar sus deseos. En tales casos suelen ser ellos mismos quienes se practican las operaciones.

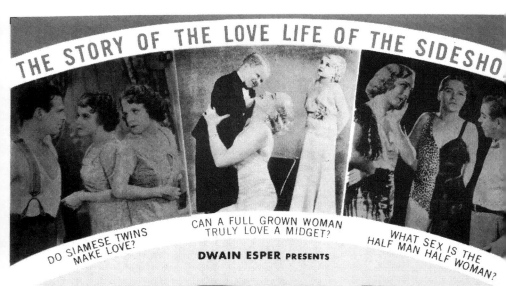

THE STORY OF THE LOVE LIFE OF THE SIDESHO...

DO SIAMESE TWINS MAKE LOVE?

CAN A FULL GROWN WOMAN TRULY LOVE A MIDGET?

WHAT SEX IS THE HALF MAN HALF WOMAN?

DWAIN ESPER PRESENTS

FREAKS

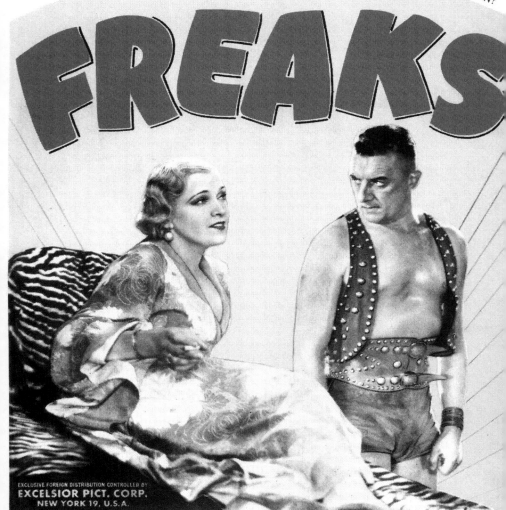

CAPÍTULO 8
LOS FREAKS DE TOD BROWNING

El término *freaks*, totalmente integrado ya en el idioma español y comprensible prácticamente por todo el mundo, traerá a la cabeza distintas imágenes dependiendo de nuestro interlocutor. Para algunos, invocará la figura de un joven muchacho con sobrepeso, la cara llena de granos, sudaderas de grupos de Black Metal y una afición desmedida por los cómics y las películas de terror. Otros, claro, identifican freak con fenómenos como los que estamos viendo desfilar por este, nuestro circo particular de personas con malformaciones y patologías insólitas.

Sin embargo, muchos escucharán *Freaks* y pensarán automáticamente en el insólito filme que rodara Tod Browning en 1932. Casi cien años después de su estreno, *Freaks* conserva intacta su fuerza dramática, su capacidad perturbadora, su interés a tantísimos niveles. Hablamos de una película sobre freaks rodada en la época dorada de los prodigios y protagonizada, efectivamente, por los freaks mñas famosos del momento lo cual sería de por sí muy difícil de concebir hoy en día.

No obstante, antes de lanzarnos a diseccionarla, un fenómeno llama poderosamente nuestra atención, uno cuya vida y hechos pueden rivalizar abiertamente con las de muchos de los prodigios que han transitado por este libro. Y ese prodigio, ese fenómeno, ese freak no es otro que el propio Tod Browning.

Mario Marqués

Tod Browning, perfil de un entusiasta de los freaks

Charles Albert Browning Jr., que firmaría sus películas como Tod Browning, nació en 1880 en Louisville, Kentucky, y antes de dedicarse al séptimo arte ejerció como artista de vodevil y animador de espectáculos de carnaval y circo.

Efectivamente, Browning sabía perfectamente de qué hablaba y dónde se metía cuando concibió su más ambicioso proyecto, hoy encumbrado como una obra maestra absoluta de la historia del cine. La familia Browning pertenecía a la clase media, pero de joven, a los 16 años de edad, Tod se escapó de casa y viajó con diversos circos por los Estados Unidos. Durante una primera etapa ejercería como contorsionista. Incluso en sus años tempranos, Browning era un tipo particular al que le aburría la rutina y que gustaba de asumir riesgos. De este modo, del contorsionismo pasó a hacer de cómico, en un espectáculo en el que aparecía con la cara pintarrajeada de negro.

A los veinte años realizaba también números musicales en los que cantaba y bailaba para el público. Fue además payaso. A los veintiséis años, Browning se casó, pero era, como vamos viendo, un culo de mal asiento, y tras un matrimonio breve y poco satisfactorio abandonó a su esposa como había abandonado a sus padres. Realizó a partir de ahí numerosas giras como ayudante de mago, en las que recuperó también sus actuaciones como comediante

Si atendemos al hecho de que adoptó el nombre artístico de «Tod» porque el término significa muerte en alemán, concluiremos que, desde la más temprana juventud, Charles Albert Browning Jr. sentía fuertes inclinaciones por lo bizarro y por lo oscuro, por lo perturbador y por lo sepulcral. No es extraño pues que, aunque cultivó diversos géneros cinematográficos –debido sin duda a las presiones de la industria–, sus películas de terror son aquellas que más sobresalen en su por otra parte interesante filmografía.

Pasarían todavía años para que Browning se iniciara como director, pero tras década y media de girar con los circos, dispuesto a asumir nuevos retos, en 1909 Tod metió un pie en la industria cinematográfica. La flexibilidad y la agilidad que le daban su talento como contorsionista, sumada a sus destrezas como actor, le valieron diversos trabajos como especialista de cine, donde reemplazaba a las estrellas del momento a la hora de rodar escenas peligrosas. A los veintinueve años conseguía su primer papel como actor a las órdenes del director y guionista Edward Dillon, que supo explotar su vena cómica. Rodó con él decenas de cortometrajes en la que fue una colaboración muy fructífera. Más adelante, el propio Edward Dillon se encargaría de proporcionarle a Browning los guiones de los que serían sus propios filmes como director.

Tod Browning haciendo sus pinitos como actor de comedia en los inicios de su carrera.

Y es que, poco a poco, Tod Browning había ido haciéndose un nombre en la industria hasta el punto de llamar la atención del mítico director de cine mudo D. W. Griffith, que, tras contratarlo como actor para varias de sus películas, confió en él para que ejerciera de ayudante de cámara en su filme *Intolerance* (1916), considerado hoy un clásico del cine mudo. La película analiza, a través de diversos episodios, el problema de la intolerancia religiosa y social en la especie humana. Griffith pasa revista al asunto estudiando los hechos en diversos momentos de la historia de la humanidad, desde la caída de Babilonia o la pasión de Cristo hasta las huelgas en los Estados Unidos a principios del siglo XX. ¿No es este acaso un tema muy propio de Browning?

Tal vez alentado por esta sincronía, poco después Browning comenzaba a dirigir, sí, pero películas de encargo de las que abominó largamente. Ponerse detrás de la cámara y rodar títulos como *The virgin of Stamboul* (La virgen de Estambul) no le interesaba en absoluto, le deprimía sobremanera.

Tenía fama en la industria, efectivamente, de ser un personaje extraño y depresivo, y también muy excéntrico. El Hollywood de la época era digamos que poco comedido en lo referente a la vestimenta. No era extraño que directores, actores, ejecutivos y demás profesionales de la industria vistieran de manera muy extravagante. Los trajes, sombreros y calcetines que llevaba Browning, sin embargo, eran tan extremos que lograban llamar la atención incluso en el entorno en que se movía, y tal vez no fueran más que su enésimo intento por combatir su perpetua depresión, o acaso su manera de mofarse de la industria. Cabe no olvidar que durante años el propio Browning había ejercido de payaso, lo cual apunta a que probablemente tenía muy poca vergüenza y le importaba muy poco lo que pensaran de él.

Testimonios de actores, actrices y técnicos que trabajaron con Browning arrojan un poco más de luz sobre quién fue nuestro hombre en esta primera etapa como director, y cómo era compartir plató con él. A pesar de haberles dado la espalda, el circo y el mundo del espectáculo seguían muy presentes en la vida de Tod, y a la más mínima ocasión, durante los rodajes, empuñaba su guitarra y se ponía a cantar en voz en cuello *When the Moon Comes Over the Mountain*, una canción de Kate Smith de 1931 por la que sentía verdadera devoción.

Del mismo modo, en los momentos muertos, se plantaba frente al personal y realizaba números de malabarismo, se embarcaba en hilarantes monólogos, contaba oscuros y tortuosos chistes. Todos estos comportamientos excéntricos se vieron exacerbados con el tiempo, conforme el entusiasmo de Browning por la bebida, por la que siempre había sentido afición, fue desmadrándose. En ocasiones, cuentan, llegaba muy borracho a los rodajes y, si bien a nivel profesional era perfectamente capaz y competente, a nivel personal se hacía difícil tratar con él. Sus altibajos anímicos y sus cambios de humor le catapultaban desde la euforia a la ira, y viceversa, en cuestión de segundos.

A veces, su estado de ebriedad y los escándalos que desencadenaba eran tales que terminaban echándole de eventos sociales, de hoteles, de salas de fiestas. Uno de los desplantes favoritos de Browning cuando alguien le irritaba y su furia alcazaba el límite –y está documentado que lo hizo en diversas ocasiones, usando a personalidades verdaderamente importantes como diana–, consistía en arrancarse la dentadura postiza de la boca y arrojarla a su interlocutor.

La pasión por las ferias, el circo y el mundo del espectáculo estaban claramente predestinados a confluir con la filmografía de Browning, y el primer punto de conexión fue *The Unholy Three* (1925), que en España se distribuyó bajo el título de *El Trío fantástico* y de la que hablaremos con mayor detenimiento en breve. Fue, efectivamente, su primera película en la que lo circense tuvo un peso muy especial, y en la que pudimos ver actuar a unos primeros freaks en forma de gigantes y enanos. Otra película de este período de la que nos ocuparemos con mayor detalle es *The Unknown* (1927), estrenada en español como *Garras humanas*, ambientada también en el mundo de las carpas y las tramoyas circenses.

El Trío fantástico *fue la primera película de Browning como director.*

A *The Unholy Three* y *The Unknown* le seguirían otras películas que funcionaron muy bien en taquilla, como su aproximación a *Drácula* (1931), que encumbraría a Béla Lugosi como estrella del terror a nivel mundial y se establecería con el tiempo como clásico universal. En cierto modo, si nos detenemos a pensarlo, *Drácula* no es más que otro freak, por más que el personaje esté rodeado de un aire fantástico. El lema que escogió el propio Browning para la promoción del filme nos da una pista más que señala que el director está aquí tanteando temas que más adelante recuperará y desarrollará a su modo: «La historia de amor más extraña del mundo». Otro guiño es que Browning eligió para el estreno de *Drácula* el día de San Valentín, día de los enamorados. La recaudación en taquilla de la película fue tal que sorprendió a los propios productores y a todos los que se involucraron en ella.

A estas alturas, Tod Browning le había demostrado a Hollywood muchas cosas. La primera y la más importante para su carrera era que aquel artista de circo excéntrico y depresivo que vestía pantalones y corbatas y calcetines extremadamente extravagantes y que le daba sin parar a la botella, no solamente tenía talento para

*Béla Lugosi interpretó a Drácula en la versión del clásico
de Bram Stoker dirigida por Tod Browning.*

dirigir, sino que era además capaz de hacer ganar mucho dinero a quienes depositaban su confianza en él.

La industria del cine yanqui era por aquella época una máquina implacable de generar películas e ingresos. Cierto que siempre lo ha sido, pero no era en absoluto infrecuente entonces para un mismo director estrenar dos y tres y hasta cuatro películas el mismo año. Y así, tras el inesperado éxito de *Drácula*, los magnates de la industria confiaron en el excéntrico Browning lo suficiente como para permitirle realizar la que sería la mayor de sus excentricidades, un título que le garantizaría para siempre un lugar prominente en el la historia del séptimo arte. Nacía así *Freaks* (1932), que en España se estrenó como *La parada de los monstruos* y en América latina como *Fenómenos*.

Sin embargo, aunque la carrera de Browning fue muy prolífica y le llevó a filmar y a firmar hasta sesenta y dos títulos en total, algunos de gran éxito, a partir de 1940, Hollywood había empezado a parecerse a lo que sigue siendo a día de hoy: un entorno mucho más preocupado por poner de relieve su sofisticación, su glamour y su prestigio −y por presumir de buenos sentimientos−, que por la calidad cinematográfica de sus propuestas o la originalidad de sus creadores. La mirada extraña y demencial de Tod Browning fue quedando relegada a un rincón.

Después de *Freaks*, Browning y Hollywood, por decirlo de alguna manera, fueron distanciándose. «Las películas posteriores a *Freaks* –hacen notar los estudiosos del cine de Stephanie Diekmann y Ekkehard Knörer– estaban cerca de convertir en una parodia de sí mismo al que se había convertido en uno de los grandes directores de la década en los años veinte. La única excepción la constituye su maravilloso canto del cisne, *Miracles for Sale*, que adoptando la forma de una ridícula comedia excéntrica, evoca un universo de juegos de manos, trampas y engaños, y conecta con el mundo del espectáculo de Tod Browning por última vez. La suya es una carrera que no terminó con un estallido ni con un susurro, sino con una actuación en la que se mofó de una audiencia que se cree lo que ve».

Así, harto de una industria que no le valora y cuyo único objetivo es generar productos mediocres y rentables, en 1942 Tod Browning se retiró a su casa de Malibú, California, y abandonó su carrera como director. Dos años después, una neumonía se llevaba a Alice, su esposa por aquel entonces, lo que le recluyó todavía más en su cabeza y su mundo. Esto daría lugar a una anécdota muy en la línea del humor oscuro y macabro que se gastaba el director, y es que la

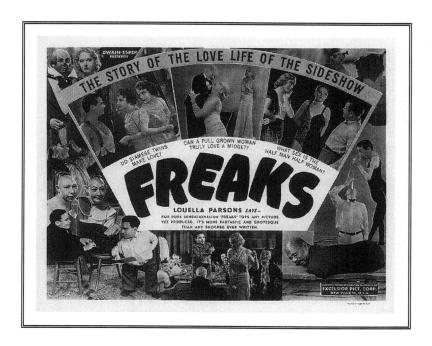

revista *Variety* publicó un obituario haciendo público y lamentando su fallecimiento al confundirlo con su esposa.

Sea como fuere, la carrera de Browning en Hollywood había terminado, y sólo muy ocasionalmente colaboró con la industria escribiendo algún guión. A lo largo de las siguientes dos décadas bien poco se sabe de su vida, al margen de que las pasó aislado en su casa, sin apenas salir, sin relacionarse con nadie, sumido en la depresión y en el alcoholismo. Sólo las molestias que experimentaba en la garganta terminaron alentándole a salir de su reclusión, y en 1962 se le diagnosticó un cáncer de laringe. La operación no fue fácil pero Tod Browning sobrevivió. No obstante, el procedimiento quirúrgico le dejó mudo. Nuevamente, la tragedia del director de *Freaks*, sus últimos días sumido en la soledad y en el olvido, le acercan a los prodigios por los que sintió fascinación toda la vida. Y aunque había superado el cáncer de laringe, el genio fallecía solo y alcoholizado en su casa de Malibú apenas unos meses más tarde.

«A menudo nos referimos a Browning como el Edgar Allan Poe del cine –explica la crítica de cine Vivian Sobchack–, y fue muy admirado por los surrealistas. Las creaciones de Browning fueron además, por supuesto, un cine comercial. Sus películas sugieren que nos hallamos frente a un hombre con sentido del humor y a la vez compasivo, que siente una fascinación oscura y melancólica por las deformidades físicas, por lo exótico y por lo extraordinario, y que, sin embargo, observa la extrañeza de la vida con objetividad, sin prejuicios y con un cierto deleite. Cineasta, esteta, gran bebedor de cerveza y sobre todo narrador, Browning fue tanto un poeta como un pragmático».

Ciertamente Sobchack da en el clavo, y todos los que compartimos el cariño que sentía Browning por sus criaturas podemos dar fe de ello. Porque Browning no fue solamente el autor de la mejor película sobre freaks jamás filmada y de otras tantas otras cintas de celuloide memorables. Tod Browning fue, a su propia manera, un personaje lo suficientemente insólito como para que podamos considerarlo, como clamaría el elenco de prodigios al completo al final de *La parada de los monstruos*, uno de los nuestros.

El Trío fantástico y *Garras humanas*, los primeros acercamientos

Siete años antes del estreno de *Freaks* (1932) estaba ya diáfanamente claro que la pasión por el circo que sentía Browning iba a tener un fuerte impacto sobre su obra y su carrera. El primer punto de conexión fue, así pues, *The Unholy Three* (1925), que en España se distribuyó bajo el título de *El Trío Fantástico*.

Se trata de una historia con ambientación circense, con guión de Waldemar Young, en la que tres antiguos feriantes y un ladrón unen sus esfuerzos para perpetrar robos de joyas. Sus incursiones en el mundo del crimen desembocan en un asesinato, del que será acusado un inocente. El conflicto dramático gira aquí alrededor de la disyuntiva a la que se enfrentan los protagonistas, que pueden redimirse mostrando compasión y humanidad o permanecer insensibles y rechazar la redención.

Los guiños a los espectáculos baratos son recurrentes. El actor Lon Chaney, sin ir más lejos, se desdobla en dos papeles. Por una parte tenemos al profesor Echo, un ventrílocuo de feria, y por otro a la Sra. O'Grady, en el que el actor aparece travestido y ejerce de cabecilla de la banda criminal. La fachada bajo la que el cuarteto se ocultará no es otra que una tienda de animales llena de loros parlantes. En la película hay también un enano (Tweedledee, interpretado por el actor enano Harry Earles) y un gigante, este último interpretado por Victor McLagen, que encarna a un forzudo de pocas luces.

«La capacidad de controlar a otra persona –opina el especialista en cine Stuart Rosenthal– es el tema central de *The Unholy Three*. El engañoso esquema a través del cual los ladrones manipulan a

Escena de la comedia
El Trío Fantástico, *(1925).*

EMPODERAMIENTO DEL FREAK COMO ACTOR

Incluso bajo las distintas morales de siglos pretéritos, lo vamos viendo, la exhibición de anomalías físicas en humanos como espectáculo ha sido siempre una cuestión polémica. Así, aunque a lo largo de los siglos XVIII, XIX y XX los shows de freaks han sido bienvenidos y jaleados tanto por el pueblo llano como por la alta sociedad, hemos tenido oportunidad de comprobar también que en más de una ocasión las autoridades intervienen y prohíben actos y clausuran salas apelando a la decencia y a la ética.

Hay ciertamente una parte de todos nosotros que puede fácilmente entender la inquietud que despiertan las distintas manifestaciones del zoológico humano. Coger a una persona anómala, distinta, y colocarla en un recinto cerrado para exhibirla es una práctica tan antigua que sus primeras manifestaciones se remontan a más de cinco mil años atrás, cuando la cultura egipcia exhibía a los esclavos negros que capturaba en Sudán. También en las cortes reales españolas se exhibían indios traídos a la fuerza por las expediciones de Cristóbal Colón y Américo Vespucio. Se podrían fácilmente trazar paralelismos entre estos reclutamientos forzosos de freaks y parte de las biografías que hemos incluido en el presente volumen, donde jóvenes y niños nacidos en remotas poblaciones de Europa o de Asia eran comprados por unas pocas monedas e importados a los Estados Unidos, donde P. T. Barnum y otros agentes, empre-

Ron Perlman, caracterizado como cromañón en En busca del fuego (1981).

sarios y promotores se lucrarían a su costa. Buen ejemplo de esta manera de proceder lo constituiría la vida de Julia Pastrana, la mujer más fea del mundo.

Estos casos, por supuesto, resultan éticamente reprobables y moralmente indefendibles. Sin embargo, no olvidemos que en otros muchos, los caminos que conducen al esce-

Ron Perlman en El nombre de la rosa *(1986).*

nario son radicalmente diferentes. Pensemos, sin ir más lejos, en el caso de Horace Ridler, uno de los primeros tatuados integrales. O en enanos proporcionados como Lavinia Warren y Tom Thumb. En estos y otros ejemplos encontramos a personas acomodadas, a menudo cultivadas, que por propia iniciativa deciden subirse a los escenarios y sumarse al mundo del show business.

Motivos para ello, si nos detenemos a pensarlo, no faltan. Actuar en el zoológico humano brinda una diversión y un entretenimiento a quienes protagonizan el espectáculo muy superior al que ofrecen la mayoría de las profesiones, además de la posibilidad de viajar y ver mundo y, por supuesto, ganar cantidades ingentes de dinero. Si la naturaleza se ha mostrado caprichosa con nosotros y nos ha gastado una broma pesada, ¿no es acaso preferible aprovecharse de ello hasta donde sea posible antes que quedarse sumido en el lamento?

Un buen ejemplo sería el actor Ron Perlman, cuyo, en principio, poco agraciado rostro, le ha labrado una fructífera carrera interpretando personajes estrambóticos y bizarros, como por ejemplo el famoso fray Salvatore de *El nombre de la rosa* (inolvidables sus gritos: ¡penitengiagite!), el semidemonio *Hellboy* o incluso un cromañón en el film *En busca del fuego*, entre muchos otros papeles inolvidables.

los hombres adinerados, pone de relieve un control sobre los tontos a quienes se despoja de su riqueza, al igual que se engaña al público en un espectáculo de circo».

Más guiños al universo de los espectáculos grotescos que Browning frecuentara durante su juventud los encontramos en la escena en la que el profesor Echo y compañía huyen de la tienda de mascotas y deciden llevarse al mono con ellos. El simio, que aparece agigantado gracias a los trucos de cámara, no fue en realidad más que un chimpancé que apenas levantaba un metro del suelo. Sin embargo, gracias al ingenio y a la maestría de Browning, en la gran pantalla el profesor Echo y el mono parecen tener el mismo tamaño. ¿No es acaso esta la clase de engañifa que emplearía P. T. Barnum para asombrar a sus clientes? Se entiende que Tod Browning viera en Hollywood un sucesor natural del circo freak, una posibilidad abierta a brindar el mayor espectáculo del mundo, sólo que en un formato más universal, a mayor escala.

El planeta Tierra todavía no está preparado todavía para un espectáculo freak como el que tiene Tod Browning en la cabeza, y el director en cierto modo lo sabe. De hecho, en *The Unholy Three* se ve obligado a censurar una escena: en ella Tweedledee, el enano interpretado por Harry Earles, mata a un niño mientras perpetran un robo que termina fracasando. Preocupado por si resultaría demasiado brutal para el público de la época, Tod Browning decide eliminar la secuencia del montaje definitivo.

Browning acierta en su autocensura, y *The Unholy Three* cosecha un notable éxito tanto a nivel de público como de crítica. Más aún, el triunfo alienta a la temprana industria de Hollywood a seguir confiando en su director, que dos años después dirige *The Unknown* (1927), estrenada en español bajo el título de *Garras humanas*.

The Unknown tiene una serie de particularidades que señalarán un antes y un después. Para empezar, a diferencia de lo que sucedía en *The Unholy Three*, esta vez Browning firma como guionista. Por otra parte, aunque todavía se trata de cine mudo, esta es la película que señalará su cima como director en esta etapa.

El texto de Browning arranca con el drama de Alonzo, un lanzador de cuchillos circense en perpetua gira por el mundo del espectáculo. El número de Alonzo es tan freak y fenomenal como lo fueron tantísimos de los espectáculos de la época: al carecer de brazos, Alonzo deja boquiabierto al público lanzando los cuchillos con los pies. El primer giro de guión, perfectamente factible para los estándares de la época, llega cuando comprobamos que Alonzo tiene en realidad unos brazos perfectamente formados y sanos que oculta bajo un corsé, que el número no es más que una engañifa.

La tragedia la desencadenará el amor que Alonzo siente por Nanon, una compañera de circo interpretada por una joven Joan Crawford. Se deja entrever que Nanon ha padecido abusos sexuales, tal vez por parte de su propio padre, que ejerce de maestro de ceremonias en el espectáculo. A causa de los mismos, Nanon no puede soportar siquiera la idea de que la toque un hombre. Diversos personajes secundarios la abordan a lo largo de la película tratando de conquistarla, pero el trauma de Nanon es profundo, y no cederá a ningún tipo de intimidad física.

El giro de guion definitivo llega cuando Alonzo, para conquistar a Nanon y escapar de paso de un crimen en el que se ha visto involucrado, voluntariamente recurre a un cirujano de los bajos fondos para que le ampute ambos brazos. De este modo, razona Alonzo, frente a un hombre que no la toque, su adorada Nanon se sentirá segura y sucumbirá a sus encantos.

Por supuesto el sacrificio de Alonzo es en vano. Tan pronto se recobra de la operación y regresa al circo, descubre que Nanon ha superado su trauma y se ha casado con Malabar, el forzudo del espectáculo, interpretado por Norman Kerry. A partir de este punto todo rodará cuesta abajo, sin frenos. «*The Unknown* –explicaba Browning en una entrevista de la época– se me ocurrió a partir de la idea de un hombre sin brazos. A continuación me pregunté cuáles serían las situaciones más alucinantes en las que un hombre así podría verse involucrado».

The Unknown tuvo que ser percibida como más extraña entonces de lo que parece ahora, y eso no es poco decir. Pese a lo anómalo del argumento y de su plasmación en imágenes, pese a lo brutal que resulta la idea de que el protagonista se haga amputar ambos brazos por amor, la película funcionó razonablemente bien. La actriz Joan Crawford la destacó siempre como una de las películas más importantes de su carrera, y poco después Tod Browning se consagraba en la industria filmando su acercamiento a Drácula.

Todo quedaba a punto para que Browning se lanzara, por fin, a abordar su tercera obra maestra dedicada a los fenómenos de las ferias y los circos. 1932 iba a ser el año de *Freaks*.

Mario Marqués

El cásting más inquietante de la historia: Las Siamesas del Jazz, Medio Hombre, Cabeza de alfiler y compañía

El germen de *Freaks* fue, según el propio Browning, un cuento del escritor Tod Robbins con el que el cineasta se topó por casualidad. Al parecer, durante su lectura, Browning experimentó una especie de revelación que dictó cuál iba a ser su siguiente película. Y como artista de circo que había viajado y tratado personalmente con freaks durante años, Browning se impuso una regla: las caracterizaciones y los trucos tenían que quedar reducidos al mínimo. Iba, por lo tanto, a emplear como actores a fenómenos reales.

Da comienzo, así pues, el que por fuerza tiene que ser uno de los cástings más demenciales de la historia. El primer personaje para el que Browning encontró rápidamente actor fue el enano del circo. Contó para este papel con Harry Earles (1902-1985), un enano diminuto pero perfectamente proporcionado con quien había ya colaborado en *The Unholy Three*, donde Earles interpretaba al demoníaco Tweedledee. Harry Earles, nacido en Alemania, realizó distintos papeles como actor a lo largo de su vida para la industria cinematográfica estadounidense, pero se la ganó sobre todo como integrante de un espectáculo que se presentaba como «La familia de las muñecas» (*The Doll Family*). En él, Earles actuaba en compañía de sus tres hermanas, con quienes cantaba y bailaba, pues los cuatro hermanos padecían enanismo proporcionado. El cuarteto fue muy popular en los Estados Unidos, giró a lo largo de prácticamente tres décadas, y no será ninguna sorpresa si revelamos que La familia de las muñecas trabajó para el circo de Barnum

El siguiente hueco a llenar era el de las hermanas siamesas. Se cuenta que Tod Browning se ocupó personalmente de estudiar todas las opciones acudiendo a espectáculos y familiarizándose con las distintas gemelas de la época. Las agraciadas con el papel protagonista no fueron otras que las ya conocidas por todos nosotros siamesas del jazz: las únicas e inigualables Daisy y Violet Hilton (1908-1969).

Un circo de fenómenos nunca estará completo sin su correspondiente mujer barbuda, y la elegida para la ocasión fue otra artista con la que estamos bien familiarizados. Jane Barnell (1871-1945?), que en su momento fue una de las mujeres barbudas más reputadas de la época bajo los alias de Lady Olga, La Princesa Olga o Madame Olga, encontraba trabajo fuera del mundo del circo y se iniciaba como actriz.

Ciertamente Browning no le tenía miedo a nada, quería imprimirle la máxima autenticidad a su película, y para cubrir la plaza actoral del «Medio hombre» contrató a John Eckhardt Jr. (1911-1991). Eckhardt, que nació sin piernas, también pasó parte importante de su vida exhibiéndose en ferias y circos bajo el alias de Johnny Eck. Además de su participación en *Freaks*, que constituye el punto álgido de su carrera, Eckhardt intervino también en diversas películas de la serie de Tarzán. El hecho de que fuera, además un hombre sensible y cultivado que hizo gala de notables talentos como mago, pintor, músico y fotógrafo, posiblemente tuvieron que ver con la fijación que Browning mostró por él.

Vimos en su momento que William Henry Johnson (1842-1926), conocido en el mundo del espectáculo como Zip Cabeza de Alfiler (Zip the pinhead), es considerado uno de los freaks más importantes de todos los tiempos, y de hecho se le cita frecuentemente como el decano de los freaks debido a lo insólito de su físico y a la forma de su cabeza. Sin embargo, cuando Browning inició su

cásting, William Henry Johnson ya había fallecido, de modo que el director tuvo que buscar otra opción. Así, el actor que encarnaría al cabeza de alfiler en su película fue finalmente Schlitze Surtees (1901-1971), que actuaba en la época bajo los sobrenombres de Schlitzie o Shlitze. Por supuesto, Schlitze Surtees ejercía también como fenómeno de circo y, sí, también él había trabajado para el negocio de P. T. Barnum.

Completaba uno de los cástings más alucinantes de todos los tiempos Josephine Waas (1891-1966), una artista de circo estadounidense que jugaba el papel de hermafrodita con gran éxito en la época. Su cuerpo aparecía dividido en dos mitades, de tal modo que una de ellas desempeñaba el rol femenino mientras que la otra hacía lo propio con el masculino. Cabe decir aquí que, a diferencia de los demás fichajes a los que hemos ido pasando revista, las afirmaciones de que Josephine Waas fuera realmente hermafrodita nunca terminaron de contar con más respaldo que atestiguara su veracidad que los de ella misma y sus promotores. Existe, así pues, la fundamentada sospecha de que los números de Josephine no eran más que teatro e impostura. Sea cual fuere el caso, sus talentos y sus shows fascinaron lo suficiente a Tod Browning como para que la reclutara.

Quedaban los secundarios, y el elenco completo de fenómenos que participaron en la película es lo suficientemente extenso como para que no resulte sensato un análisis pormenorizado de cada uno de ellos. No obstante, la lista prosigue con talentos como Koo Koo –que actuaba también en los circos bajo el alias de «La chica pájaro» (1880-1964), como veremos más adelante– o aquel torso humano hindú que se presentaba como Prince Randian (1871-1934), a quien ya conocemos bien.

El guion estaba escrito, el plantel de actores quedaba preparado. Por insólito que parezca, Hollywood había dado luz verde al proyecto. Los estudios construyeron para la ocasión una reproducción de una feria ambulante, con sus diversas casetas, espacios y escenarios. No se escatimaron medios, y se cuenta que la escenografía fue tan convincente que, durante el rodaje de la película, los actores y los ejecutivos de la industria aprovechaban los momentos en los que no se estaba rodando para darse una vuelta por allí. Se cuenta también que algunas de las atracciones, como la caseta de tiro, funcionaban de veras, y que los freaks y el personal de circo que trabajó en la película aprovecharon para sacarse un dinerito extra vendiéndoles entradas.

Todo estaba, en fin, preparado. Ya sólo faltaba que Tod Browning se plantara detrás de la cámara y gritara: ¡Acción!

Freaks, la parada de los monstruos

¡Pasen y vean, pasen y vean! ¡Las monstruosidades que aquí les presentamos deberían haber sido asesinadas en la mismísima cuna! *Freaks* (1932) empezaba fuerte, subía la apuesta, y no hacía gala del más mínimo intento de autocensura. Su guión, su imaginería, su cásting, todo conspiraba para perturbar al espectador de la época, y lo cierto es que a día de hoy sigue resultando de lo más inquietante.

Sin duda la escena más memorable de la película, la que ha dejado más poso y sigue citándose y recreándose y parodiándose por doquier casi cien años después, es aquella que tiene lugar durante una fiesta freak a la que se ha sumado una perfectamente normal y proporcionada Venus, interpretada por la actriz Leila Hyams. El actor enano Harry Earles se sube a la mesa, avanza por ella hasta la muchacha. Coge una copa de champán, y tras beber un largo y generoso trago, le espeta a Leila Hyams: «Te aceptamos». Y volviéndose a los demás fenómenos de la feria, que se encuentran también achispados y disfrutando de la celebración, reitera: «¡La aceptamos como uno de los nuestros!»

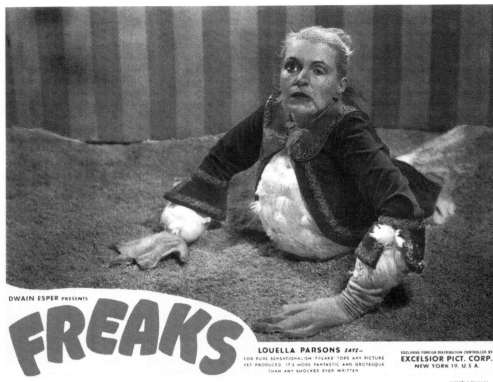

«¡Uno de los nuestros! ¡Uno de los nuestros!», corea una y otra vez como respuesta la bandada de freaks frente a una estupefacta Venus. Para cuando le ofrecen la copa, Venus está ya visiblemente alterada. En lugar de beberse el champán, de sumarse a la alegría, de hacer honor a la confianza que han depositado en ella, Venus estalla y grita: «¡Asquerosos y repugnantes freaks!». La alegría desaparece de golpe, la fiesta se detiene en seco.

Por más que haya sido homenajeada y parodiada por doquier en mil formatos y ocasiones, la escena es de una brutalidad manifiesta. No menos que muchos otros tramos de la película, que combinan una trama definitivamente emotiva y humana –con un gran respeto y sensibilidad por lo distinto–, con una puesta en escena en ocasiones impresionista y oscura, con reminiscencias del terror gótico.

En el mundo real, el conflicto campaba a sus anchas por el plató de rodaje de *Freaks*, porque la realidad era tan cruda como la que retrata la película. En el film de Browning, los freaks distan mucho de ser pobres criaturas unidimensionales a las que cabe compadecer. Aparecen retratados, en cambio, como miembros de una familia integrada por quienes han quedado al margen, pero una familia muy disfuncional.

Así, no pocos de los fenómenos del mundo real que intervinieron en la película eran efectivamente descastados a los que el mundo había dado la espalda. Pero al parecer ni eso bastaba para que brillaran el compañerismo y la solidaridad. El rodaje fue complicado e intenso, en buena parte porque los freaks competían entre sí por el protagonismo. Las envidias estaban a flor de piel, las relaciones eran tensas. Por si fuera poco, los técnicos que participaban en el rodaje empezaron a mostrarse molestos por los gritos en el plató, por los desplantes, por las peleas tenían lugar entre freaks entre escena y escena. Actores y personal técnico llegaron a decir que estaban hartos, que no querían compartir espacio con los freaks.

Nada de todo esto importó. Browning estaba emperrado en su proyecto y logró sacarlo adelante. El rodaje concluyó, el montaje se completó. Tod Browning se declaró satisfecho con los resultados.

Sin embargo, una vez finalizado el rodaje, los ejecutivos de la Metro Goldwyn Mayer, la productora que había capitalizado el proyecto, se mostraron un tanto desconcertados por lo que acababan de financiar, por decirlo de una manera suave. En consecuencia, en enero de 1932 decidieron realizar una serie de pases de prueba de la película para ver qué tal reaccionaba el público.

La película duraba alrededor de noventa minutos, pero no todos los espectadores llegaron a ver el final. Probablemente muchos no alcanzaran siquiera hasta la escena de la fiesta, esa escena que es hoy ya mítica. «A la mitad de la proyección, muchos se levantaron y salieron corriendo. No es que se fueran, es que salieron corriendo», recordaba el director de arte Merrill Pye cuando le preguntaban al respecto.

Los informes pueden sonar exagerados y tal vez hasta cierto punto lo son, pero en ellos se habla de desmayos y de gente vomitando. Se dice incluso que una de las asistentes al pase amenazó con demandar a la Metro Goldwyn Mayer diciendo que la película le había provocado un aborto espontáneo. Así de catastróficas fueron las prospecciones. La productora no sabía qué hacer y estudió cuidadosamente los noventa minutos de *Freaks* en busca de escenas perturbadoras. Las escenas perturbadoras eran casi todas.

En una de las secuencias originales, los artistas del circo atacaban a Cleopatra mientras esta yacía bajo un árbol. Metro Goldwyn

Mayer decidió que resultaba demasiado violenta y la eliminó. Otra secuencia muestra cómo Hércules es castrado y convertido en un eunuco. También esta secuencia fue eliminada, lo mismo que otra en la que Hércules cantaba en falsete dejando constancia de su castración. No fueron estas las únicas escenas que se cortaron. Una tras otra, todo cuanto la productora juzgó chocante fue desapareciendo del montaje final. Se reemplazaron algunos tramos de película, se rodó alguna escena adicional para redondear el resultado. Al término de la intervención, de los noventa minutos del metraje original quedaban sesenta y cuatro. Veintiséis minutos de *Freaks* eran hurtados a la historia del cine para siempre.

Freaks llegaba a la gran pantalla, en cualquier caso, en un formato más digerible, más asequible, más amable. No sirvió absolutamente para nada. Es cierto que el film tuvo unas pocas buenas críticas, pero en general fue vapuleado sin piedad. En los medios se desataron debates y controversias acerca de si la película resultaba ética, si no habría que prohibirla. De hecho, en Atlanta, Estados Unidos, fue retirada de la cartelera. En el Reino Unido *Freaks* fue efectivamente prohibida por la censura, y tendrían que pasar más de tres décadas hasta que se alzara la prohibición. En agosto de 1963, se decretaba por fin que Freaks podía ser exhibida en salas de cine. Para ello habían tenido que etiquetarla, no obstante, con la clasificación X.

A nivel de público fue también un fracaso. La mala fama de la película la precedía allá donde iba, y durante un tiempo la productora trató de exhibirla bajo un nuevo título en un último intento por rentabilizarla. Así, en vez de *Freaks*, las carteleras de cine lucían ahora en grandes letras el título de *Nature's Mistakes* (*Errores de la naturaleza*). Esta nueva copia, además, se abría con una nota de disculpa que trataba de anticiparse a las reacciones. Tampoco funcionó.

Decíamos al principio del presente capítulo que Browning pasó los últimos veinte años de su vida, solo, viudo, alcoholizado, sin apenas salir de casa. Es cierto que tras el estrepitoso fracaso de *Freaks* Tod Browning dirigiría numerosas películas de encargo, pero si se retiró solamente siete años después fue porque nunca se repuso. En una entrevista concedida después, mucho después, Browning explicaba que la intención de su obra no había sido mostrar a los freaks como seres bondadosos y merecedores de compasión, sino simplemente como personas comunes, tan humanas como cualquier otra, con sus virtudes y sus defectos, con sus fuerzas y sus flaquezas. «Los freaks no deben –proseguía Browning– ser admirados, ni ser evitados, ni ser amados, ni ser odiados. Los freaks no son ni más ni menos que cualquier otra persona.»

Las modas vienen y van, y lo mismo sucede con los tabúes y con los gustos del público. Lo que otrora fue intolerable ahora está comúnmente aceptado. Del mismo modo, entretenimientos que en otro tiempo se juzgaban perfectamente legítimos hoy se ven como inaceptables. Los freaks fueron percibidos durante largo tiempo como estrellas del rock and roll, capaces de convocar a las masas, de llenar grandes recintos. Es cierto que no pocos terminaron arruinados y solos, pero otros muchos adquirieron fama mundial, se hicieron millonarios, fueron recibidos por la realeza. Hoy muchos de sus espectáculos se juzgarían de mal gusto, éticamente inaceptables. Del mismo modo, sería imposible que una productora del calibre de la MGM se embarcara en un proyecto como *Freaks*.

Las corrientes, decíamos, vienen y van y fluctúan, pero *Freaks* permanecerá impertérrita al paso del tiempo porque, independientemente de cómo se haya percibido en el pasado a los prodigios, independientemente de cómo se les perciba en el futuro, la mirada de Tod Browning sobre el freak, es la mirada de la verdad. El ser humano, sea quien sea, sea como sea, independientemente de sus anomalías y de sus rarezas, es y será siempre un ser humano. Con todo lo que ello comporta, para mal y para bien.

No es pues extraño que, casi un siglo después de su rodaje, *Freaks* siga siendo coronada no ya como una de las mejores películas de su época, sino como una de las obras maestras del séptimo arte de todos los tiempos. Y es que muy a menudo el genio, para hablarnos de lo más esencial de la humanidad, no tiene otro remedio que caricaturizarla y mostrar sus facetas más deformes y horrendas.

¿DÓNDE TE ESCONDES HERMANO?
Y OTROS HITOS DEL CINE DEFORME

La deformidad es uno de los ingredientes más socorridos del cine de terror. Lo proporcionalmente anómalo nos desconcierta y nos asusta, lo bizarro nos asombra y nos atrae, y a la vez nos repele. Ninguna película ha logrado capturar esta dualidad como el *Freaks* de Browning, pero todo el cine necesita de lo fenomenal y de lo prodigioso para ser cine, y es por ello que, puestos a pensar, encontraremos tantas películas protagonizadas por freaks como nos propongamos.

¿O no es acaso *El fantasma de la ópera*, en todas y cada una de sus versiones, un freak, con su obsesión por la deformidad? Freddie Krueger es asimismo un freak por partida doble: como asesino de niños, y a causa de sus quemaduras, y como un freak se comporta en el espectáculo que ofrece. Podríamos seguir y seguir sumando ejemplos obvios con filmes ambientados en el mundo del circo, pero ninguno resulta tan deliciosamente freak y encantador como la comedia de terror *Basket Case*, escrita y dirigida por Frank Henenlotter en 1982 y que en España se estrenaría bajo el título de *¿Dónde te escondes hermano?*

El filme arranca cuando Duane Bradley llega a Nueva York y alquila una habitación. Durante la comida, desvía parte de las hamburguesas a una canasta. Sea lo que sea lo que con-

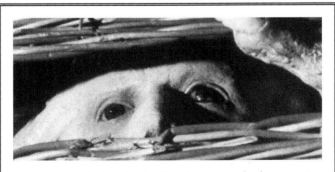

Fotograma de la película ¿Dónde te escondes hermano?

Belial, el hermano freak.

tiene la canasta Duane lo oculta, al tiempo que se comunica telepáticamente con ello. Tras una serie de peripecias, Duane revela que la criatura que esconde en el canasto es su hermano siamés Belial, del que ha sido quirúrgicamente separado. Duane resulta ser un homicida muy violento, al que Duane se ve obligado a refrenar. Un flashback nos retrata a Belial y a Duane de niños, cuando aún estaban unidos y su tía los cuidaba. En prácticamente todos los casos de gemelos siameses son los propios hermanos quienes consultan a médicos y especialistas, ansiosos por conseguir la separación. En *¿Dónde te escondes hermano?*, en cambio, la separación quirúrgica no ha sido del agrado de los hermanos. Por el contrario, los ha vuelto violentos y les ha fomentado un perpetuo odio por los médicos.

Tras la operación, Belial y Duane asesinan a su padre, y posteriormente al personal médico que ha participado en su separación. La jubilosa carnicería prosigue, siempre en clave de comedia de terror, en una cinta que suple con brío y con ingenio su exiguo presupuesto. En 1990, Frank Henenlotter nos ofrecería *Basket Case 2*, y en 1992 llegaría *Basket Case 3*, muy en la misma línea, cerrando así una trilogía que constituye casi un género cinematográfico en sí mismo: el cine sobre siameses que no se quieren separar.

CAPÍTULO 9
FENOMENALES FRAUDES Y ENGAÑIFAS

Tan pronto el freak llega al mundo, los nudillos comienzan a golpear la puerta, el timbre empieza a sonar. Empresarios, promotores, mánagers y otros personajes de la peor calaña comienzan a rondar como buitres apenas empiezan a circular las noticias. En el mejor de los casos, el freak será seguramente engañado pero recibirá un pellizco de las ganancias lo suficientemente cuantioso como para haber reunido una pequeña fortuna al final de su carrera. En el peor de ellos, será expoliado sin piedad, y acabará sus días arruinado. Sea cual sea el caso, el dinero ha circulado. Alguien se ha hecho rico. Más de cien millones de espectadores pagaron su entrada para ver a Zip Cabeza de Alfiler. Más de cien millones. Esas son las cifras. Esas eran las dimensiones del negocio.

El potencial económico de los freaks era, vemos, enorme. Y sin embargo, el talento, ay, tan limitado. No es extraño, así pues, que los fenómenos fueran muy buscados, y que hubiera más demanda que oferta. Y cuando esta situación se produce, no falta nunca el empresario avispado que trata de dar con vías alternativas a través de la que satisfacerla.

En los tiempos, como hemos visto, frente a la ingente necesidad de freaks en las cortes reales, se llegaron a «fabricar» mediante métodos de lo más cruento. Dado que afortunadamente estas prácticas no se consideran aceptables en la mayor parte de las culturas, para satisfacer la demanda ante la ausencia de oferta, siempre hay un plan B al que el mismísimo P. T. Barnum no dejó de recurrir en un sinfín de ocasiones. ¿O qué era acaso la increíble «Sirena de Fiji» que se exhibía en su museo sino un mono muerto al que habían cortado por la mitad y pegado a una cola de pescado? Los visitantes abrían los ojos desmesuradamente frente a aquella extraña criatura, lo pasaban en grande. ¿Importaba que no fuera de verdad? P. T. Barnum opinaba que no.

Las historias que se cuentan en los escenarios, en los museos, en los circos, las historias que con tanto aplomo narran los hombres mono y los hombres león y las mujeres barbudas y las mujeres tatuadas, lo hemos ido viendo también, encierran a menudo tan poca verdad como puede contener una historia. Los nombres artísticos se confunden con los nombres reales. Las biografías vividas se confunden con las biografías inventadas. ¿Hasta qué punto importan los hechos?

Son, una vez más, preguntas que cada uno de nosotros debería hacerse. Todos llegaremos, sin duda, a nuestras propias conclusiones dependiendo del ángulo, dependiendo del enfoque. Sea como fuere, en ocasiones las mentiras que se cuentan sobre el escenario son tan enormes, tan lucrativas, tan efectivas, y sí, tan divertidas, que no hemos podido menos que hacerles un rincón aquí.

Presentamos pues en este capítulo algunos de los ejemplos de lo que sucede cuando hay escasez de freaks y hay codicia. En ocasiones, las historias las protagonizan prodigios genuinos, sí, pero también sus mentiras. En otras, no hay fenómenos en absoluto. A fin de cuentas, sin freak a quien remunerar, no hay tantos gastos, y con un poco de ingenio y otro poco de falta de escrúpulos, se puede armar un espectáculo. Uno que la gente que pague por ver, que separe al público de su dinero. Algunos de los montajes a los que pasaremos repaso a continuación fueron vistos por decenas, por centenares de miles de espectadores. No es oro todo lo que reluce y no es fenomenal todo lo que sube a un escenario. ¿Mentiras? ¿Estafas? ¿Entretenimiento? ¿Y acaso no viene a ser todo lo mismo?

El gigante de Cardiff

La paleontología es una ciencia complicada, con una marcada tendencia a extraer conclusiones erróneas. El problema es que estudia períodos tan distantes en el tiempo que los vestigios son escasos, cuando no inexistentes o por lo menos incompletos. Surgen de la ignorancia, así pues, hipótesis que pronto se ven desmontadas por posteriores hallazgos, que a su vez son desmontadas por otros.

En la segunda mitad del siglo XIX, existían todavía diversas teorías y grupos de paleontólogos que defendían que, en los albores de la humanidad, dominaban el planeta hombres gigantes. Hombres que de algún modo eran nuestros ascendientes remotos. *El origen de las especies*, el revolucionario ensayo de Charles Darwin acerca de la selección natural, publicado en 1859, había causado sensación, y se extendían todo tipo de demenciales teorías. El interés por nuestra prácticamente recién anunciada descendencia del mono no se limitó a los laboratorios y los despachos, sino que llegó también a las calles. Hemos visto que a Zip Cabeza de Alfiler se le exhibía como un hallazgo en las junglas de Gambia, un antepasado nuestro; que a Julia Pastrana se la presentaba como el codiciado eslabón perdido.

En este clima y en este contexto, George Hull, un granjero de la Norteamérica profunda se encuentra charlando sobre el tema con su amigo William Newell. Ambos empiezan a debatir sobre qué harían si el eslabón perdido apareciera enterrado bajo sus granjas. Llegan a la conclusión de que si tal cosa sucediera, podrían ganar mucho dinero. Ni cortos ni perezosos, Hull y Newell adquieren un bloque de piedra de cinco toneladas, que según otras fuentes fue de yeso. Contratan un escultor para que se ocupe de él. Se desconoce a qué trato llegaron con el artista, ni quién fue, pero del enorme bloque emerge una enorme figura humana. Tan pronto les entrega su obra, el escultor se desvanece, y George Hull y William Newell se dedican entonces a aplicarle ácidos y todo tipo de productos agresivos para imprimirle algo que se asemeje a la antigüedad.

El siguiente paso consiste en cargar la enorme estatua de piedra un buen tramo más allá en la finca de Newell, hasta las proximidades de la carretera. Una vez allí, cavan una profunda fosa y la entierran.

Una estafa de esta envergadura no es un plan que quepa apresurar si quieres garantizarte unas mínimas posibilidades de éxito. Hay

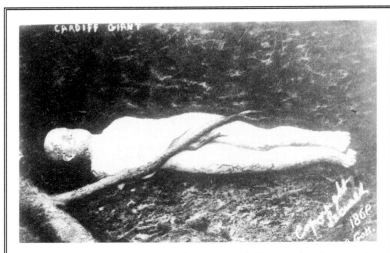

El supuesto hombre gigante hallado en Cardiff era un burdo montaje.

que tener paciencia, hay que proceder con cautela. George Hull y William Newell dejan pasar las semanas, los meses, y solo un año después contratan a unos peones para que caven un pozo en el mismo lugar en el que enterraron la estatua. No hace falta decir que cuando las palas de los peones toparon con la silueta del titán, los dos farsantes se fingieron muy sorprendidos. La humanidad acababa de descubrir al Gigante de Cardiff. En la región, ya nada volvería a ser igual.

El Gigante de Cardiff se exhibió con gran éxito en la finca de George Hull. Ciudadanos de todas las ciudades y pueblos circundantes recorrían kilómetros y más kilómetros y pagaban su entrada para ver el hallazgo. Los periódicos no hablaban de otra cosa, especialmente la prensa local, puesto que un hecho así era a todas luces insólito. El Gigante de Cardiff se presentaba como un «Asombroso descubrimiento científico» y «una maravilla patrimonio de la humanidad». Nada más y nada menos que un hombre de la edad de piedra fosilizado.

El Gigante de Cardiff era impresionante de ver. Medía tres metros de altura y pesaba casi una tonelada y media. Constaba en los folletos que había sido descubierto el 16 de octubre de 1869 por trabajadores a sueldo que excavaban un pozo detrás del granero de William Newell en Cardiff, Nueva York. El enorme tamaño de su miembro viril, cuentan, hacía sonrojar a las mujeres.

De sobra sabemos a estas alturas que toda noticia sobre gigantes o enanos, vivos o muertos, más temprano que tarde termina por llegar a oídos de P. T. Barnum. Por supuesto cuando el hallazgo del Gigante de Cardiff empezó a circular por Nueva York, Barnum salió disparado rumbo a la granja de George Hull dispuesto a pujar. En su biografía, el empresario norteamericano llega a afirmar que ofreció a George Hull 60.000 dólares a cambio del Gigante de Cardiff. George Hull no estaba interesado en venderlo.

P. T. Barnum estaba furioso. Como viejo zorro de los negocios que era, por supuesto sabía perfectamente que el Gigante de Cardiff tenía tanto de fósil y de hallazgo científico excepcional como la increíble sirena de Fiji que mostraba él en sus acuarios. La rabia nacía del simple hecho que la idea no se le hubiera ocurrido a él.

Nunca es tarde si la dicha es buena. Al poco de regresar de la granja de George Hull con el rabo entre las piernas, Barnum hacía encargar un bloque de piedra de varias toneladas, o acaso fuera yeso, hacía contratar a un escultor. Conforme el escultor trabajaba en la obra, del bloque emergía una silueta humana, una silueta gigante. Tras aplicarle compuestos agresivos para envejecerlo, Barnum hacía bajar la estatua a su museo. Lo presentaría como: El Gigante de Cardiff. Asunto solucionado, Barnum ya tenía atracción.

Efectivamente, esa fue la carta que Barnum optó por jugar. El Gigante de Cardiff que se exhibía en su museo, decía, era «el auténtico, el único y verdadero». La prensa, que se había hecho eco del hallazgo de George Hull y William Newell publicó un sinfín de artículos en torno a la controversia. ¿Cuál de los dos gigantes era el auténtico? ¿Cuál de los empresarios mentía? La fama de no tener pelos en la lengua de P. T. Barnum era merecida, y tachaba a George Hull y William Newell de estafadores. Fue la mejor campaña de prensa imaginable. El museo Barnum no daba abasto, las entradas se agotaban.

Seguramente con la esperanza de que Barnum se amilanara o que por lo menos se prestara a llegar a algún acuerdo, George Hull y William Newell le pusieron una demanda. P. T. Barnum no se amilanó y no quiso tampoco sentarse a parlamentar. Como es natural, cuando llegó el momento del juicio, nada temían más nuestros granjeros emprendedores que a un comité de expertos. En la prensa se había jugado con la posibilidad de que el Gigante de Cardiff fuera una estatua y también de que fuera un fraude, pero había un cierto flujo de artículos que le daban un crédito, que lo tenían por real.

ADOLPH Y RUDOLPH, LOS SIAMESES FRAUDULENTOS, Y OTRAS ENGAÑIFAS PRODIGIOSAS

Adolph y Rudolph, nacidos en Austria, no han sido los primeros ni mucho menos los únicos hermanos en pretenderse siameses sin serlo. Alrededor de 1930, se hizo célebre el caso de las Hermanas Milton, unas gemelas presuntamente unidas que, tras una acalorada discusión en mitad de una actuación, se enfadaron tanto que terminaron separándose y saliendo entre gritos por lados opuestos del escenario.

Sin embargo, el de Adolph y Rudolph es un caso que resulta muy peculiar, puesto que Rudolph sí era un freak por derecho propio. Nació a finales del siglo XIX con unas piernas tan atrofiadas que eran prácticamente inexistentes. Dada la fuerte competencia que había en el circo freak de entonces, Rudolph juzgó que su deformidad no bastaba, que había que darle al público algo más. En consecuencia, confeccionó un arnés que le permitía anexionarse a su hermano, que había nacido sin ningún tipo de anomalía. Los hermanos se presentaban así frente a la audiencia como unos siameses incompletos, y a juzgar por las fotos de la época, la imagen que ofrecían era verdaderamente convincente.

Adolph y Rudolph sólo eran hermanos, no siameses.

Las engañifas prodigiosas que poblaron los escenarios de la época, no hace

A estas «siamesas» sólo las une el Photoshop.

falta decirlo, no terminan aquí. La edad de oro del circo freak se solapó parcialmente con el inicio de la Segunda Guerra Mundial, lo que provocó que más de un hombre se refugiara en el papel de mujer barbuda para tratar de eludir el servicio militar. Trucos como recubrirse enteramente de pegamento y otras sustancias para simular piel de cocodrilo eran también ampliamente utilizados.

Pero sin duda ningún prodigio ha sido más falsificado e impostado que el de hermafrodita, mitad mujer y mitad hombre, como el que podemos ver en la película de *Freaks* de Tod Browning en el papel de Josephine Joseph. Bastaba con que un hombre interpretara de manera medianamente convincente el papel de afeminado o que una mujer se pretendiera varonil para que las masas aplaudieran. El maquillaje, la vestimenta y los complementos se ocupaban de terminar de perfilar una estética y un show definitivamente convincentes. Una vez más, era entretenimiento y funcionaba. ¿Qué se les podría reprochar?

Había, en fin, mucho dinero en juego. Y sin embargo, un comité de expertos podría resultar tan nefasto para Barnum y su Gigante de Cardiff como para el que habían hecho esculpir George Hull y William Newell. ¿Quién perdía más si el embuste salía a la luz?

La mentira estaba a punto de ser destapada, pero no como George Hull y William Newell sospechaban. El abogado de P. T. Barnum adujo en la sala que, por supuesto, el Gigante de Cardiff que se exhibía en el museo Barnum era falso. Pero no menos falso que el que se exhibía en la finca de George Hull. Puesto que el Gigante de Cardiff que se exhibía en el museo Barnum no era más que una falsificación de algo que ya era de por sí falso, no tenía ningún sentido que le demandaran aduciendo falta de autenticidad.

El plan funcionó como una seda, el caso quedó sobreseído.

Por si quedaba alguna duda sobre el fraude que acababa de tener lugar, aparecieron cada vez más artículos señalándolo. Así, sin ir más lejos, Andrew D. White, que presidía la Universidad de Cornell, inspeccionó de cerca el Gigante de Cardiff de George Hull y William Newell y concluyó que era totalmente falso. White se dio cuenta, por otra parte, de que no había ninguna razón para cavar un pozo allí donde el gigante había sido encontrado. «Todo el asunto fue sin duda un engaño –declaró–. No había ninguna razón para que el granjero cavara ese pozo, puesto que un manantial y un arroyo de agua corrían allí mismo de manera muy conveniente. En cuanto a la figura en sí, ciertamente no pudo haber sido tallada por ninguna raza prehistórica, ya que por ninguna parte se aprecian las características de este tipo de obras tempranas».

El Gigante de Cardiff no era más que una engañifa, un timo si se quiere. No quedaba la menor duda. ¿Importó? Por difícil que resulte de creer, muy poco. Día tras día, semana tras semana, multitudes de ciudadanos hacían cola frente al Museo Barnum, pagaban su entrada y procedían a contemplar al Gigante de Cardiff. Qué importaba lo que se dijera de él. Se dijeron muchas cosas, y tal vez sea eso lo único importante. Que el gigante alentó historias y leyendas, que estimuló a la gente a soñar. Dos de esas historias las escribió Mark Twain aludiendo al célebre fraude. El Gigante de Cardiff aparece en sus relatos *Un cuento de fantasmas* y *La Leyenda de la Venus de capitolinas*. No está mal para no haber existido.

Máximo y Bartola, los últimos aztecas

Hemos tenido ya oportunidad de certificar, a través de los diversos ejemplos con los que hemos ilustrado nuestro apartado sobre razas enteras de freaks, el atractivo que ofrecen para occidente las criaturas llegadas de allende de los mares, de otras culturas y razas con las que no estamos familiarizados. El caso de Máximo y Bartola, presentados al público como los últimos aztecas, corrobora hasta qué punto este tipo de leyendas puede calar en el imaginario colectivo incluso bien entrado el siglo XIX.

Máximo y Bartola empezaron su, llamémosla así, carrera artística en torno a 1840, cuando los trajeron desde su algún rincón de la América subdesarrollada hasta Europa para ser exhibidos frente a las masas. La posibilidad de que un pequeño núcleo de aztecas sobreviviera aun en las junglas de América central, intocados por la cultura occidental, causó furor durante la época.

Con el ánimo de subir la apuesta y crear más expectación si cabe, los infantes fueron unidos en incestuoso matrimonio sin que, al parecer, ninguna autoridad eclesiástica interpusiera objeción alguna. Posteriormente, Máximo y Bartola empezaron a girar por los Estados Unidos cosechando también grandes éxitos. Durante los espectáculos, se contaba que los muchachos habían sido hallados escondidos en los templos de una ciudad perdida de México, y que eran efectivamente los últimos descendientes de la cultura azteca.

Las malformaciones físicas y las minusvalías intelectuales de los niños eran, de acuerdo con la narrativa oficial, resultado de la endogamia propia de los aztecas, donde los matrimonios entre hermanos y entre parientes eran de lo más común. Esto daba lugar a un sinfín de nacimientos aberrantes. Si Máximo y Bartola habían sido traídos a los Estados Unidos, contaban sus captores, era para brindarles atenciones médicas, estudiarlos a nivel antropológico e histórico y darles una educación. Tristemente, lo único que guiaba a sus captores era la codicia y el lucro, y la fiebre de empresarios y agentes por rentabilizar sus fichajes y capturas.

La realidad era, como de costumbre, mucho más cruda de lo que cabría esperar. Por más que se les presentara como mexicanos y aztecas, los pequeños habían nacido sin embargo en una aldea de El Salvador, un rincón sin futuro ni esperanza para quienes nacen con impedimentos así de grandes. Un agente sin escrúpulos se los había

Máximo y Bartola, los supuestos últimos aztecas del mundo.

comprado a su madre por una suma ridícula, y de ahí habían ido pasando de mano en mano como un artículo más del mercado. Los niños padecían, al parecer, una patología denominada microcefalia, que los dotaba de su apariencia singular y les provocaba, además, un notable retraso mental. Ese fue el diagnóstico que emitió el biólogo Richard Owen a su paso por Londres. Él fue uno de los primeros en exponer que los niños no eran más que dos pobres mestizos con una patología grave.

Todo esto no fue obstáculo para que los hermanos agotaran una y otra vez las entradas de taquilla, tanto en Europa como en Museo Barnum de Nueva York, en compañía de otros fenómenos con los que, a estas alturas, estamos más que familiarizados, como los hermanos siameses Chang y Eng. La palabra microcefalia despertaba tanto interés entre el público como el cuento que se habían encargado de armar los tiburones de los negocios. Máximo y Bartola actuaron frente a figuras tan ilustres como Millard Fillmore (1800-1874), el decimotercer presidente de los Estados Unidos, o la reina Victoria de Inglaterra.

Fuera de los escenarios, bien poco se sabe acerca del periplo de estas dos pobres criaturas, que constituyen uno de los casos más paradigmáticos del uso y abuso de personas inocentes por parte de empresarios y hombres de negocios sin escrúpulos. Y sin embargo, cabe también preguntarse qué habría sido de la pequeña pareja si nada de todo esto hubiera sucedido y se hubiera quedado en su El Salvador natal con sus graves discapacidades.

Pascual Piñón, el hombre de las dos cabezas

No es genuinamente freak todo lo que nos presentan como tal, pero tampoco todos los trucos y estafas del ramo son enteramente fraudulentos, como nos enseña el caso de Pascual Piñón (1889–1929), conocido como «El mexicano de dos cabezas».

Piñón nació en México, en el seno de una familia humilde, y pasó su juventud trabajando en el campo como un labriego más. No obstante, en algún momento de la misma llegó a oídos de un agente la historia de aquel hombre que tenía un voluminoso bulto en la frente, y sin mayor dilación, el agente en cuestión se dirigió a los latifundios mexicanos para tratar de ver si había en Pascual alguna oportunidad de negocio.

La había sin duda, pero para ello era preciso echarle un poco de imaginación. Un mero bulto en la frente tenía un atractivo limitado, por más grande que fuera. Pero ¿y si lo caracterizábamos un poco? El promotor de Piñón, conjuntamente con el empresario sin escrúpulos de turno, diseñó así un ingenio armado con cera, caucho, tela y cabello, y que, encajado en el bulto frontal de Piñón, simulaba una segunda cabeza. Había nacido una estrella. Pascual Piñón abandonó su duro y laborioso trabajo en los entornos rurales mexicanos y empezó a encaramarse a los escenarios con gran éxito de público. Ahora, gracias a su anomalía craneal, Piñón ganaba por fin suficiente dinero para mantener a su familia numerosa. No sólo eso, sino que pronto empezó a realizar giras por los Estados Unidos que le permitieron reunir una pequeña fortuna que, sin su deformidad, no habría sido capaz ni de soñar.

Una vez descienden de los escenarios, muchas de las biografías de los freaks se oscurecen y no volvemos a saber de ellos, y este es el caso de Pascual Piñón. El hecho incontrovertible es que el bulto frontal de Piñón era en realidad un tumor maligno. Qué sucedió a partir de aquí no está tan claro.

Algunas fuentes apuntan a que, tras juntar dinero suficiente, uno de los numerosos dueños del circo para los que trabajó el mexicano de las dos cabezas sufragó su operación, que resultó un éxito y permitió al artista retirarse y disfrutar de una vida plácida y cómoda en compañía de su familia.

Otras, defienden que Pascual Piñón nunca fue intervenido, y que siguió adelante con sus giras hasta que empezó a encontrarse mal y, posteriormente, peor. De acuerdo con esta hipótesis, para cuando Piñón fue hospitalizado ya era demasiado tarde, y el tumor lo mató en cuestión de días. Una tercera versión de los hechos, la más improbable seguramente, dice que lo que emergía del cráneo de Piñón, por más que careciera de rasgos, era efectivamente una segunda cabeza, fruto de una malformación llamada craniopagus parasiticus, directamente relacionada con el fenómeno de los teratomas o gemelos incompletos.

Sea como fuere, todo parece apuntar a que, por lo menos, aquel pobre trabajador agrario mexicano logró, gracias a su tumor, viajar a otros países, ver mundo, ganar dinero, figurar en más de un libro, y dejarle a su familia una herencia nada desdeñable.

William Durks, el hombre de los tres ojos

Otro caso llamativo en el que una patología verdadera y demostrable se mezcla con un manojo de invenciones y mentiras lo constituye la carrera artística de William Durks (1913-1975), un estadounidense que se hizo famoso en su tiempo exhibiéndose como «El Hombre de los tres ojos».

Durks nació en una granja de la Alabama profunda, en una familia humilde. Que algo andaba mal desde el mismísimo principio resultó obvio ya en el momento del parto. Durks nació con los párpados sellados, y fue preciso seccionarlos para que pudiera ver. En realidad, Durks quedó para siempre ciego de un ojo, sin que podamos determinar si ello se debió a la intervención o si fue por el contrario congénito. Sea como fuere, pronto se determinó que Durks padecía una acusada malformación craneal que le dotaba, además, de labio leporino y dos narices atrofiadas, cada una de ellas con su propio orificio.

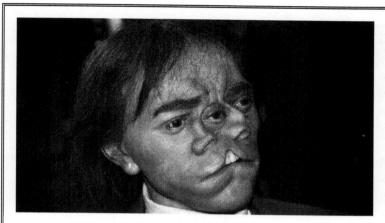

William Durks, poseedor de un literal tercer ojo.

Durks pasó su infancia sin escolarizar, permaneció por lo tanto analfabeto y dedicó su juventud a trabajar en la granja familiar. Las malformaciones de su cráneo le dificultaban sustancialmente el habla, y su timidez, al parecer, no le ayudó a socializar ni a integrarse.

Nadie en la población podía sospechar que aquel muchacho extraño y reservado actuaría un día frente a las masas, y sin embargo un día el circo recaló allí y, asombrado por el aspecto que ofrecía Durks, el maestro de ceremonias le propuso trabajar para él. Los cuatrocientos dólares mensuales que le ofrecieron eran una verdadera fortuna para la época. Y Durks no supo decir que no.

Ciertamente el rostro de Durks era de por sí anómalo, pero en el circo que lo fichó tenía otros planes para el joven: procedieron pues a pintarle un tercer ojo que, sumado a las dos narices, lograba maximizar el impacto del freak. Acababa de nacer «El Hombre de los Tres Ojos», que, recordemos, irónicamente tenía un único ojo funcional.

Se cuenta que Durks se ganó muy bien la vida. Se cuenta también que podría habérsela ganado mucho mejor, puesto que igual que su espectáculo engañaba al público, los diversos empresarios para quienes trabajó lo engañaban aprovechándose de su carácter afable y poco dado a la suspicacia. Cabe no olvidar tampoco que su analfabetismo le impedía leer y entender plenamente los contratos que firmaba. Su generosidad y gran corazón, en cualquier caso, le convirtieron en uno de los artistas de circo más queridos y apreciados por sus compañeros y le granjearon también el cariño de las mujeres. Se casó con otra célebre freak, Mildred (1901-1968), «La Mujer con piel de caimán», con quien fue feliz unos años hasta que esta falleció.

Desconsolado en su viudedad, el hombre de los tres ojos borraba de una vez para todas el ojo falso que ilustraba su rostro y se retiraba a Gibsonton, Florida, donde murió siete años después.

Con engañifa o sin ella, lo cierto es que William Durks, el hombre de los tres ojos, manifestó en más de una ocasión lo complacido que se sentía de verse agasajado por las masas después de una infancia y una juventud experimentando el rechazo de la sociedad, inmerso en el ostracismo. Se había escondido de las multitudes y ahora la gente pagaba por el derecho a verlo. De hecho puede vérsele aún en la gran pantalla, encarnando a uno de los pacientes del hospital psiquiátrico de la película *Sisters* (1973), de Brian De Palma.

Koo Koo, la mujer pájaro

¿Quién es esa extraña criatura mitad mujer, mitad ave, que giró por toda Norteamérica y que aparece, además, en la película *Freaks* de Tod Browning? ¿Qué había de verdad en la afirmación de que se trataba de una mujer pájaro? Ciertamente Minnie Woolsey (1880-1964) no era exactamente normal, pero al igual que en el caso de Pascual Piñón, el mexicano de las dos cabezas, cabe separar la realidad de la ficción que se construía cada vez que Minnie subía a los escenarios.

Minnie Woolsey padecía una enfermedad poco frecuente. El así llamado síndrome de Virchow-Seckel, una dolencia que afecta al sistema óseo, provocó que fuera físicamente muy pequeña, y dotaba además a su rostro de unas facciones inusuales: su cabeza era larga y estrecha, sus ojos enormes, su nariz alargada, su mandíbula quedaba insólitamente retraída, lo cual se magnificaba por el hecho de que era desdentada. Otras patologías de Koo Koo, la mujer pájaro –cabría ver hasta qué punto relacionadas con el síndrome de Virchow-Seckel–, eran que sufría un ligero retraso mental y era además tan miope que prácticamente lindaba con la ceguera.

Todo esto no son, a decir verdad, mucho más que especulaciones, pues otras fuentes apuntan a que Minnie era, simplemente, una mujer poco agraciada y con un físico insólito que supo sacar partido de la situación. De acuerdo con esta tesis, le bastó con afeitarse la cabeza y con impostar su número para ganarse un lugar en el olimpo de los freaks. ¿Fueron simplemente el ingenio de Minnie y la imaginación del público los que obraron el milagro?

Koo Koo, la mujer pájaro en la película Freaks *de Tod Browning.*

Cualquiera que sea el caso, Minnie logró llenar decenas y decenas de ferias y circos anunciándose primero como Minnie-Ha-Ha, en espectáculos en los que aparecería vestida de india, y posteriormente como la mujer pájaro. En sus shows, cuentan, se ganaba rápidamente el cariño del público gracias a sus bailes y, sobre todo a sus monólogos, que sin ser precisamente brillantes, resultaban alucinados y entusiastas, caóticos y atropellados, y encantaban a toda la audiencia.

Tras el estreno del filme de Tod Browning, se sabe bien poco de la carrera de Minnie Woolsey. Independientemente de si verdaderamente sufría alguna patología o si, simplemente, fue una muchacha poco tocada por la belleza y con un número que vender, parece ser que sus últimas apariciones las realizó bajo el nombre artístico de «La niña ciega de Marte». Para entonces, su miopía había empeorado, estaba ya casi ciega y en el escenario se sentaba en una silla mientras articulaba sus demenciales monólogos. Cuentan los rumores que fue su invidencia, cada vez más pronunciada, la que le condujo a morir atropellada por un coche.

Desde la verdad o desde el mito, con fundamento o con simple ingenio, lo único innegable en esta historia es que el personaje de Koo Koo, la mujer pájaro, le ha granjeado la inmortalidad. Hoy forma parte del olimpo de los freaks en compañía de iconos como Joseph Merrick –el Hombre Elefante– o Zip the Pinhead, puesto que Koo Koo, la mujer pájaro es hoy una de las imágenes más emblemáticas que acuden a nuestra cabeza tan pronto pensamos en freaks.

El África más negra en la Exposición de Chicago de 1833: Un episodio vergonzoso

La historia del zoológico humano, está llena de episodios tristes y desagradables, de estafas, de vejaciones y de burlas. Sin embargo cuesta dar con otra estafa tan vergonzosa e ignominiosa, tan respaldada por el poder y las instituciones, como la que tuvo lugar durante la exposición internacional de Chicago que se celebró en 1833 bajo el lema *A Century of Progress*, que podríamos traducir como «un siglo de progreso», ahondando en la infamia.

Hemos visto una y otra vez el interés que despertaban en los Estados Unidos y en Europa las ignotas culturas de allende los mares. Así, incluso en pleno siglo XIX, se presentaban en Chicago como parte de la mencionada exposición verdaderos zoológicos humanos integrados por personas negras. Decenas de hombres y mujeres y niños prácticamente desnudos, equipados con taparrabos y lanzas, gesticulaban desde lo alto de las estructuras, llamando la atención del público. La exposición ocupaba en total unos doce kilómetros cuadrados, lo que puede dar idea de sus dimensiones y del enorme flujo de público que atraía. El título del espacio en particular en el que se desarrollaba el zoológico humano negro, que avalaba un siglo de progreso, no podría haber sido más degradante ni, al tiempo, más apropiado: *Darkest Africa* presentaba, efectivamente, el África más negra, aunque la ignorancia y la estupidez de los organizadores era al parecer lo suficientemente grande como para que les impidiera reparar en lo irónico del nombre que habían dado a su proyecto.

La realidad era que prácticamente ninguno de los negros que fueron exhibidos en *Darkest Africa* había pisado jamás no sólo ya el país o el territorio que presuntamente se le asignaba, sino de hecho el continente africano. Hombres y mujeres y niños habían sido en verdad reclutados en diversos puntos de los Estados Unidos. La mayoría procedían de los barrios más desfavorecidos de Nueva York. Otros, de los tugurios y billares más oscuros del Chicago de la época.

Los escudos, las lanzas, los taparrabos y el resto del elenco de accesorios presuntamente tribales, habían sido hechos a medida en Norteamérica, y comprados y alquilados en tiendas de disfraces y comercios similares. Entre los lamentables accesorios, cabe destacar huesos de quita y pon que simulaban que atravesaban las narices de los miembros de las tribus.

Puesto que poner a todos aquellos norteamericanos pobres a posar sin más se juzgó poco atractivo, los organizadores contrataron para la ocasión a Charles Lucas, un artista del espectáculo negro que se ocupó de impartir formación a los improvisados actores. Lucas desempeñaba en el show el papel de jefe de la tribu, y les enseñó gritos de guerra inventados, danzas y rituales inexistentes. Uno de los momentos álgidos del show tenía lugar cuando entraba en escena un explorador blanco que, ataviado con unas bermudas y un salacot, narraba megáfono en mano cómo había logrado escapar de los negros caníbales.

Recordemos que el lema de la feria no era otro que «un siglo de progreso». Nos hallamos en los tiempos de la gran depresión, y se sostenía que los Estados Unidos eran un paraíso donde resplandecían el respeto mutuo y la igualdad de oportunidades. Sin embargo, todos los afroamericanos que participaron en estos números no solo eran lamentablemente mal remunerados, sino que además, como negros que eran, se les vetaba el acceso a determinadas áreas de la feria, y en varios restaurantes del recinto ferial se negaban a atenderles.

Hubo afortunadamente diversos intentos de boicot a la exposición por parte de afroamericanos. Así, la National Association for the Advancement of Colored People, (la Asociación Nacional para el Avance de las Personas de Color), logró en 1934 que los afroamericanos que trabajaban en la feria fingiéndose salvajes fueran por lo menos admitidos en los restaurantes del recinto ferial. Por demencial que pueda parecer, fue un logro importante en el camino a frenar la discriminación racial.

Quizás el legado más duradero de la exposición fue recordar a los habitantes de Chicago y al resto de los estadounidenses la distancia que les quedaba aún por recorrer para poder hablar de progreso, que era casi toda.

EL FIN DE LA EDAD DE ORO DEL CIRCO FREAKS: PASADO, PRESENTE Y FUTURO DEL ESPECTÁCULO DE LOS FENÓMENOS

En el presente libro hemos tenido oportunidad de recorrer juntos las mil y una manifestaciones del circo freak desde los albores de los tiempos. Y es cierto que, no cabe engañarse, la edad de oro del medio hace mucho que tocó a su fin. Este llegó de la mano del fallecimiento de P. T. Barnum, y de eso hace ya muchas décadas. Y no obstante, ¿quién sigue dando espectáculo a día de hoy si no los freaks?

Ciertamente los siameses, los amputados, los deformes, ya no llenan estadios ni grandes recintos, ya no están de moda. Pero si existe una característica que brille por su ausencia en los escenarios de todos los tiempos y lugares, es precisamente la normalidad. La anomalía es espectáculo, la excentricidad es entretenimiento. Sin extravagancias no hay fiesta. Cientos de grupos de rock aparecen disfrazados y caracterizados como bestias, como criaturas de otro planeta; los superhéroes y los supervillanos cotizan al alza; la televisión llena su *prime time* con sujetos cuyo comportamiento se juz-

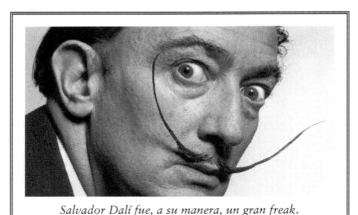

Salvador Dalí fue, a su manera, un gran freak.

garía en la calle como inaceptable; incluso los intelectuales más relevantes de los tiempos modernos son verdaderos freaks, y ahí están figuras como el pintor Salvador Dalí o el filósofo Slavoj Žižek para avalar nuestra tesis.

Al igual que las demás facetas de nuestra cultura, el circo freak no es indemne al paso del tiempo. Pasan los siglos y las décadas, y el circo se ve obligado a mutar, a adaptarse, a reciclarse en otras formas de entretenimiento. En ocasiones los

Las teorías de Slavoj Žižek hacen que muchos lo consideren un freak.

fenómenos son cíclicos, y cabe preguntarse si la fiebre por las modificaciones corporales que tiene lugar en determinados círculos de nuestra sociedad no será el conato de una nueva edad de oro del freak, de un segundo advenimiento del prodigio. ¿Improbable? Tal vez, pero en cualquier caso es una posibilidad.

Sea como fuere, sólo hay una cosa que podemos afirmar sin miedo a equivocarnos sobre el futuro del entretenimiento, sobre el futuro de los prodigios entendidos en su sentido más amplio: lo bizarro seguirá llamando la atención, lo anómalo seguirá hipnotizándonos, lo demencial seguirá cautivándonos. Y, en consecuencia, independientemente de lo que nos depare el futuro, el circo freak nunca morirá.

Bibliografía

Bogdan, Robert; *Freak Show: Presenting Human Oddities for Amusement and Profit*. University of Chicago Press, 1990.

Culhan, John; *American Circus: An Illustrated History*. Henry Holt & Company, 1991.

H. March, Enric; *Barcelona Freak Show*. Viena Edicions, 2021.

Kunhardt Jr. , Philip B.; *P. T. Barnum: America's Greatest Showman*, Philip B. Kunhardt III y Peter W. Kunhardt. Knopf, 1995.

Rosen, Fred; *Lobster Boy*. Pinacle books, 1995.

Springhall, J.; *The Genesis of Mass Culture: Show Business Live in America, 1840 to 1940*. Palgrave Macmillan, 2008.

Wilson, Gahan; *The Big Book of Freaks*. Paradox Press, 1996.

**Puedes visitar nuestra página web www.redbookediciones.com
para ver todos nuestros libros:**

Puedes seguirnos en:

 redbook_ediciones

 @Redbook_Ed

 @RedbookEdiciones